经济管理学术文库·管理类

我国农民专业合作社中的委托代理关系与治理研究

Research on Principal-Agent Relationship and Governance in Farmers' Professional Cooperatives in China

袁久和 ／著

经济管理出版社
ECONOMY & MANAGEMENT PUBLISHING HOUSE

图书在版编目（CIP）数据

我国农民专业合作社中的委托代理关系与治理研究/袁久和著. —北京：经济管理出版社，2018.8
ISBN 978-7-5096-5944-1

Ⅰ.①我… Ⅱ.①袁… Ⅲ.①农业合作社—专业合作社—委托代理—研究—中国 Ⅳ.①F321.42

中国版本图书馆 CIP 数据核字（2018）第 185776 号

组稿编辑：杨国强
责任编辑：杨国强　李　晓
责任印制：黄章平
责任校对：董杉珊

出版发行：经济管理出版社
（北京市海淀区北蜂窝 8 号中雅大厦 A 座 11 层　100038）
网　　址：www.E-mp.com.cn
电　　话：（010）51915602
印　　刷：北京玺诚印务有限公司
经　　销：新华书店
开　　本：720mm×1000mm/16
印　　张：14.25
字　　数：246 千字
版　　次：2018 年 9 月第 1 版　2018 年 9 月第 1 次印刷
书　　号：ISBN 978-7-5096-5944-1
定　　价：68.00 元

·版权所有　翻印必究·
凡购本社图书，如有印装错误，由本社读者服务部负责调换。
联系地址：北京阜外月坛北小街 2 号
电话：（010）68022974　邮编：100836

前　言

2007年7月，正式颁布实施的《中华人民共和国农民专业合作社法》对我国农民经济合作组织的发展和规范运行起到了积极的推动作用。2017年底，全国依法登记的农民合作社达193.3万家，大体每个村有3家合作社，入社农户占全国农户总数的46.8%，参加合作社农户的收入普遍比非成员农户高出20%以上。农民专业合作社是完善我国农村基本经营制度、发展现代农业和促进新农村建设的重要力量。

但是，相对于发达国家而言，我国农户入社的比例比较低，农民专业合作社对于农民的影响和带动作用有限。当前，我国大多数农民专业合作社主要是由涉农企业、生产和运销大户、农村基层供销社和基层组织等核心成员牵头组建的，这些农民专业合作社为分散化、小规模经营的单个农户提供生产资料、农产品加工和运销等方面的服务，但普遍存在合作社的规模小、市场竞争力弱、服务能力不强、与农户的利益联结不紧密等问题。由于各地区农业生产条件、社会文化和经济发展水平等各方面的影响，我国农民专业合作社发展的层次和水平差距很大，随着我国工业化和城市化水平的不断提高，城乡差距和地区差距的进一步扩大，以及农村阶层分化的加剧，参与合作社的农户在人力资本、商业资本和社会资本等方面的异质性将更加突出。在内因和外因的相互作用和相互影响下，合作社成员之间的委托代理关系对我国农民专业合作社的组织结构和发展方向产生越来越重要的影响。

在借鉴已有的研究成果的基础上，本书从以下几个方面进行了创新性探索：

第一，构建了"状态—结构—关系—治理—绩效"的分析范式（SSRGP）。对农民专业合作社的制度安排与治理问题，运用规范分析方法，将合作社成员委托代理关系与治理有机嵌入到产业组织理论的SCP分析范式与制度行为理论的分析SSP范式中。本书在对农民专业合作社的制度安排分析基础上，首次尝试将

SSRGP分析范式应用到合作社内部的成员关系选择与合作社治理和绩效研究中，从委托代理视角，揭示同质性和异质性合作社的组织结构、行为、关系、治理与绩效之间的深层逻辑关系，为增强对农民专业合作社的客观性和整体性认识提供科学依据。

第二，首次对农民专业合作社成员合作关系的可能性和稳定性进行了研究。从合作社组织的制度安排结构出发，将合作关系的稳定性引入农民专业合作社组织结构与治理问题的分析中，首次探讨了农民专业合作社不同成员之间合作关系的可能性和稳定性，一定程度上突破了传统的委托代理关系研究视角，扩大了已有的委托代理关系相关研究的范围，从理论上对合作社委托代理关系及治理进行了有益的补充。

第三，设计了调查问卷并运用案例对同质性和异质性农民专业合作社的委托代理关系与治理机制进行了研究。根据研究目的和内容，设计了针对农民专业合作社和成员的调查问卷，对同质性和异质性农民专业合作社的委托代理关系与治理机制进行比较研究。学术界对农民专业合作社治理机制与绩效的研究中，绝大部分仅限于定性分析，已有的定量分析中，所选择的变量均是没有权重的一组平行变量。本研究构建了农民合作社治理机制的层次模型，并运用客观赋权法——熵值法对各治理变量进行赋权，探讨了理事会、管理者报酬、股权结构、监督机制、成员退出权和外部监督与竞争各变量对于合作社治理机制的影响，因此，本书的研究可以说在农民专业合作社研究方面作出了新的探索。

本书沿着从农民专业合作社委托代理关系的"组织状态、组织结构、委托代理关系与治理"几个层面进行相关问题的研究。

为详细了解我国农民专业合作社的组织状态，本研究从我国农村改革的背景出发，对我国农业合作化时期、人民公社时期以及1978年农村改革开放以来出现的合作社组织状态和影响因素进行了分析，在此基础上，进一步分析了不同的组织状态下组织结构和委托代理关系特点，阐释了合作社的组织状态对其组织结构、成员关系、治理机制和治理绩效的影响。研究结果表明：从互助组、初级社、人民公社到转型时期的农民专业合作社，委托代理关系存在由弱到强、由简单到发展、由单向到多重的变化趋势，不同类型的委托代理关系的治理机制和治理绩效存在明显差异。其中，20世纪90年代以来农民专业合作社中的"成员—合作社"和"中小成员—核心成员"之间的委托代理关系与治理是我国农民专业合作社面临的主要问题。

为深入解释合作社的组织状态、组织结构、委托代理关系和治理的相互作用机制，本书以委托代理理论为指导，借鉴相关理论，结合案例，应用"状态—结构—关系—治理—绩效"的分析范式，分别对同质性和异质性合作社进行分析和比较。研究结果表明：

第一，成员的同质性取决于成员利益、要素禀赋、提供产品、入社动机和成员角色等方面，同质性合作社中，成员是使用者、惠顾者、所有者和控制者的统一体。第二，同质性决定成员关系是双向委托代理，代理链短，成员之间容易沟通和交流，减少了信息不对称，增强了合作社的稳定性。运用"状态空间模型化方法"和"分布函数的参数化方法"进行的研究表明，同质性成员与管理者均按照个人效用最大化进行理性博弈，基于合作双赢的关系契约更能够减少管理者的机会主义行为。第三，同质性合作社的资本形成仅限于成员，合作社财产属于全体成员所有，投票权仅限于成员。同质性合作社没有共同资产赎回，合作社盈余扣除公共积累以后主要以价格调整方式返还给成员，价格调整对每一个成员均等。第四，人口统计特征、资源禀赋和角色、风险承担与期望、能力等方面的差异是成员异质性产生的重要条件，成员异质性结构导致合作社在成员与合作社之间产生较为复杂的委托代理关系。成员异质性决定了核心成员拥有合作社的控制权、决策权和收益权，中小成员要素禀赋、风险承担以及不能让渡的股份等特征决定了股份化的产权结构不利于合作社的长期稳定。

为了准确阐释对我国农民专业合作社委托代理关系的治理机制和治理绩效，本书沿着SSRGP分析范式，重点研究了异质性农民专业合作社的治理。

首先，在深入分析异质性合作社成员委托代理关系的基础上，借鉴相关理论，研究了我国农民专业合作社成员的合作关系的可能性和稳定性，从合作社内、外部提出了合作社委托代理关系的治理机制。研究结论表明：第一，借鉴Stackelberg竞争模型和Bertrand模型的分析显示，中小成员之间的合作存在子博弈精炼纳什均衡，合作创造了价值增值并实现了集体理性；第二，运用古诺模型进行的分析表明，只要合作的收益率满足一定条件，异质性成员之间能够进行合作。借鉴KMRW声誉模型的分析显示，合作社不同类型的成员n阶段重复博弈存在合作均衡，合作社成员之间的合作关系存在稳定性。

其次，对我国农民专业合作社委托代理关系治理机制进行实证分析。研究表明：第一，合作社委托代理关系治理机制主要包括：决策机制、激励机制、监督机制的内部治理机制以及外部约束机制，本研究选用合作社委托代理关系治理机制的层次模型，并应用熵值法对样本合作社进行了评价，治理机制各个变量在合作社治理过程中各自发挥不同的作用。第二，合作社有效的治理水平依赖于其完善的治理结构。当前我国农民专业合作社代理问题治理的重点应体现在合作社内部成员大会、监事会以及加强外部监督和竞争机制等方面。第三，在"社员—合作社"委托代理关系中，成员的偏好决定于理事会私人信息和监事会的监督水平，如果监事会独立程度较高，理事会不会与监事会共享内部私人信息，监事会将会选择一个相对低的监督强度，且不提供咨询或者提供的咨询没有任何价值。合作社内部规范、成员的主人翁意识、相互信任和彼此忠诚等非正式制度治理比较有效。第四，"中小社员—合作社"委托代理关系中，监事会独立程度越高，核心成员侵占中小社员努力程度的边际成本越高，核心成员越不愿意侵占中小社员的利益。当监事会独立于核心成员时，核心成员很难通过控制监事会实施对于中小社员权益的侵占，其选择的侵占努力程度较低。通过加强外部力量特别是政府对合作社运行的有效制约与监督，通过外部力量的适度介入，协调中小成员和核心成员利益冲突，消除成员异质性对合作社发展的负面影响。

最后，在以上研究的基础上，通过对发达国家农业合作社委托代理关系治理的主要类型和经验的考察，从改进农户合作方式、提高合作社的经济效益、完善合作社法律制度、规范监督机制和社会资本等方面提出相应的政策建议。

目 录

第一章 导 言 ··· 001

  第一节 研究背景与研究意义 ··· 001

  第二节 问题的提出及研究目标 ·· 008

  第三节 相关概念的界定 ·· 010

  第四节 结构框架及技术路线 ·· 019

  第五节 数据来源及研究方法 ·· 022

  第六节 可能的创新与不足之处 ·· 024

第二章 农民专业合作社委托代理关系与治理机制：一般分析框架 ········ 027

  第一节 相关文献回顾与评述 ·· 027

  第二节 农民专业合作社参与成员特征 ···································· 036

  第三节 农民专业合作社的外部环境 ······································ 041

  第四节 农民专业合作社委托代理关系的类型 ···························· 044

  第五节 农民专业合作社主要的代理问题 ·································· 046

  第六节 农民专业合作社委托代理关系与治理的分析框架 ················ 048

  第七节 结论与讨论 ·· 050

第三章 我国农民专业合作社历史演进与现状：委托代理关系视角 ········ 053

  第一节 当代合作思想演变 ·· 053

  第二节 我国农民专业合作社委托代理关系的历史考察 ·················· 056

  第三节 我国农民专业合作社发展的阶段 ·································· 062

  第四节 我国农民专业合作社发展的现状与特点 ·························· 067

第五节　我国农民专业合作社发展的影响因素 …………………… 074

　　第六节　结论与讨论 …………………………………………………… 077

第四章　同质性条件下我国农民专业合作社委托代理关系与案例分析 …… 079

　　第一节　引　言 ………………………………………………………… 079

　　第二节　相关文献回顾 ………………………………………………… 079

　　第三节　农民专业合作社成员同质性产生的条件 ……………………… 081

　　第四节　同质性农民专业合作社的委托代理关系 ……………………… 083

　　第五节　同质性条件下农民专业合作社的组织结构 …………………… 087

　　第六节　同质性条件下农民专业合作社委托代理关系：案例分析 …… 090

　　第七节　结论与讨论 …………………………………………………… 095

第五章　异质性条件下我国农民专业合作社委托代理关系与案例分析 …… 097

　　第一节　引　言 ………………………………………………………… 097

　　第二节　相关文献回顾 ………………………………………………… 098

　　第三节　农民专业合作社成员异质性结构产生的条件 ………………… 101

　　第四节　异质性条件下农民专业合作社的委托代理关系 ……………… 105

　　第五节　异质性条件下农民专业合作社的组织结构 …………………… 108

　　第六节　同质性与异质性农民专业合作社的委托代理关系比较 ……… 111

　　第七节　异质性农民专业合作社的委托代理关系：案例分析 ………… 113

　　第八节　结论与讨论 …………………………………………………… 119

第六章　我国农民专业合作社委托代理关系的治理机制 …………………… 121

　　第一节　引　言 ………………………………………………………… 121

　　第二节　相关文献回顾 ………………………………………………… 122

　　第三节　我国农民专业合作社的组织机构 ……………………………… 123

　　第四节　农民专业合作社成员合作关系的稳定性 ……………………… 125

　　第五节　农民专业合作社委托代理关系治理的理论基础 ……………… 130

　　第六节　农民专业合作社委托代理关系的治理机制 …………………… 137

　　第七节　结论与讨论 …………………………………………………… 142

第七章 我国农民专业合作社委托代理关系治理的实证分析 ……… 145

第一节 引　言 ……… 145

第二节 相关文献回顾 ……… 146

第三节 农民专业合作社委托代理关系治理的实证分析 ……… 147

第四节 合作社两类主要委托代理关系的治理 ……… 152

第五节 两类委托代理关系治理与合作社绩效：案例分析 ……… 156

第六节 结论与讨论 ……… 161

第八章 国外不同类型的国家农业合作社委托代理关系及其治理经验 …… 163

第一节 引　言 ……… 163

第二节 国外不同类型的国家农业合作社委托代理关系 ……… 164

第三节 国外农业合作社委托代理关系治理的主要经验 ……… 172

第四节 结论与讨论 ……… 175

第九章 研究结论与政策建议 ……… 177

第一节 研究结论 ……… 177

第二节 政策建议 ……… 181

附录1 农民专业合作社社员调查问卷 ……… 187

附录2 农民专业合作社调查问卷 ……… 193

参考文献 ……… 201

第一章 导 言

第一节 研究背景与研究意义

一、研究背景

我国农民专业合作社的蓬勃发展，适应了新时代我国农业经济和社会发展的要求，对于推动农业农村现代化、深化农业供给侧结构性改革、培育农业农村发展新动能、促进农民持续增收发挥着愈加重要的作用。农民专业合作社已经成为各地区统筹城乡发展、解决"三农"问题的重要组织形式。随着我国工业化和新型城镇化的不断深入，农业产业结构调整加快，基于家庭经营的小农经济模式越来越不适应现代农业发展的要求，在国家和地方政府的大力扶持下，我国农民专业合作社呈现出加速发展态势。但是，在工业化和新型城镇化背景下，我国农业农村发展均面临经济、社会和生态环境等诸多方面的压力，农民专业合作社规范化发展水平与我国农业农村现代化发展目标表现出较大差距。当前，我国农民专业合作社的蓬勃发展有着其深刻的时代背景。

（一）农业发展的产业化趋势不断增强

农业产业化是现代农业发展的主要内容，农业产业化以提高农业经济效益为目标，以市场需求为根本导向，以农业主导产业为载体，通过农产品和各种生产要素的优化组合，实行区域专业化生产布局，实现农业生产的规模化、系列化和社会化管理，形成种养、加工和运销一体化经营体系，推进农业步入不断积累、自我提升和持续发展的现代化生产方式。

农业产业化的关键特征就是市场化、区域化、专业化、规模化、一体化、社会化。推进农业生产经营的市场化导向，提升我国传统农业的产业化水平，以家庭经营为基础，以农村合作经济组织为平台，以提高农业生产的经济效益和社会效益为核心，推动我国农业生产的专业化和规模化，是加快我国农业结构调整，统筹解决我国"三农"问题的重要途径。通过发展农民专业合作社，推动农产品生产的特色化、专业化和组织化，优化农业生产区域布局，是改造我国传统农业、全面实现农村小康目标的现实选择。

随着我国农业现代化进程的不断加快，我国农民专业合作社也得到快速发展。2017年，在工商部门注册的农民专业合作社总数接近200万家，入社农户超过1.1亿，接近50%的家庭承包经营户加入了各类合作社，按全国56万个行政村计算，每个村平均有3家以上合作社，是2007年《农民专业合作社法》实施以来的70多倍。我国农民专业合作社涵盖了粮棉油、肉蛋奶、果蔬茶等主要农产品的产前、产中、产后各个领域和环节，在农机、植保、民间工艺、旅游休闲、电子商务等多领域表现出诸多业态，并在早期专业合作社的基础上探索出了土地合作、股份合作、信用合作、合作社再联合等多种模式。各类农民专业合作社在实现小农户与现代农业有机衔接过程中起着越来越重要的作用，农民专业合作社在农业农村经济发展中发挥的作用越来越重要。但是，农民专业合作社数量的快速扩张过程中也同时伴随着诸如管理不民主、运行机制不规范、治理机制不健全等一系列问题（孔祥智，2017）。

从我国农民专业合作社发展的现实来看，我国入社农户的比例仍然较低，合作社对于农民带动作用有限。安徽财经大学、中华合作时报社联合发布的《中国合作经济发展研究报告（2017）》显示，截至2016年底，在农民专业合作社发展水平较高的江苏省，已有各类农民合作社7.45万家，入社农户1098万户，农户入社比重达77.1%，而全国实有农户入社比重仅为44.4%。农民专业合作社以从事产业来分类，可以分成种植业、畜牧业、农机服务业、渔业、其他行业，其中种植业占了总数的44.6%，畜牧业占了总数的26.7%，农机服务业占了6.3%，渔业占了4.8%。"十二五"期间，我国农民专业合作社数量增长了近3倍，农户入社率提高了近31个百分点。但是，从2014年起，我国农民专业合作社数量增长率有所回落，从2013年高峰值的42.6%下降到2016年的17.2%，反映出农民专业合作社在数量高速增长后，逐步进入规范化发展阶段（见图1-1）。

图 1-1　2007~2017 年我国农民专业合作社发展数量

数据（万家）：2007: 2.59；2008: 11.09；2009: 24.64；2010: 37.91；2011: 52.17；2012: 68.89；2013: 98.24；2014: 128.88；2015: 153.1；2016: 179.4；2017: 193.3

（二）农业农村发展面临较为严重的生态环境和人口压力

农业与工业和服务业的不同之处在于，农业生产与自然环境和农村社会发展等问题交织在一起。农业生产对土地、气候、水等自然资源和条件的依赖性强，农村地区又是生态脆弱和环境问题突出的地区，我国传统农业小规模经营和粗放式经济增长方式，主要依靠土地、劳动力等要素的投入来获得农产品供给增加，农业经济增长面临较为严重的自然资源约束和生态环境压力。

同时，我国农村发展必须立足于经济、社会、人口和生态的协调发展，不断提高农业生产的技术水平和农业生产率，切实改善农业生态环境，不断提高农民的文化素质和规模经济意识，以农业产业结构调整为目标，以农产品结构优化为主要内容，实现农业经济由分散化的粗放经营向集约高效化经营转变。

（三）统筹城乡经济社会发展的现实要求

我国农业发展正处于结构调整的关键时期，依赖传统要素投入的经济增长方式不仅不利于提升农业经济增长的质量，也扭曲了农业生产要素的配置。大力发展农民专业合作社，增强农民的组织化程度，不仅可以提升农业经济的整体实力，还可以吸纳农村剩余劳动力，提高农民市场主体地位，缩小城乡发展的差距。

农业生产组织化程度低也是我国城乡差距不断加大的重要原因。我国长期分散和小规模经营的农户，面对激烈的农产品市场竞争环境，由于农业生产的组织化程度低，农民在人力资本、土地资金、市场运销和农业技术等方面都处于不利地位，农业生产要素不能有效地配置与整合，农产品缺乏市场竞争力，农民缺乏谈判能力，农民难以保护自己的利益。

资料显示，目前我国农村仍有2.6亿农户、6亿多人生活在农村，其中2.3亿户是承包农户。如何实现小农户和现代农业发展有机衔接，使他们共享改革发展成果，不仅关系到他们生活状况的改善，也关系到农业农村的发展，更关系到全面建成小康社会的质量。2007~2017年，我国农民专业合作社的形式趋于多元化，合作领域不仅限于土地和资本等要素，农业分工深化和农民阶层分化加快，农户合作的意愿不断增强，合作类型由传统合作向现代要素的联合转变，在种养、农资、农业机械、土地、劳务、休闲、社区和金融等方面的合作不断拓展。农民专业呈现出更多的"能人"带动（夏英，2017）。

但是，国外发达国家农民的组织化程度普遍较高，比如，在丹麦，农民基本上都加入了不同种类的农业合作社；法国和荷兰的农户入社的比重均超过了90%；在西班牙的瓦伦西亚地区，没有加入农业合作社的农民不到5%；在以美国和加拿大为代表的北美地区，农户均加入3个合作社；东亚的日本和韩国，没有入社的农户比例在10%以下。另外，一些发展中国家农民加入合作社的比重也高于我国，比如巴西和智利农户入社比例达到80%，亚洲的印度和泰国等，也有30%到60%的农户加入了农民合作社，而我国2012年底农户入社的比重只有16.4%。

（四）提高我国农产品国际竞争力的要求

中国加入WTO对我国传统农业来说，既是机遇，又是挑战。按照WTO的要求，2004年以后，农产品关税水平大幅下调到17%，取消了大米、小麦和玉米等大宗农产品的进口限制，取而代之的是较大关税配额，中国的传统农产品将面对激烈竞争的国际市场压力。此外，中国政府对农业生产长期依靠价格支持来增加农产品的产量，农产品成本每年以10%的速度增长，农产品价格上涨迅速，我国的小麦、玉米、大豆、高粱、大麦和棉花等主要农作物的价格已不再具备国际竞争优势。但是，具有地方特色的农产品，比如绿色蔬菜、水果、水产品、花卉和肉类出口增长却呈现出明显的增长态势，在国际市场具有较强的竞争优势。农业部2018年1月公布的农产品市场运行的情况数据显示，2017年，国际市场对国内影响进一步加大，我国农产品进口继续较快增长，受需求拉动和进口价格优势驱动影响，农产品进口增幅明显大于出口，贸易逆差持续扩大。2017年1月到11月，我国农产品出口额为677.0亿美元，增长3.1%，进口额为1141.5亿美元，增长14.2%，贸易逆差达到464.5亿美元，增长了35.3%。同时，受国内消费升级拉动，部分特色水产品进口快速增长，一些特色水果进口持续保持高位。

通过改善发展农民专业合作社，提高农民的组织化程度，可以使我国农业立足于现有生产条件，面向国内外两个市场，发展高附加值的优势农业，提高农业生产的社会化服务水平，积极参与国际分工，增强农产品市场竞争能力，发挥农业比较优势，适应加入WTO后的市场需求。

（五）构建现代农业经济体系的必然要求

党的十九大报告特别提出了要构建现代农业产业体系、生产体系和经营体系。农业现代经济体系的构建有利于完善农民专业合作社组织的管理和治理结构，对于提高农民专业合作社横向一体化的合作水平，不断增强合作社与其他市场主体的竞争能力具有重要作用。农民专业合作社是农民自己的联合，合作社能够优化农业资源配置实现适度规模经营，通过全要素整合和聚集来增强小农户与现代农业发展的有机衔接。随着合作社发展水平的不断提高，合作社将农业生产、经营管理、农产品营销、资金互助、旅游休闲农业等多种功能关联在一起，促进农村第一、第二、第三产业融合发展，成为现代农业经济体系和乡村振兴战略实施不可替代的组织载体。

实施乡村振兴战略过程中，合作社必然会得到更多的国家政策支持，农民专业合作社发展的外部环境得到明显改善，合作社合作水平与合作质量的提升会增强合作社组织的稳定性，改变合作社组织异质性结构，有利于保护合作社中的小规模农户的民主权利和经济利益。

二、研究意义

（一）农民专业合作社健康发展能够提升农业产业化水平

农业产业化是我国现代农业发展的基本态势，农业产业化的性质是"纵向一体化"，规范的农业产业化组织是农业"纵向一体化"的重点。

但是，当前我国农民的组织化程度远远滞后于农业产业化进程。面对激烈的农产品市场竞争，迫切需要提高我国农民的组织化水平。由于农村基层组织的行政化，农民专业合作社培育机制和渠道不健全，使得农业合作经济组织体系很不完善，建立在家庭经营和村集体经营基础上的双层经营体制流于形式。在此背景下，"公司+农户"成为典型的产业化经营模式，但是，在这种模式下，公司不得不面对多数分散的农户，交易成本很高，而且公司经济利润最大化的目标与农户的利益存在冲突，公司与农户的利益关系脆弱，加上信息不对称，公司和农户在合作过程中都会产生机会主义行为。例如，广西农业厅的数据显示，广西农民专业合作社分布在传统的种植业的数量占60%以上，而在农产品深加工、运销以及技术信息等方面的合作社比重不到30%，从农户与市场的连接程度上看，分散性和小规模的专业协会是目前广西农民专业合作社的组织形式。

（二）规范发展的农民专业合作社能够改善农民的市场主体地位

自2007年我国《农民专业合作社法》颁布实施以来，国家和各级政府对农民专业合作社的重视程度不断加强，但是因为扶持资金额度有限，专业大户、农村能人、涉农企业等"大农"快速成长起来，地方政府对"大农"主导的农民专业合作社的扶持需要花费的成本较低，农民专业合作社的规范化发展存在较多的阻碍。

首先，提高农民的组织化程度可以增强农民市场谈判能力。农民专业合作社，把农业生产、加工、仓储和营销等各个环节有机结合，农民广泛参与和获得农业产业链各环节的价值增值，拓展了农产品的收入渠道，提高了农民的经济实力。其次，农民通过合作社增强了与商业资本抗衡的能力。农民通过加入农民专业合作社，为农产品市场融入了新的竞争主体，提高了农民对于工商业资本的抗衡能力。最后，合作社的规范运行可以吸纳更多的农户参与，从根本上改变我国"小农经济"的生产和经营特点，合作社能够代表农民利益影响政府的农业政策，缩小农民和其他产业生产者之间的区别，提高农民的社会地位。

（三）农民专业合作社的规范发展有利于提高农业生产效率

农业产业化是建立在家庭联产承包责任制基础上的体制创新。农民专业合作社是我国传统经营体制创新的重要形式。农民专业合作社经营管理面向市场需求，以家庭经营为基础，以农业经济效益和社会效益为核心，通过向农户提供产前、产中和产后的全方位服务，实现农业生产在种养加、产供销、农工商领域的组织化和一体化，降低单个农户小规模生产的自然风险和市场风险，提高了农产品的经营效率。

在传统农产品市场，由于农村广大地区地域分散，交通通信落后，市场信息不灵以及农民自身受教育程度较低等原因，单个农户难以及时、有效获得农产品市场信息，农户搜集和处理信息的成本较高，不仅加剧了市场信息在农村地区的稀缺，而且抑制了农户对于农产品市场的认知和反应能力，导致农户成为市场博弈主体的弱势者，最终损害了农户的切身利益。

农户以农民专业合作社为纽带与市场进行交易，可以获得农产品的价格改进。而农民专业合作社经营的规模化、标准化、规范化和品牌化，又能够降低农产品生产、加工和运销过程中的成本。农户可以通过专业合作社专心于农产品生产，在生产资料采购、农业技术推广、市场信息和农产品的品牌化等方面，可以通过分工由合作社组织统一经营和管理，从而提高了农户生产的专业化水平。

（四）农民专业合作社规范运行能够确保农产品的质量安全

近年来，我国农产品的质量安全问题也比较突出，究其原因之一就是农产品生产的分散化导致难以对农产品质量实施有效监管。农产品通过专业合作社统一管理和标准化技术，有效地保障了农产品的质量安全。比如，宁夏回族自治区的富民枸杞专业合作社，利用"农户—合作社—企业"模式，合作社签订合同与农户和公司建立"七个统一"的经营管理制度，有效的利益链接和统一化经营、标准化生产，不仅使企业获得较高的经济利润，而且农户的自身利益也得到保障，农户行为得到规范，促进了当地枸杞产业的健康发展。

当前，我国农业农村经济发展也到了由高速增长阶段转为高质量发展阶段，加快推进农业由增产导向转向提质导向已经成为新时期农业农村发展的重要方面。农业部部长韩长赋在2017年全国农业工作会议上的讲话就指出，我国农业质量发展不足主要表现在三个方面：首先，农产品品种多而不优。我国农产品虽然品种齐全，但同质化严重，分等分级少，质量安全风险隐患仍然存在。其次，农业品牌杂而不亮。目前我国农产品大品牌不多，有市场影响力的更少。最后，我国农业大而不强。我国粮肉蛋果菜茶鱼产量人均占有量很多也位居世界前列，农牧渔种养加各产业门类齐全，产品产量和产业产值都很庞大。但是国际竞争力弱，粮棉油糖、肉类、奶粉等进口不断增加，农产品贸易逆差持续扩大。推进质量兴农、品牌强农，提高农业绿色化、优质化、特色化、品牌化水平成为农业发展的当务之急。

第二节　问题的提出及研究目标

农民专业合作社是我国发展现代农业、促进农民增收、繁荣农村经济的重要力量。2007年7月我国正式颁布实施的《中华人民共和国农民专业合作社法》（以下简称《农民专业合作社法》）在提高传统农业市场化、产业化和农民组织化水平等方面起到了重要的引领作用。各级地方政府对农民专业合作社的发展都给予广泛支持，农业农村部的最新数据显示，我国每个村平均有3个农民合作社。截至2018年2月底，全国依法登记的农民专业合作社达204.4万家，是2012年底的3倍；实有入社农户11759万户，约占全国农户总数的48.1%；成员出资总额46768万亿元，是2012年底的4.2倍。伴随着规模的扩大，合作社逐步向第一、第二、第三产业融合拓展，向生产、供销、信用业务综合合作转变，向社际联合迈进。目前，超过一半合作社提供产加销一体化服务，服务总值达11044亿元。我国各地区的农民专业合作社都表现出了快速发展的趋势。[①]

与发达国家和地区相比，我国农民专业合作社治理方面的问题尤为严重。究其原因在于：一是我国农民专业合作社发展滞后于农业产业化，合作社必须以成员经济利益为目标来推动农业产业化。二是我国农民专业合作社的成员异质性突出。合作社成员的要素禀赋、入社目标、利益诉求及能力在核心社员与普通社员之间的差异较大并形成层次结构。三是农村传统文化的影响。我国农民专业合作社植根于农村乡土文化和社会，农村社会发展程度较低、资本市场不发达，导致合作社管理及治理的松散化。

合作社成员与农民专业合作社的交易类型对其治理机制具有重要作用。在外围社员与农民专业合作社的个别交易中，商品契约在农民专业合作社治理中居于主导地位，商品契约的风险已在交易过程中得到补偿，难以对要素契约形成反向治理效应，农民专业合作社一般不会按交易额分配盈余。在积极社员与农民专业合作社的重复交易中，关系治理机制的作用会被强化；在核心社员与农民专业合

---

① 中国经济网，http://www.ce.cn/xwzx/gnsz/gdxw/201805/02/t20180502_28997647.shtml。

作社的长期交易中，要素契约的治理作用会得到增强；按交易额分配盈余实质上体现了对交易过程中商品契约的剩余风险以及对积极社员和核心社员参与农民专业合作社经营、组织与管理的补偿，而交易的关系治理机制也使按交易额分配盈余成为可能（崔宝玉和刘丽珍，2017）。

当前，我国农民专业合作社的发展也出现了参与主体的多重性特点。在城市化和工业化加速的背景下，随着农村社会发展和农村经济转型加快，农村剩余劳动力大量转移，农业兼业化、副业化越来越普遍，合作社参与主体的多重性和异质性特征愈来愈明显。

针对合作社异化和不规范问题，在《农民专业合作社法》的法律框架下，政府和农业管理部门先后制定发布了合作社示范章程、财务会计、登记管理、年度报告公示等配套制度，指导协助19个省（区、市）制定了地方性法规，推动形成了以《农民专业合作社法》为核心、地方性法规为支撑、规章制度相配套的合作社法律法规体系。认真履行法律职责，合力促进合作社规范发展。经国务院批准，农业部会同发改、财政、水利、税务、工商、林业、银监、供销等部门和单位建立了全国农民合作社发展部际联席会议制度，引导和促进发布农民合作社规范发展的意见、国家农民合作社示范社评定及监测暂行办法，组织开展评定了近8000家国家农民合作社示范社。农业部也协调有关部门推动出台财政、税收、金融、涉农项目等惠农惠社政策措施，各级财政支持资金从2007年的23亿元增加到2017年的48亿元，其中中央财政2017年安排14亿元，联合发改、财政等7部门制定了合作社承担国家涉农项目的意见，全面贯彻落实党的十九大、中央农村工作会议和全国农业工作会议精神，坚持合作社规范建设与创新发展相结合，完善扶持政策，强化指导服务，注重示范带动，充分发挥合作社帮助农民、提高农民、富裕农民的功能作用，不断增强农民合作社经济实力、发展活力和带动能力，使农民合作社成为我国振兴乡村、引导小农户与现代农业有机衔接的中坚力量（张红宇，2018）。

近几年来，我国不规范的农民专业合作社数量越来越多，如果不采取有力的措施对其进行改善、规范，那么农民专业合作社成员之间的利益就很难得到公平性的对待。这不仅是农民专业合作社内部治理问题，而且是农民专业合作社构建过程中各利益主体的资源禀赋、利益结构的比较和相互连接之间存在的问题。

现实问题是：既然农民专业合作社有利于增进农民的利益，为什么实践中我国入社农户的比例还比较低？当前由农村能人、专业大户、涉农企业以及农村基层组织等领办的农民专业合作社数量的快速增长，对农民专业合作社的组织机构、产权结构、控制权以及收益分配将会产生什么样的影响？合作社不同的参与主体之间能否保持较为稳定的长期合作关系？我国农民专业合作社应该具有什么样的治理机制？本书结合我国农业发展的现实背景，对上述问题进行深入探讨，并预期实现如下目标：

首先，在假定农户行为和分析农民专业合作社成长制度环境的基础上，借鉴产业组织相关理论，提出农民专业合作社委托代理关系与治理机制的一般分析框架。

其次，对我国农民专业合作社组织状态和组织结构进行分析，探讨成员同质性与异质性产生的条件，探讨和比较同质性和异质性农民专业合作社的组织状态、组织结构和委托代理关系特点。

最后，从我国农民专业合作社委托代理关系特征出发，深入探讨农民专业合作社中成员合作关系的可能性和长期稳定性，根据农民专业合作社的性质和功能目标，借鉴已有成果，提出我国农民专业合作社的治理机制并进行实证分析，在此基础上提出政策建议。

第三节 相关概念的界定

一、合作

1844 年，罗虚代尔合作社的产生引发了世界范围内的合作运动，作为经济制度，合作经济有别于资本主义经济和社会主义经济，合作社是一种独特的经济组织形式。有鉴于此，需要区别广义的"合作"和狭义的"合作"。

从合作的内涵来看，广义的"合作"是指许多人在同一生产过程中，或者在不同的但相互联系的生产过程中，劳动者之间一起协作劳动和互助的形式。广义的"合作"是劳动者之间自觉的联合行为，是人类追求更高层次的经济目的的联合；狭义的"合作"具有特殊的经济关系内涵，它从"泛合作"中独立，成为合作社成员之间相互合作的一种特定劳动形式。欧文、傅立叶等把这种意义上的"合作"称为"Cooperation"；华特金斯（Watkins）认为，"合作"特指"采用一定的联合劳动方式的一种特定的经济与社会的组织形式"。华特金斯特指的"合作"与一般的"合作"是有区别的，特指的"合作"要求所有参加者必须遵循大家都同意的基本原则，而一般的"合作"可在任何条件下进行。

波卡达（E. S. Bogardus）认为，所谓合作，就是成员在生产和生活等方面协作互助，合作被理解为一种生活方式。波卡达强调，合作也包括另一种极重要的生活过程——竞争，并在此基础上提出了反应合作、利他性合作、合作生存、本能合作和竞争合作五种形式。生存性合作、竞争性合作属于广义的"合作"，而利他性合作属于狭义的"合作"。本研究中的"合作"仅指狭义的"合作"。

二、合作社

合作社是近代社会商品经济发展到一定阶段才出现的产物，是一种特殊的生产方式和经营组织形式。合作社作为一种经济制度在西方国家得到发展，其内容和形式均存在较大不同，合作社的定义在不同时期、不同国家也不尽相同。

空想社会主义代表人物傅立叶在《宇宙同一论》和《新世界》认为"合作社"是建立在共同劳动、一起经营和共同生活基础上的组织形式，并主张合作社的生产以农业为主；罗伯特·欧文（Robert Owen）认为，合作社是一个以公有制为基础、实行"各尽所能、按需分配"、社员享有平等权利的"工、农、商、学结合起来的大家庭"；1844年底，28名纺织工人在英格兰西部的罗虚代尔镇建立了消费合作社，并起名"罗虚代尔公平先锋社"，提出了"自愿、一人一票表决权、现金交易、按市价销售、按质论价、盈余按购买额分配、重视教育、对政治和宗教保持中立"合作社八项基本原则，"罗虚代尔原则"被1895年成立的国际合作联盟列为经典的办社原则而被联盟写入其章程，从此以后，罗虚代尔原则成为国际合作联盟成员国的合作组织普遍遵守的原则。

英国罗虚代尔的合作思想传入法国以后，法国在罗虚代尔原则的基础上形成了以尼姆学派为代表的独特的消费合作理论。季特（Charles Gide）1988年5月在巴黎的演讲《合作之未来》提出，合作社是一种介于资本主义和社会主义之间的"中间形式"；德国信用合作社代表人物莱佛艾森（Friedrich Wilhelm Raiffeisen）认为合作社是一种特殊的企业形式，它既是经济企业，同时又是一个人员联合体，信用合作社的组建目的不仅在于增加社员的物质利益，而且在于提高社员的道德或者精神；法国将农业合作社界定为，农业合作社是一种农业组织形式，集体财产成员共同拥有，实行民主管理，合作社盈余不是按成员参与股金而是按其与合作社的业务活动的数量来分配。

新古典经济学家约翰·斯图亚特·穆勒把合作社成员之间的合作分为劳动者之间的合作和劳动者与资本家的合作，组建合作社的本质是道德革命；新古典学派创始人马歇尔在其《经济学原理》一书中认为，合作社是一种"高度组织化的购入和售卖的经济组织，是企业"，合作社可以"把大生产的经济与小生产的快乐和社会利益结合起来"，合作制"可以兼容一切租赁制的优点。"马克思和恩格斯认为，合作社是劳动人民为改变生产条件和生活条件而自愿联合起来保护自己正当利益的经济组织，商品经济、社会分工和社会化大生产是合作社产生的基础。

1965年美国农业部农场主合作管理局认为，合作社是共同拥有财产所有权的人们，以公益性为基础而自愿联合的、主要为其成员提供服务、具有法人地位的联合组织。在合作社中，成员共同参与、民主管理，收益、亏损和风险按照使用合作社的比例合理分担；德国学者认为，经济意义上的合作社具有以下基本特征：成员至少一种利益相同、群体目标也是群体成员个人目标、合作社"共同所有、共同出资和共同管理"、合作社主要目标是增加群体成员的经济利益。

1995年国际合作社联盟社员大会认为，合作社是成员为满足其共同利益或者需求而组建的共同拥有、民主管理、自愿联合的社团。合作社的本质在于：自治、自愿、劳动联合、共同需求和民主控制；刘少奇提出，合作社是劳动人民群众自愿联合起来维护自身合法利益的合作组织，是在私有财产基础上发展起来的集体经济，合作社本质上区别于私营经济和国营经济，合作社是半社会主义性质的，同时合作社还是"一个独立的群众团体，一个群众的经济组织，不是工会"；毛泽东认为，合作社是生产资料个人私有和集体使用相结合的经济制度；中国台湾地区"合作社法"认为，合作社是按照民主平等、在成员互助基础上成立的为成员提供服务和谋求利益的团体；德国《合作社法》认为，合作社是成员集体所有的、以改善成员生产经营活动为目的的社团；荷兰《农业合作社法》认为，农业合作社是从事生产经营的独立性农民组织，成员利益共享，风险共担。

由此可见，虽然以上对合作社的各种理解和表述不尽相同，但对合作社的本质特征是形成共识的，农业合作社的本质特征是自愿互惠、平等民主和共同所有。合作社是人们自愿联合的、具有法人地位的群众性的社团组织，其价值目标是满足全体成员共同利益。

三、农民合作经济组织

"农民合作经济组织"的称谓是一个我国特有的概念，在国际合作经济界，一般称合作经济组织为"Farmer Cooperatives"。我国一些学者站在不同的视角提出了自己的观点，比如：任大鹏和潘晓红（2004）提出，农民合作经济组织是由农民自愿入社组成，不以盈利为目的，为社员提供生产经营服务的社团法人；李长健和冯果（2005）认为，农民合作经济组织的基本特征是民有、民管、民享原则；章胜勇和李崇光（2007）认为，农民合作经济组织的显著特征是服务于农民、共同所有、民主管理；莫少颖（2009）认为，农民合作经济组织是以从事同类产品生产经营和服务的农民为主体，自愿联合、民主管理的互助性经济组织；史青（2009）认为，农民合作经济组织包括：互助组、农业生产合作社以及人民公社、社区合作经济组织、供销合作社和信用合作社，及改革开放以来出现的各种农民专业合作经济组织。

许彦斌（2010）提出农民合作经济组织的显著特征是自愿参加、合作自助、共同拥有、共同经营；张翠凤（2010）提出，农民合作经济组织遵循"入退自愿、民主管理、盈余返还、互助合作、自我服务"的组织形式；浦徐进和刘焕明（2011）提出农户合作经济组织是一种惠顾者的社员联合所有、民主管理并受益；曾路遥（2012）认为农民合作经济组织包括：农业合作社、专业协会、乡村集体经济、农村股份制企业以及供销社和信社。狭义的农民合作经济组织是以家庭承包经营为基础的，生产经营同类农产品的农户的自愿联合、民主管理的互助性经济组织。

四、农民专业合作经济组织

农村社区合作经济组织在我国普遍存在，主要包括农民专业合作社、基础供销社、社区合作社、农业技术协会、农村信用社以及合作社的联合社等组织。农村社区合作组织社区具有目标多重性和行政化两个基本特征。农村社区合作组织是政府基层政权机构的延伸和代理，村干部与上级政府之间存在"委托—代理"

关系，是农民非自愿选择的结果。农村社区合作社就是乡、村集体经济组织，是在对人民公社进行改革以后逐步形成的农村集体经济体制。

农村供销社始于20世纪50年代初，是以农民为主体的劳动群众集体所有制的合作经济组织，农村供销社由基层供销合作社、县级供销合作社联合社、地市级供销合作社联合社、省级供销合作社联合社和中华全国供销合作总社组成。供销社刚开始由农民入股发起，组建的目的是农民自我服务，其原始资金来源是成员的股金，其性质也是农民合作经济组织。在供销社历史上经历了几次体制改革，其性质演变为政府附属部门或集体经济企业。

农村信用社是由农民入股组成，实行民主管理，主要为成员提供金融服务的合作组织，是经中国人民银行依法批准设立的合法金融机构。合作社，社员出钱组成资本金，社员用钱可以贷款。最初的信用社，大部分出资来自国家，农民的出资只占很少部分。我国农村信用合作社经历了多次的体制改革，仍具有浓厚的行政化色彩，严格地讲信用社的产权并不模糊，它的所有人就是政府。

联合社是指在一定行政区域内设置的合作组织联合体。联合社主要由农民发起创立，由农民带头人发起，并有一定数量的农民同意才能创建。但是，实践中很多地方联合社是由政府有关的技术部门或工商企业发起的。

五、新型农民合作经济组织

农业合作化时期的互助组、初级社、高级社以及人民公社；社区合作经济组织；基层供销合作社和农村信用社等属于传统的农民合作经济组织。新型的农民合作经济组织主要指20世纪80年代我国农村体制改革以来，在农村双层经营基础上，由农民自愿发起，遵循民主互惠原则形成的，以为合作社成员提供生产、流通和销售等环节的服务为宗旨，以成员的经济利益和社会利益为目标的各类经济组织。其组织形式主要包括专业合作社、农技协会、专业协会以及各种专业合作社的联合社等。

新型农民专业合作经济组织是在我国农村发展最为迅速的一种组织形式、经营体制。它以农村家庭经营为基础，以农产品规模化、产业化为目标，以"民办、民营、民受益"为原则，将分散经营的单个农户与农产品大市场紧密联系起来，通过提升对农户的社会化服务水平，增强农户抗御市场风险的能力，帮助农户获取农业产业链的价值增值，对于推动农业产业化经营、发展壮大农村集体经济、统筹城乡发展探索了新路，在推进农村改革发展中具有重要地位。

六、农民专业合作社及联合社

我国《农民专业合作社法》界定"农民专业合作社"为：农民专业合作社是在农村家庭承包经营基础上，同类农产品的生产经营者或者同类农业生产经营服务的提供者、利用者，自愿联合、民主管理的互助性经济组织。农民专业合作社为参与农户提供购买农业生产资料、农产品加工、市场营销以及农业科技培训等服务。农民专业合作社与农户利益联结比较紧密，入社形式多样，对农户成员提供各种服务，对外盈利，在工商部门登记，性质是合作社法人。而采用入会制的专业协会，是在民政部门登记的社团法人或者民办非企事业单位，为成员提供服务，不以盈利为目的，与农户联结较松散。农民合作经济组织相关概念之间的关系如图1-2所示：

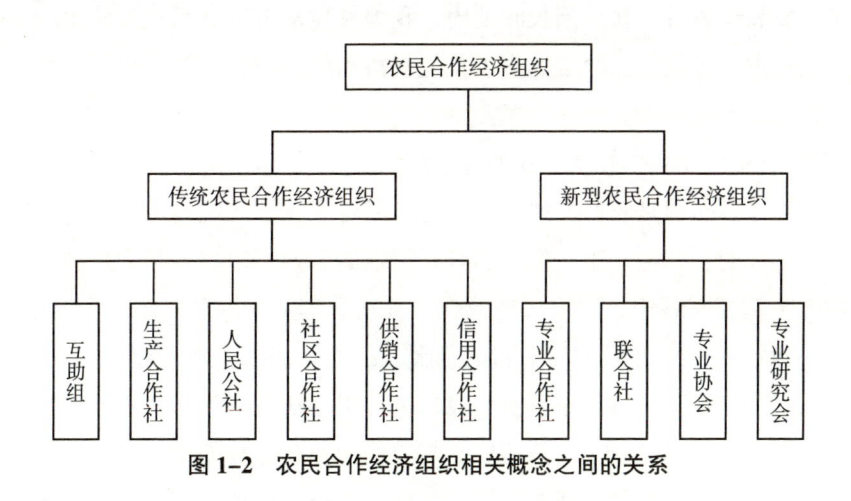

图1-2 农民合作经济组织相关概念之间的关系

（一）农民专业合作社是一种经济组织

实践中有很多农民合作组织，如农民专业技术协会、农产品行业协会等，这些组织在组织形式、运行机制、服务内容和方式上各有特点，有的已经由相关法律法规进行了规范。《农民专业合作社法》第三条规定："农民专业合作社以其成员为主要服务对象，开展以下一种或者多种业务：农业生产资料的购买、使用；农产品的生产、销售、加工、运输、贮藏及其他相关服务；农村民间工艺及制品、休闲农业和乡村旅游资源的开发经营等；与农业生产经营有关的技术、信息、设施建设运营等服务。"2007年颁布实施的《农民专业合作社法》只调整其中的一种，即农民专业合作社，只有从事农业生产经营活动的实体型农民专业合作经济组织才是农民专业合作社，才是《农民专业合作社法》的调整对象。其他诸如专门从事金融业务的农村合作金融组织以及以提供专业技术中介指导服务、行业自律服务、文化活动等为主要内容的合作组织都不是《农民专业合作社法》的调整对象。

（二）农民专业合作社建立在农村家庭承包经营基础之上

农村土地的家庭承包经营制度，是党在农村的基本政策。农民专业合作社建立在农村家庭承包经营基础之上，保证了其成员以农民为主体。当前，我国正处于传统农业向现代农业的转型期，多种经营主体并存的局面将长期存在，传统的农民概念也在发生变化，农民的身份概念将逐渐淡化，职业农民的概念将会逐渐被人们接受，从事农业生产经营活动的劳动者都是农民。但是，从我国的现实国情和未来发展趋势看，在相当长时期内，我国农村从事家庭承包经营生产的传统小农户仍然占大多数，法律依然应当首先支持和保护拥有家庭承包经营权、经营农业、收入主要来源于农业的农民。

（三）农民专业合作社是专业的经济组织

农民专业合作社是农产品的生产经营者或者农业生产经营服务的提供者、利用者联合组成的，其经营服务的内容具有很强的专业性，主要是为成员提供生产经营服务。例如实践中一些农民专业合作社在管理上采取"六统一"：统一引进新品种、新技术；统一提供技术和信息服务；统一采购农药、种子等生产资料；统一组织销售；统一承接国家涉农建设项目等优惠扶持政策；统一开展法律、文化等社会事业服务。盈余主要按照成员与农民专业合作社的交易量（额）比例返还。盈余分配方式是农民专业合作社与其他经济组织的重要区别，为了体现盈余主要按成员与本社的交易量（额）比例返还的基本原则，保护一般成员和出资较多成员的积极性，《农民专业合作社法》规定：可分配盈余主要按照成员与本社的交易量（额）比例返还。可分配盈余按成员与本社的交易量（额）比例返还的返还总额不得低于可分配盈余的百分之六十；返还后的剩余部分，以成员账户中记载的出资额和公积金份额，以及本社接受国家财政直接补助和他人捐赠形成的财产平均量化到成员的份额，按比例分配给本社成员。具体分配办法按照章程规定或者经成员大会决议确定（施春风，2018）

（四）农民专业合作社是自愿联合、民主管理的经济组织

任何单位和个人都不得违背农民意愿，以指导、扶持和服务等名义强迫他们成立或者加入农民专业合作社。农民专业合作社的各成员不论是否出资、出资多少，在合作社内部的地位都是平等的，实行民主管理，在成员大会的选举和表决上，实行一人一票制，成员各享有一票基本表决权。农民专业合作社在运行过程中应当始终体现"民办、民有、民管、民受益"的精神。农民专业合作社基本是由农产品的生产经营者或者农业生产经营服务的提供者、利用者组织起来的。这些自愿组织起来的成员具有共同的经济利益，共同利用合作社提供的农业生产资料的购买、使用服务，以及农产品的生产、销售、加工、运输、贮藏及其他相关服务等。农民专业合作社通过为其成员提供产前、产中和产后服务，使成员联合进入市场，形成规模经济，以节省交易费用、增强市场竞争力、增加成员收入。因此，农民专业合作社的主要目的是为成员提供服务，体现了所有者与利用者同一的原则，是合作社区别于公司等企业的特征之一。

（五）农民专业合作社是互助性经济组织

农民专业合作社是农产品的生产经营者或者农业生产经营服务的提供者、利用者以自我服务为目的而成立的，目的是通过合作互助提高规模效益，完成单个农民办不了、办不好、办了不合算的事。这种互助性的特点，决定了它以成员为主要服务对象，决定了"以服务成员为宗旨，谋求全体成员的共同利益"的经营原则。

需要说明的是，近年来，随着农村集体产权制度改革的深入推进，一些地方将改革后的农村集体经济组织称为股份经济合作社或经济合作社。这种社区性的股份经济合作社或经济合作社作为我国农村集体经济的组织载体，在农村集体产权制度改革和发展壮大农村集体经济过程中发挥着重要作用。但是，这种社区性的合作社与《农民专业合作社法》规定的农民专业合作社有很大区别：第一，农民专业合作社是个别农民自发组织设立的，而社区性的合作社是否设立需要全体成员决策；第二，农民专业合作社的成员实行"入社自愿、退社自由"的原则，没有地域限制，甚至可以是公司等企事业单位，而社区性的合作社成员只能是本集体经济组织的成员；第三，农民专业合作社经营服务的内容专业性较强，主要以其成员为服务对象，为成员提供农业生产经营服务，而社区性的合作社经营范围更广泛，交易对象也不一定要以成员为主，但其对社区承担的义务可能更多。因此，这些社区性的股份经济合作社或经济合作社虽然也是农民办的，但不是

《农民专业合作社法》所称的农民专业合作社。

（六）农民专业合作社基本原则

合作社的基本原则是提供合作社建立的制度标准，它一方面限制甚至禁止合作社从事某些活动，另一方面鼓励其进行某些活动。合作社的原则是合作社的价值所在，一个合作社应当将每项原则所体现的精神贯穿于日常活动中。1995年9月，国际合作社联盟通过了《关于合作社特征的宣言》，明确指出：合作社的基本价值是"自助、平等、公平和团结"，并据此宣示了合作社的七项原则：自愿和开放的社员，社员的民主控制，社员的经济参与，自治、自立，教育、培训和信息，合作社之间的合作，关心社区。上述原则的核心精神有三点：开放的社员资格、社员的民主控制和按照惠顾额返还，只要具备这些核心精神的组织就可以称为合作社。我国的农民专业合作社起步较晚，其成长环境不同于发达国家和其他发展中国家。特别是由于我国农户经营规模小，农民的经济实力弱，多数还没有能力成立自己的企业，农村的经济很多都是"能人经济"。农民专业合作社的发展也要依赖经济实力较强的农户、企业，甚至要吸收工商资本的加入。

因此，2007年颁布实施的《农民专业合作社法》在确定我国农民专业合作社的基本原则时，在遵循国际合作社联盟基本精神的前提下，并未局限于国际上传统的合作社原则，而是在成员结构、服务内容、服务对象、治理结构和盈余分配等方面结合国情进行创新，体现了我国农民专业合作社发展的特色。《农民专业合作社法》第四条规定："农民专业合作社应当遵循下列原则：成员以农民为主体；以服务成员为宗旨，谋求全体成员的共同利益；入社自愿、退社自由；成员地位平等，实行民主管理；盈余主要按照成员与农民专业合作社的交易量（额）比例返还。"本条规定的后三项原则充分反映了国际上对合作社价值的主流认识。第二项原则既反映了国际公认的合作社的核心精神之一，也充分表达了我国广大农民群众对发挥好农民专业合作社功能作用的热切期盼。第一项原则是从我国国情出发，在广泛总结并充分肯定我国亿万农民的实践探索和伟大创造基础上，确立的独具中国特色的农民专业合作社发展道路的重大原则，主要目的在于：一是保证合作社中农民的主体地位，防止少数人控制，在《农民专业合作社法》中体现在人数数量上的绝对多数和管理上的以一人一票为基础的民主控制两个方面；二是保证农民的经济利益得以实现，避免成员之间的利益冲突，特别是当农民专业合作社成员中有龙头企业和专业大户时。需要注意的是，农民专业合作社的基本原则体现了农民专业合作社的价值，也是对农民专业合作社进行定性的标准，只有依照这些基本原则组建和运行的合作经济组织才是《农民专业合作社法》所指的农民专业合作社，才能享受《农民专业合作社法》规定的各项扶持措施。

（七）农民专业合作社的联合已经成为一种新趋势

组成农民专业合作社联社是合作社发挥合作社功能、提高合作社生存力的重要途径，有助于解决单个农民专业合作社目前面对的困境，联合社以成员社为主要服务对象，通过入股形成利益共同体，对外参与竞争、对内做好服务。但现实中，农民专业合作社的联合受到客观环境和主观因素的诸多阻碍，发展并不顺利。近年来，社会各界已经对农民专业合作社联合展开了研究，包括联合的必要性、怎么实现联合、采取什么样的形式等，但是并没有形成达成共识的理论。本书实证结果表明，农民专业合作联社已经表现出了蓬勃的生命力，但作为一个近几年萌芽发展的新事物，发展仍然处于初级阶段，目前，既没有现成的得到过验证的模式可以参考，也没有统一的法规政策可以遵循（刘滨、黎汝康和小兰，2016）。发展联合社将成为众多合作社增强竞争力的选择。在农业供给侧结构性改革的大背景下，做大做强、增强自身市场竞争力将成为众多新型农业经营主体的迫切需要。现实中大量合作社尽管在产后流通加工、品牌建设和市场营销等方面取得了进展，但在国内外大市场中仍然处于弱势地位，强化合作社之间的联合与合作将成为趋势。2017年12月新修订的《农民专业合作社法》第五十六条规定"三个以上的农民专业合作社在自愿的基础上，可以出资设立农民专业合作社联合社。农民专业合作社联合社应当有自己的名称、组织机构和住所，由联合社全体成员制定并承认的章程，以及符合章程规定的成员出资"。修订后的《农民专业合作社法》的实施，会进一步加快合作社联合与合作的势头（张照新，2018）。

第四节　结构框架及技术路线

一、结构框架

本书共分为九章。

第一章为导言。介绍研究背景，明确研究对象和研究内容，提出研究目标、研究框架和研究思路，介绍本研究所采用的方法及数据来源，提出可能的创新和不足。

第二章为农民专业合作社委托代理关系与治理机制。一般分析框架。在对农户行为假定和相关概念界定的基础上，结合农民专业合作社产生的内外部环境，以我国农民专业合作社发展的现实特征为基点，围绕研究内容和目标，提出农民专业合作社中委托代理关系与治理机制的一般分析框架。

第三章为我国农民专业合作社历史演进与现状：委托代理关系视角。本章在对我国农民专业合作社演变的历史背景、影响因素、发展阶段和特点进行阐述的基础上，重点从制度层面分析农民专业合作社演进的委托代理关系特征及问题，指出对我国农民专业合作社治理的现实性和紧迫性。

第四章为同质性条件下我国农民专业合作社委托代理关系与案例分析。根据"状态—结构—关系—治理—绩效"分析范式，在深入探讨成员同质性产生的条件基础上，构建同质性合作社委托代理关系模型，依据状态空间模型化方法、分布函数的参数化方法，对同质性农民专业合作社的成员关系和行为进行研究，揭示同质性农民专业合作社的组织结构、产权结构和决策机制，并对案例进行分析。

第五章为异质性条件下我国农民专业合作社委托代理关系与案例分析。根据"状态—结构—关系—治理—绩效"分析范式，在分析农民专业合作社成员异质性产生的条件基础上，构造同质性农民专业合作社成员关系模型，揭示异质性合作社存在的委托代理关系的主要类型，然后研究异质性农民专业合作社组织结构、产权结构和决策机制，并对同质性和异质性合作社委托代理关系加以比较，并对案例进行分析。

第六章为我国农民专业合作社委托代理关系的治理机制。在对农民专业合作社组织状态和组织结构进行分析的基础上，研究农民专业合作社成员合作关系的可能性和稳定性，借鉴公司治理理论和新制度经济学等有关理论，提出农民专业合作社委托代理关系的治理机制。

第七章为我国农民专业合作社委托代理关系治理的实证分析。根据分析范式，首先，在对农民专业合作社委托代理关系产生的原因、表现形式以及影响进行分析的基础上，提出农民专业合作社委托代理关系治理机制的层次模型和评价指标体系，并应用熵值法对样本合作社进行实证分析；其次，应用博弈论方法并结合案例，分别对"中小成员—合作社"和"中小成员—核心成员"两类主要的委托代理关系的治理机制进行分析，揭示我国农民专业合作社治理的重点；最后，对案例进行比较分析。

第八章为国外不同类型的国家农业合作社委托代理关系及其治理经验。分别分析美国和加拿大的"人少地多"型、德国和法国的"人地适中"型、以色列和荷兰的"人多地少"型以及日本和韩国的"东亚模式"在农业合作社治理方面的经验。

第九章为研究结论与政策建议。总结论文研究的主要结论，并据此提出相关的政策和建议。

二、技术路线

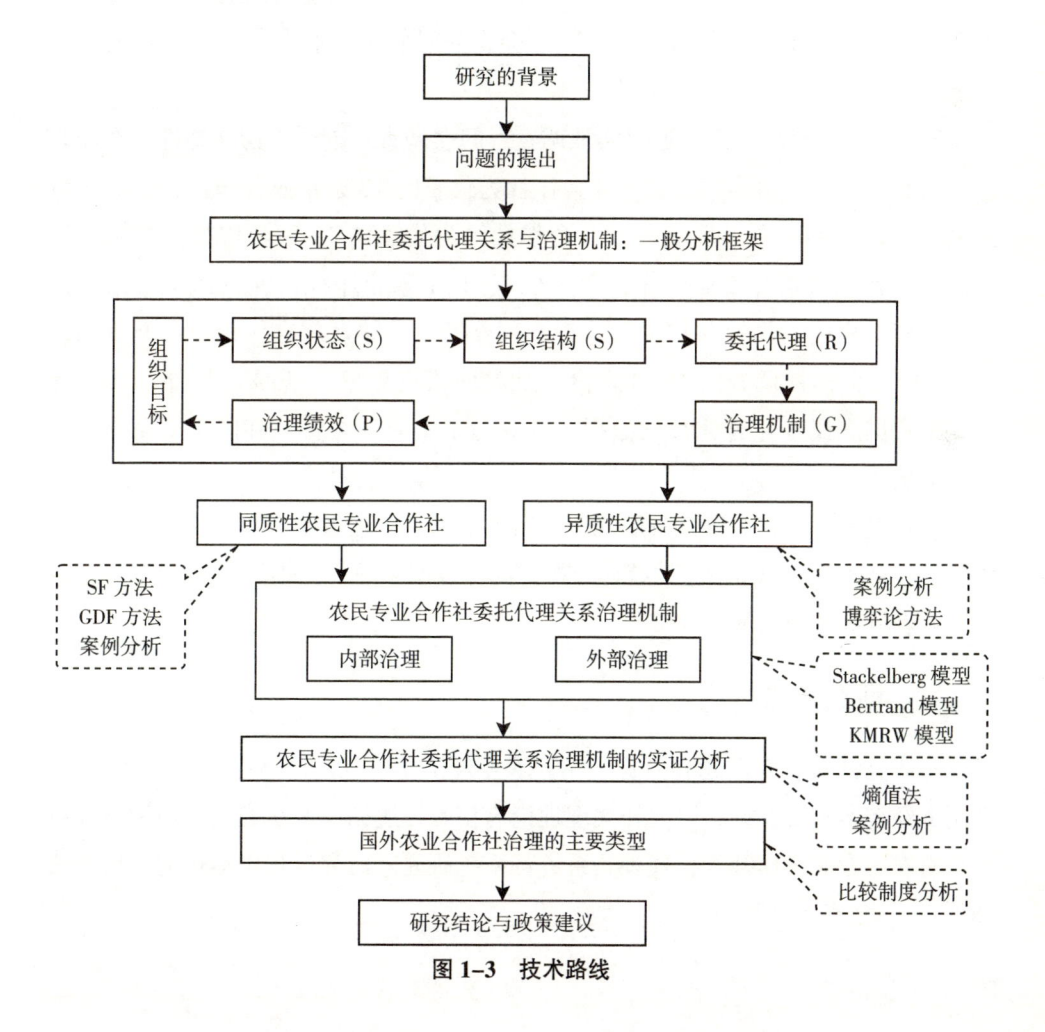

图 1-3　技术路线

第五节　数据来源及研究方法

一、数据来源

本研究的数据来源主要是：

一是调研数据。本研究所用调研数据主要来源于笔者对湖北民族学院鄂西生态文化旅游中心和武陵山区域发展与减贫研究院对武陵山区的实地调查资料整理，及笔者利用寒暑假组织大学生社会实践对农民专业合作社和农户的调查资料。

笔者立足于武陵山区，通过实地调查、问卷调查、电话采访和邮件，在湖北恩施州调查了以利川惠农蔬菜专业合作社为代表的12家专业合作社，在重庆地区调查了以万盛区白羊坪蔬菜专业合作社等为代表的10家合作社，在湖南调查了以吉首隘口茶叶专业合作社等为代表的11家合作社，涉及高山蔬菜、茶叶、杨梅、柑橘、马铃薯和生猪等特产种养行业。共发放合作社成员调查问卷200余份，合作社调查问卷50余份，试卷回收有效率为46%；另外，还有部分关于我国农民专业合作社的数据主要参考了农业部经管司和国家工商总局所发布的数据。

二是统计数据。本研究所用统计数据主要来源于国家工商总局历年全国市场主体发展总体情况和市场主体统计分析，部分数据参阅了历年的《中国统计年鉴》和农业农村部经管司的统计资料。

二、研究方法

本研究针对研究问题和目标，结合农业经济学、发展经济学、计量经济学、新制度经济学和博弈论，以委托代理理论为核心，遵循学术研究的一般逻辑和范式，对农民专业合作社委托代理关系进行系统研究。研究过程中运用的主要方法如下：

（一）文献分析和实地调查法

一是通过专著、会议记录、学术期刊、硕博论文和网络检索等途径，围绕"合作社""农民专业合作社""委托代理""异质性""同质性""合作社治理""公司治理"等主题、关键词、内容等，广泛搜集和整理了国内外学术界大量的相关文献资料；二是选择武陵山区进行调查研究，设计了《农民专业合作社社员调查问卷》和《农民专业合作社调查问卷》，对湖北恩施州、重庆市以及湖南湘西州等主要地区的农民专业合作社进行问卷调查和访问，搜集整理相关数据。

（二）比较分析法

一是对我国对互助组、初级社、高级社、人民公社以及当前农民专业合作社从成员角色、参与动机、组织结构以及合作绩效等方面进行比较分析，揭示不同时期合作经济组织委托代理关系的不同。二是对同质性和异质性农民专业合作社从资源禀赋、成员关系、组织结构以及治理机制进行比较，阐述不同委托代理关系下合作社的治理机制。三是对国外农业合作社治理的主要类型进行比较，为我国农民专业合作社的治理提供借鉴。

（三）博弈论方法

一是借助 Stackelberg 竞争模型、Bertrand 模型和古诺模型，运用多阶段重复博弈方法，研究了异质性农民专业合作社成员合作关系的可能性和稳定性；二是运用两阶段动态博弈模型分析了"中小成员—合作社"和"中小成员—核心成员"之间的委托代理关系与治理。

（四）定量分析法

本书构建了农民专业合作社治理机制的层次模型，并运用熵值法对样本合作社的治理机制指标的权重进行了定量分析。

（五）案例分析法

本研究对同质性和异质性农民专业合作社的委托代理关系与治理机制特征都采用了案例分析方法。

第六节　可能的创新与不足之处

一、可能的创新

本研究可能的创新之处体现在以下几个方面。

（一）构建了"状态—结构—关系—治理—绩效"的分析范式（SSRGP）

通过构建"状态—结构—关系—治理—绩效"的分析范式（SSRGP），来探讨农民专业合作社的制度安排与治理问题，运用规范分析方法，将合作社成员委托代理关系有机嵌入到产业组织理论的SCP范式和制度行为理论的SSP范式中。本书在界定专业合作社组织的制度安排基础上，首次尝试将SSRGP分析范式应用到合作社内部的成员关系选择与合作社运行绩效的研究中，从委托代理视角，分析和比较同质性和异质性合作社的组织结构、行为、关系、治理与绩效之间的深层逻辑关系，为加深对我国农民专业合作社成员关系的整体性认识提供了科学依据。

（二）对农民专业合作社成员合作关系的可能性和稳定性进行了研究

已有的文献主要对异质性合作社的核心成员和中小成员之间的委托代理关系及其治理进行研究，本书在此基础上，从农产品产业链的角度，构造了异质性农民专业合作社的成员关系模型，进一步探讨了中小成员中具有替代关系和互补关系的成员之间的关系，并深入探讨了合作社不同成员之间合作关系的可能性和稳定性，从研究视角上有所突破。这一分析的逻辑是：从长期看，如果异质性成员之间没有合作的可能，那么就没有必要去考虑合作社治理这一制度安排，正是由于异质性成员之间长期合作具有稳定性，研究促进农民专业合作社规范运行的治理机制才具有较强的现实意义。

（三）设计了调查问卷并运用案例对同质性和异质性农民专业合作社的委托代理关系与治理机制进行了研究

根据研究目的和内容，设计了针对农民专业合作社和成员的调查问卷，对同质性和异质性农民专业合作社的委托代理关系与治理机制进行比较研究。学术界对农民专业合作社治理机制与绩效的研究中，绝大部分仅限于定性分析，已有的定量分析中，所选择的变量均是没有权重的一组平行变量，本研究构建了农民合作社治理机制的层次模型，并运用客观赋权法——熵值法对各治理变量进行赋权，探讨了理事会、管理者报酬、股权结构、监督机制、成员退出权和外部监督与竞争各变量对于合作社治理机制的关系，因此，本书的研究可以说在农民专业合作社研究方面作出了新的探索。

二、不足之处

由于笔者理论水平有限，对我国农民专业合作社委托代理关系与治理问题的研究存在以下不足：

首先，所选择的样本合作社的代表性可能不够。

本研究的数据主要来源于对武陵山区部分合作社的实地调查，笔者尽可能借鉴已有的研究成果科学、合理地设计调查问卷。一方面，在对合作社的实地调查中，主要是通过合作社理事长或者经理提供的资料，可能存在部分合作社提供的资料缺乏真实性和有效性，导致分析结果不准确；另一方面，本研究调查的合作社主要位于经济比较落后的地区，这些地区的合作社发展水平与东部沿海发达地区的合作社存在比较大的差异，这在一定程度上也影响了本研究的普遍实用性。

其次，对合作社成员的调查问卷数据可能存在不准确。

本研究针对农户的调查问卷，主要是通过集中访谈、个别电话调查等方式，在涉及成员认为比较敏感的问题时，可能农户成员在提供数据的时候会存在一定程度的偏差，导致了本研究的部分结果关于农户成员的数据不准确。

第二章 农民专业合作社委托代理关系与治理机制：一般分析框架

第一节 相关文献回顾与评述

一、合作社委托代理理论

(一) 国外农业合作社委托代理理论

早在20世纪四五十年代，部分西方学者就开始关注农业合作社委托代理关系以及由此产生的代理问题。国外对农业合作社委托代理关系的研究体现在：

1. 合作社委托代理产生的原因

Emelianoff（1942）、Phillips（1953）和 Robotka（1957）研究了垂直一体化的合作社及其成员之间的委托代理关系，并进一步指出了合作社的"为谁服务"这一目标性问题的重要性。Fama（1980）认为，合作社是将生产要素提供给农业生产以实现成员不同的利益目标的独立代理人之间的"合约集"。Zusman（1992）根据合作社集体选择两阶段博弈模型分析认为，成员之间的不完全信息、有限理性和生产不确定性等情况会影响合作社的代理问题。Le Vay（1983）认为，交易费用是合作社委托代理问题产生的原因。Cook（1995）认为，成员的利益分歧必然产生相应的代理成本和合作社内部控制问题。

Vercammen（1995）和 Hyde（1996）应用新古典经济学理论构造了可降低平均成本定价带来合作社经济效率损失的非均衡价格系统模型，解释了成员异质性带来的代理成本问题。Eilers 和 Hanf（1999）认为，合作社存在双向的委托代理关系，当合作社向社员发出契约时，合作社的管理者是委托人，当社员向合作社提供合同时，社员成为委托人。

2. 产权结构与委托代理

Vitaliano（1983）认为，委托代理关系会导致合作社的剩余索取权被限于惠顾者中，具有选择性、不能市场化等特征，决定了在合作社内部会产生许多代理或控制问题；1997年，Hart进一步指出，合作社的所有权缺乏可交易性将导致合作社剩余索取权的决策性质问题；Hendrikse和Bijman（2002）运用不完全契约理论，建立了一个农户、零售商和加工商的供应链模型，合作社中不同的契约性质会影响合作社的收益，合作社最终的所有权结构取决于农户和加工商的专用性资产投资成本与收益。Hansmann（1996）提出消费企业产品也是一种生产要素，一部分合作社中服务使用者消费企业产品，另一部分合作社中服务使用者提供自己拥有的生产要素，两种情况下服务使用者都成为要素提供者，进而为合作社与其他类型企业在同一框架中进行研究打下了基础。Hansmann（1996）的组织成本理论，与之存在以下两点不同：一是后者认为所有权中剩余索取权和控制权同等重要，本书认为剩余索取权更核心。二是后者认为某种要素提供者成为所有者后，不必再考虑与这种要素的市场交易成本。

3. 决策机制与委托代理

Shaffer（1987）通过合作社成员关系与公司进行比较得出，合作社没有社员的生产控制权，契约不完全和风险分担机制导致合作社的代理问题；Alback和Schultz（1997）建立的农业营销合作社投资模型研究得出，"一人一票"的民主决策与合作社绩效之间不矛盾，根据规模大小分担成本是有效率的。

（二）国内农民专业合作社委托代理理论

从国内学术界已有的文献来看，专门研究合作社委托代理关系的文献较少，已有的研究内容主要集中在以下方面：

一是合作社委托代理关系产生的原因。学术界普遍认为参与主体的资源禀赋、行为动机和能力差异等是造成我国农民专业合作社委托代理关系产生的主要原因。黄胜忠和徐旭初（2008）认为，农民专业合作社发展缺乏稀缺要素是导致合作社异质性结构的原因。邓军蓉和祁春节（2011）认为，交易成本是合作社委托代理关系产生的主要原因，农产品、参与主体、交易环境等因素都会影响成员之间的交易及其关系。丁建军（2010）对湖北荆门合作社的调查发现，合作社发展的初期，一般中小社员对核心成员的能力等方面具有较强的依赖。

二是合作社委托代理关系产生的影响。黄胜忠（2008）提出委托代理关系会导致合作社产权不明晰、剩余索取权短视以及社员投资组合问题。崔宝玉和李晓明（2008）认为，由于合作社成员异质性产生的委托代理关系，会影响合作社规模的扩大以及合作关系的深化；合作社的资本化趋势和市场化特征，在短期内能够使得合作社核心成员和一般社员之间形成相对稳定的委托代理关系，但在长期会影响合作社的边界和规模。孔祥智和蒋忱忱（2010）提出是人力资本的差异产生了合作社的异质性成员结构，合作社的治理机制应该倾向于保证成员人力资本要素发挥作用的制度安排。张翠娥和万江红（2011）进一步分析认为，合作社边界模糊导致合作社凝聚力差，组织结构松散，常需借助外力来推动组织的发展。秦愚和苗彤彤（2017）认为，剩余索取权安排对组织效率影响最大，剩余索取权决定了组织所有者的利益分配，同时，剩余索取权决定了组织成本的可能范围。组织与某种要素的市场交易成本很高，可以按提供这种要素的数量分配剩余，选择这种要素的提供者成为企业所有者，其与企业之间利益趋于一致，于是降低了企业与这种要素的市场交易成本。剩余索取权还影响所有权成本的大小，明晰不同类型企业的本质。特定要素提供者获得了剩余索取权，就有必要让特定要素提供者获得控制权，以保障剩余索取权的实现，因此控制权安排是引致的，特定要素提供者获得了剩余索取权并成为企业所有者，进而有责任承担企业的风险，需要提供权益资本，产权既是所有者的权力，也是所有者的责任，因此出资的安排是引致的。合作社本质规定性是企业剩余依据成员提供的某种非资本生产要素数量进行分配，在特定条件下本质规定性决定了合作社有可能成为有效率的经济组织（秦愚和苗彤彤，2017）。

三是合作社委托代理关系的类型。黄琚和朱国玮（2007）提出，在市场供过于求时，为提高市场份额和谈判地位，大户会有动机选择和中小成员合作。马彦丽和孟彩英（2008）认为，异质性合作社内存在两种"委托代理"关系：一是合作社全体社员与经营管理者之间的委托代理，二是中小社员与核心社员之间的委托代理。崔宝玉（2011）认为异质性合作社主要存在大农和小农在资本合作方面的委托代理关系，成员的资本差异和交易类型是合作社代理问题的根源。肖端（2015）研究了成都市土地股份合作社中农户与合作社以及合作社与经纪人间形成的双重"委托—代理"模式。冯娟娟和霍学喜（2016）认为合作社治理的逻辑构架是委托代理关系，合作社中的委托代理关系表现为"成员大会—理事会"以及"普通成员—核心成员—理事会"两种类型。

二、合作社治理理论

（一）国外农业合作社治理理论

从20世纪90年代起，西方学术界开始运用博弈论方法、交易成本经济学等一些新经济理论来研究合作社委托代理关系下的治理机制问题（见表2-1）。

表2-1 国外学术界对合作社委托代理关系研究：代表人物和主要观点

理论与模型	作者、时间	基本观点
新古典垂直一体化模型	Emelianoff（1942）Robotka（1957）	社员与合作社之间委托代理关系使得合作社"谁受益"这个问题变得十分重要；合作社不是公司，而是农场主为从纵向一体化中获益的联合组织
新古典合作社投资决策模型	Alback（1997）Schultz（1997）	合作社中的委托代理关系下，"一人一票"民主投票方式不会影响营销合作社的投资决策
产权理论	Condon（1987）Cook（1995）	合作社成员之间的委托代理关系会产生成员的"搭便车"行为、资产组合困难及对长期项目缺乏激励等问题
信息不对称下两阶段博弈	Bourgeon（1999）Chambers（1999）	在信息不对称的情况下，异质性结构下的委托代理关系成员如何通过定价方案来影响合作社的效率
委托代理理论	Staatz（1987）Cook（1994）	合作社股权不能转让导致合作社面临融资困境，而融资困难进一步影响合作社管理者的决策和角色承担
委托代理理论	Eliers（1999）Hanf（1999）	在农业营销合作社中，成员之间的委托代理关系会影响合作社的最优契约设计安排
不完全契约三阶段非合作博弈模型	Hendrikse（2001a）Veerman（2001a）	委托代理关系下，由于合作社管理者的机会主义行为和交易主体力量的不均衡，成员的专用性资产极易被其交易对手所利用
不完全产权的契约理论	Hendrikse（2002）Bijman（2002）	委托代理关系对合作社所有权结构、投资及激励影响
核心解N人博弈模型	Sexton（1986）	农业合作社成员之间的委托代理关系会深刻影响参与主体之间利益分配、合作社合作关系稳定性和效率
博弈理论	Staatz（1983）Sexton（1986）	委托代理关系下，合作社对其成员实行均等的价格和成本，会产生合作关系的不稳定性，需要对社员实行差别化定价以保持合作社的稳定
集体抉择两阶段博弈模型	Zusman（1992）	委托代理关系下，社员集体抉择规则是基于最小化交易成本和个体社员风险目标，并取决于不同群体在决策上的重要性
博弈模型	Karantinis（2001）Zago（2001）	委托代理关系下，社员异质性对于最优社员规模的影响，合作社应提供各种激励来吸引高效率的农民

资料来源：笔者根据相关文献整理而成。

1. 产权结构与治理

Fama 和 Jensen（1983）指出，组织中起最重要作用的合约关系是明确剩余索取权和代理人之间决策机制的合约。他们认为，由于合作社的剩余索取权不能市场化，社员可以通过与合作社的竞争者签订惠顾合同，通过解散、合并或者兼并等直接控制方法中止或者修订合作社的委托代理关系。Caves 和 Petersen（1986）提出，由于成员对于合作社剩余的索取不是以其投入的资本而是以与合作社的交易量为基础，会产生所谓的"短视问题"。Hart（1995）认为，不完全契约使合作社的委托代理问题尤为复杂，明确的剩余索取权界定是合作社治理的关键问题。

2. 决策机制与治理

Staatz（1983）用博弈论方法分析了合作社的委托代理关系及其组织结构。Sexton（1986）用博弈理论分析了合作社委托代理关系下，成员个人采取集体行动的动机和行为。Staatz（1987）提出，异质性合作社对其管理者缺乏股权激励和成员的选择性权利使合作社决策管理很难有效地执行，伴随着合作社规模的扩大以及管理者对合作社价值的偏离，加上一般社员没有明确的角色分工和监督能力有限，导致了合作社的委托代理问题比其他组织更加广泛和尖锐。Staatz（1989）指出，由于合作社所有权和剩余控制权归集体所有，但是合作社的决策机制却不尽相同，既有"一人一票"的经典合作社民主决策原则，也有"一股一票"或者核心成员代为决策。

Hendrikse 和 Veerman（2001）用不完全契约理论，分析了合作社代理问题的治理结构选择和投资决策。Bijman（2002）分析了不完全契约条件下农业合作社委托代理关系对其产权结构和投资结构的影响。

3. 激励机制与治理

Royer（1999）认为，由于合作社缺乏股权激励机制，合作社内的委托—代理问题非常严重。股份激励机制的缺失导致社员很难有效监督管理者的行为。Fulton（1995）认为，农业合作社产权结构的完善是降低代理问题的重要途径，特别是要加强对合作社核心成员的监督与激励（赋予监督者剩余索取权）尤为重要。Cook（1995）应用产权理论对农业合作社分析后认为，成员之间的利益分歧必然产生相应的代理成本和合作社内部控制问题，建立以调动合作社核心成员要素为主线的激励机制是十分必要的。

4. 监督机制与治理

Condon（1987）建议通过引进外部理事制度来解决合作社的"委托—代理"问题。Macleod（1993）证明了在对合作社管理者的充分监督和社员较低的流动性条件下，有可能降低合作社的代理成本。Karantininis 和 Zago（2001）运用博弈论模型，研究了委托代理关系对合作社产生的影响，提出了应通过对高效率的成员的激励机制来减少合作社的代理问题。

5. 非正式制度与治理

Hakelius 和 Harris（1996）认为，成员的相互信任、理解和情感等非制度因素可以降低成员之间的代理成本；Bijman（2005）发现，合作社成员异质性结构会导致合作社决策难度加大、成员协调困难及忠诚度降低等问题。

（二）国内合作社治理理论

国内学术界对于农民专业合作社治理的研究集中体现在以下几个方面：

1. 合作社产权结构与治理

张康之（2006）提出完善的契约关系是异质性合作社委托代理关系治理的关键和基石。张国平（2007）认为，产权清晰是合作社有效治理的前提。郭晓鸣、廖祖君和付娆（2007）提出，合作社内部的科层管理、成员开放性、明晰的产权关系以及剩余控制权和索取权相统一的制度安排是目前最优的治理模式。任大鹏和郭海霞（2008）提出，通过明晰合作社公共积累的产权，让成员的付出与回报成比例，以公平取代原来的平等，使核心成员得到不同于集体利益的选择性激励，有利于集体行动的实现。刘洁和祁春节（2016）认为，产权结构和技术交易结构是影响农民专业合作社绩效的制度性因素，农民专业合作社的绩效与制度结构之间存在紧密联系，股权集中度、成员加入时的限制、主产品品质辨别难易程度、组织规模和成立时间等因素均对合作社的绩效有显著影响。应该建立因地制宜、科学合理的合作社制度结构，充分整合资金、技术和劳动力等生产要素，建立起农户与下游加工、销售环节的联结机制，实现从生产导向型向市场导向型的转变。同时，促进合作社股权结构优化，实施真正的民主化管理，保证多数成员在资金使用、盈余分配等重大事项上的支配权和利益主体地位的稳固性（刘洁、祁春节和陈新华，2016）。

2. 合作社决策机制与治理

王可侠（2001）研究得出，现代农民专业合作社在内部治理结构和制度安排上存在"一人一票"的民主管理与理事会专业化管理的矛盾。林坚和王宁（2002）认为，合作社是一种具有社会公平与经济效率的双重目标的经济组织，合作社最基本的特征是体现在对参与社员的公平。应瑞瑶（2002）研究认为，制度缺失、传统观念束缚以及成员资源要素制约等因素导致了合作社治理的困难。郑曙光（2006）提出，确保合作社的民主控制有利于形成规范化的合作社治理结构和"委托—代理""激励—约束"机制。冯开文（2006）认为，合作社的治理机制是一个由社员大会、理事会、监事会等组成的复杂委托代理关系的制度体系。石旭斋（2006）认为，充分保障合作社社员的民主政治权利，将有利于促进合作社的规范化发展。崔宝玉（2017）认为，契约治理和关系治理是农民专业合作社的两种重要治理机制。契约治理强调正式制度安排的运用，在农民专业合作社中主要表现为通过正式书面协议对社员的权利义务、盈余分配等进行具体安排以及社员对正式规章制度的严格遵守等，关系治理则强调信任、声誉、互惠、灵活性等非正式制度安排的运用。基于核心社员和普通社员在合作社不同发展周期中与合作社之间的交易特点可知，农民专业合作社在不同的情境下对异质性社员应具有不同的治理机制（崔宝玉和程春燕，2017）。

3. 合作社文化与治理

黄祖辉和徐旭初（2006）提出，我国农民合作社的治理结构体现在成员个人的能力和成员之间的关系基础上。组织制度、关系信任、组织认同、产权结构、外部环境对合作社控制权安排产生重要影响。王鹏和陈明红（2010）提出，我国合作社内部控制主要是因为合作社内部机构混乱与制度缺失造成损害中小社员的利益问题。杜宴林和马亮亮（2007）认为只能从乡村的文化动员中让农民合作起来，从政治动员参与过渡到主体认同的自愿式参与。

赵泉民（2008）认为，文化影响合作社组织规则，并进一步影响合作社的治理；吴声怡、陈训明和刘文生（2010）认为，以目标、价值标准、基本信念及行为规范为主要内容的合作社文化，是合作社成长和治理的重要支撑。杨灿君（2010）认为，血缘、地缘和业缘关系能够增强合作社成员之间的信任；韩国明和禹倩倩（2011）认为，社会网络对合作社组织结构和治理机制具有重要影响。

4. 合作社收益分配与治理

国鲁来（2001）认为，造成合作社效率损失的原因就在于为提供公平收益而作出的制度安排。徐旭初（2003）认为，我国农民专业合作社的本质既不是资合

（资本报酬有限），也不是人合（按惠顾额分配盈余），而是一种交易的联合，合作社治理机制的核心是"按惠顾额"。冯根福（2004）提出，解决合作社双重"委托—代理"问题的关键是设计最优的治理结构和治理机制：既能促使合作社经营者按照全体社员的利益行事，又能有效防止核心成员损害中小社员的利益。陈晓军（2007）从交易方式、分配机制、成员权利等方面，定位合作社为一个建立在成员互益、互助基础上的中间法人组织。文雷（2016）通过对山东、河南、陕西三省153个农民专业合作社的实证分析认为，农民专业合作社的治理机制影响其治理绩效，合作社退出指数、外部理事比例、内部监督指数与农民专业合作社绩效正相关，合作社股权集中度与绩效负相关，农民专业合作社的治理机制对其绩效有显著的影响。完善社员大会、理事会和监事会以及相应的治理机制可以实现对经营者的监督进而提升合作社绩效，农民专业合作社的功能主要集中于利益分配和资源汇集，在生产性的效率改进不占主导地位的情况下，权益结构其实更能反映合作社的异质性（文雷，2016）。

5. 合作社激励机制与治理

周文根（2007）认为异质性农民专业合作社必须建立面对所有成员的激励机制，特别是对核心社员的激励机制。马彦丽和林坚（2008）认为，强制和向成员提供"选择性激励"是实现集体行动的手段。高海（2009）认为，合作社成员结构是合作社决策和利益分配机制的重要影响因素。白晓明（2010）研究认为，外部力量主导合作社将成为我国今后合作社组织发展的主要力量。合作社治理既要注意保护外部力量的合理利益诉求，又要防止合作社被"内部控制"，最终实现具有委托代理关系的合作社法人治理结构。相对于一般法人企业而言，农民专业合作社的经营宗旨具有社会公平与经济效率的双重属性，从而决定了合作社治理机制的特殊性，也决定了评价其绩效不能简单套用企业评价标准。蒋辉（2016）认为，农民专业合作社风险是内外部环境系统共同作用的结果，由于环境变化的不可测性、复杂性以及合作社内部治理机制无法对上述变化做出有效调适从而导致了风险的发生。不同类型的合作社面临的运营风险各不相同，在一定经济社会条件和区域环境下，针对某种合作社有效的机制不一定适用于其他类型。不同类型的合作社面临的风险来源及其形成过程各不相同，因此选择的内部治理机制、具体的风险防范措施和运行模式也各有迥异。但是，那些成功的合作社其内部治理机制中都蕴含了诸如多元化参与、紧密的利益联结、风险共担、自由进入退出等具有共性的要素（蒋辉，2016）。

应瑞瑶、朱哲毅和徐志刚（2017）通过实证分析，从激励相容视角剖析了异质性成员在不同服务功能下的参与约束和激励约束，他们认为，现实中的合作社选择"不规范"是合作社成员参与约束与激励约束下的现实理性选择。合作社的发展需要重新审视合作社与小农户之间的委托代理问题。

三、文献评述

从已有文献来看，理论界已经充分认识到合作社委托代理关系与治理对合作社健康发展的重要性：首先，从合作社委托代理关系产生的原因来看。学者们普遍认为剩余索取权被限定在惠顾者和不能够市场化、缺乏对管理者的股权激励、缺乏对合作社管理者的监督、成员风险承担能力、成员资格、利益冲突等原因都会产生代理问题。其次，从合作社代理问题的影响来看。已有的研究表明：合作社内产生的代理问题，会产生管理者的机会主义行为、管理者控制问题，合作社管理者在利益分配方面侵犯中小成员的利益，从而影响合作社的成员关系，导致其功能的异化。再次，从合作社治理的内容来看。已有的研究文献强调合作社治理问题主要在于协调和保护，可以通过产权安排、社会资本和沟通等治理机制来解决。具体治理内容涉及理事会治理、产权治理、退出权、决策机制以及非正式制度等方面，特别强调理事会治理是合作社治理的重点。最后，从合作社委托代理的治理研究方法来看，从20世纪90年代起，学术界运用交易费用理论、不完全契约理论以及博弈论方法来讨论合作社的委托代理关系与治理问题。

综上所述，纵观20世纪90年代以来关于合作社的文献可以发现，由于我国农民专业合作社还处于发展初期，学术界对农民专业合作社委托代理关系与治理的研究主要强调通过非正式制度对合作社进行治理，对合作社成员关系的深入研究以及正式制度对合作社治理和绩效等方面的文献还较少，国内对合作社治理的研究未形成完整的理论体系。我国农民主要合作社相对于西方合作社起步晚，规模还较小。西方农业合作社发展历史已有150多年，运行比较规范，制度也比较健全，另外，西方合作社一般实行经典合作原则，一定程度上避免了成员的异质性结构及其产生的代理问题，随着合作社人数的增加，合作社大多实现了"按股分红"和"按惠顾额返利"的分配原则，防止了核心成员控制合作社。对西方合作社的委托代理问题分析一般不存在少数人控制的情况，主要研究全体社员与合作社的经营管理者之间的委托代理关系。

当前，我国农民专业合作社也正处在转型的关键阶段，要做到真正维护我国农民专业合作社全体社员特别是中小社员的主体地位和合法权益，就很有必要深入研究合作社成员关系，以及所产生的代理问题与治理。有鉴于此，本研究借鉴已有的研究成果和相关理论，从我国农民专业合作社产生和演变的内外部环境出发，深入探讨合作社成员关系的可能性和稳定性，揭示同质性和异质性条件下我国农民专业合作社委托代理关系的特点，以及成员委托代理关系对合作社组织结构、产权结构、决策权和剩余分配的影响，提出促进农民专业合作社健康运行和规范发展的对策。

第二节 农民专业合作社参与成员特征

一、农户行为的假定

（一）农户行为的有限理性

农户的理性表现在生产和农产品销售等环节，能够通过成本收益分析来分析自己的行为，并通过与他人和环境的博弈来实现效用最大化。实践证明，农户也是理性的"经济人"。作为"有限理性"的农户，农户追求的往往是个人或者家庭的效益最大化，不仅有物质利益的最大化，还有社会地位、名誉安全以及自我实现等精神层面的效用最大化。

H. A. Simon（1970）认为，农户的"有限理性"来自于风险和不确定性以及信息的不完备，农户的决策和行为要受到自然和市场等外部环境的"不确定性"约束。威廉姆斯（1979）指出，人类理性受到信息传播效率和接收信息的能力等多种制约。不同类型的农户在信息处理和决策水平等方面的不同人力资源水平，决定了农户对于新技术、新知识等现代农业要素的畏惧，这是农户"有限理性"的内在原因；林毅夫提出，传统小农的"不理性"行为证明了传统小农在他们所面对的外部限制条件下的理性行为，小农追求风险最小化和家庭效用最大化是实际的理性表现。

（二）农户个人偏好的多样性

美国心理学家亚伯拉罕·马斯洛于 1943 年提出"需求层次理论"。他将人的需求按层次分为五种：生理上的需求、安全的需求、情感和归属的需求、尊重的需求、自我实现的需求。

近几年来，由于我国农村经济生活的快速发展，农村社会阶层分化呈现出加速态势，农户的需求除了个人和家庭的衣、食、住、行等基本的生理需求以外，农户需求表现出一些显著特征：首先，农户对农村公共服务的需求呈现出多元化和广泛性特征。目前农户对公共服务包括交通通信、农业科技、农村文化、医疗服务、社区安全、水利设施、农村金融、社会保障、市场营销、就业转移和生态环境等方面的需求日益广泛。其次，农户需求表现出明显的区域性差异。我国农村各个地区发展水平不同，农户需求的地域性差距突出。最后，农户需求的主动性和层次性提高。农户不仅对政府的公共服务供给水平具有要求，也涉及农村基本公共服务政策参与的主动性，对关系到农户切身利益的公共政策享有决策权和知情权。

（三）农户角色的多重性

农户是一个社会与经济相结合的单位，既是农业生产和经营的经济单位，又是人们建立在婚姻和血缘关系基础上的社会生活组织，农户角色具有多重性。

从农业生产来看，农户既是物质生产者又是人口生产者；从消费角度来看，与农业生产相适应，农户是生产性消费者和生活性消费者，既从事自给自足性消费，又进行商品化农业生产；从积累角度来看，农户将收入减去支出后形成储蓄，作为生产单位，农户又会采购生产资料进行扩大再生产（资本积累），农户的这两种积累行为，既区别于一般家庭的储蓄，也区别于企业的投资行为；农户还具有社区的角色，农户在社区内形成一定的以血缘、地缘或者宗教信仰等为基础的社会关系，处于这些社会网络关系下的农户容易受到社区其他成员的"示范效应"的影响。

（四）不完全信息与农户机会主义行为

新古典经济学关于人的一个基本假定就是"理性人"假定，即"经济人"。新古典经济学的"经济人"具有"完全理性"，具有关于他所处环境的完备知识，有稳定的和能够清晰表达的个人偏好，具有很强的计算能力。H. A. Simon（1981）对此提出了批评，并提出了"有限理性"的概念，他认为"有限理性"是指"那种把决策者在认识方面的局限性考虑在内的合理性选择——包括知识和计算能力两方面的局限性"。

由于农业生产环境的不确定性，农户经济行为遵循的原则是风险最小化而不是利润最大化，西方"农场户理论"认为农户是生产和消费的结合体，在收入生产函数和时间约束下追求效用最大化，农户是典型的风险厌恶者。在农民专业合作社中，农户是惠顾者和所有者的同一，容易产生在与合作社交易中损害集体利益的机会主义行为，而合作社管理者的机会主义行为则导致对大多数中小成员利益的侵害。

二、参与主体的特征

20世纪90年代以来，我国农民专业合作社快速发展，存在多重参与主体。

（一）普通农户

农户是家庭联产承包责任制下的"独立型"和"全能型"生产者，农户自主经营，自负盈亏，追求个人利益最大化。但是，家庭经营条件下的原子化"小农"的生产规模小，市场信息不灵，生产具有盲目性和自发性，难以采用农业新技术，同时面临自然和经济的双重风险，农业生产增产不增收，利益难以保障。

普通中小农户通过经济合作参与农民专业合作社，共同应对市场竞争，平等获取经济利益。农民专业合作社通过中小农户在某些生产或经营环节上的经济合作来取得规模效益，降低成本，提高市场竞争力，以避免中间商的盘剥，并"拿"回加工和流通的大部分利润，从而大幅度提高广大农民的收入水平。普通农户主要拥有规模化程度低、相对分散的土地资源，缺乏发展现代农业所需的技术、资金、管理等关键要素。普通农户经济实力弱小，风险承担能力不强，普通农户为改善自己不利的市场地位一般都有合作的需求。普通农户由于受教育程度低、缺乏现代农业生产要素，在合作社处于参与式管理，合作的成本较高，存在"机会主义"和"搭便车"行为。

（二）农村能人和专业大户

农村能人和专业大户加入农民专业合作社能够影响和带动普通中小农户，打破地域、行业、所有制界限，实行多渠道、多领域联合或合作，逐步把利益松散型合作改造为利益紧密型合作。在农村改革中成长起来的生产和运销大户，大部分是技术能人，有自己相对稳定的销售渠道，在资金、生产规模和信息方面具有普通农户无法比拟的优势，但是这些大户又普遍缺乏资金和人力资源，存在自私自利倾向。农村能人和专业大户拥有技术专长，善于经营管理，在普通农户中具有一定的影响力。由农村能人和专业大户承办的合作社，农户入社较低，农村能人和专业大户是合作社的主要投资者，他们拥有合作社的实际控制权，合作社管理虽然也存在民主管理的形式，但合作社发展初期规模一般比较小，经济实力弱，难以与组织严密的大企业抗衡。

（三）龙头企业

"公司+农户"是农业产业化组织创新的重要形式。它能够把龙头企业的市场优势及农民专业合作社的组织优势有效结合起来，兼顾农户及龙头企业双方的利益，同时借助专业合作社的组织优势，提升合作社在市场中的地位。涉农企业在市场信息处理能力、市场开拓、技术创新和资金融通能力以及资产组合能力等方面具有明显优势，也能够得到国家税收减免和政策扶持，公司对合作社的期望程度也非常高。但是，公司天生具有的经济利润最大化趋向导致合作社的资本化和市场化趋势，在公司主导的农民专业合作社委托代理关系中，公司处于强势地位，极容易造成普通农户利益受损以及合作社功能的异化，影响合作社的稳定性。

（四）农技服务部门

农技服务部门主要是指农村各类普及与推广农村实用技术的部门或者团体，他们在信息、资金、技术、经营场所以及设备等方面具有优势。加强农民的技术合作是发展现代农业、提高农业市场竞争力的有效途径。现代农业是应用现代工业提供的生产资料和科学管理方法的社会化大生产的农业。舒尔茨在《改造传统农业》中指出，在改造传统农业的过程中，技术是现代农业发展的关键要素和农业发展的源泉。农技服务部门牵头领办的农民专业合作社可以充分利用其优势，发挥农技人员领办合作社优势，突出示范引领作用，将提供服务和实施经营相结合，与农民共同增加收入，不断壮大自己的实力。农技服务部门加入合作社具有经济利益追求和行政化的倾向。农民专业合作社在基层农技服务推广体系建设项目中上联政府有关部门、农业推广机构、科研教育单位、涉农企业等，下联合作社成员，并通过成员的辐射作用促进基层农技服务推广，成为农业科技入户的有效载体。

(五) 农村基层组织

农村基层组织主要包括基层政权、基层党组织和其他组织，主要是农村村民委员会。农村基层组织大多表现为党政企合一，交叉兼职，协调配合的领导体制。作为一种制度安排，农村基层组织客观上有引导农民进入市场的行政职责，在协调生产经营、农技服务、市场服务、筹集资金等方面具有积极作用。农村基层组织出于政绩考核指标也会牵头承办合作社，基于政绩考核动机组建合作社也是导致农民专业合作社不规范运作的重要原因之一。

农村基层组织具有中小农户不具有的资金、设备、信息、技术以及组织动员能力等要素，但随着家庭经营自主权的不断扩大，农村基层组织对于农户的影响力日益削弱，主要依靠行政力量推动农民专业合作社具有一定的公益性，但是，农村基层组织与合作社的关系未完全厘清，合作社运行的行政色彩浓重。

(六) 供销合作社和信用社

成立于中华人民共和国成立初期的供销合作社，在早期具有合作社的性质。但是，从20世纪50年代后期开始，随着合作化运动的发展，供销合作社逐步失去了合作社性质，特别是随着其从官办到民办以及产权转化，供销合作社已经演变为农村的国有商业企业。在农村经营多年，供销合作社具有农民和个体经营者不具有的组织网络、人力资源和物质资产，由于供销合作社的企业化改革和历史包袱的影响，大多数农村基层供销合作社实际上被少数中高级管理人员控制，在"为农服务"中具有很强的"行政化色彩"和追求经济利益的动机。

合作社参与主体在要素禀赋上的差异造成了其在合作社不同的成员角色（见表2-2），同时也决定了合作社的行为目标和管理机制。

表2-2 农民专业合作社参与主体特征和成员角色

合作社成员	要素禀赋	主要行为目标	成员角色
普通农户	土地、劳动	产品销售和获得服务	惠顾者
专业大户	土地、资本、企业家才能	提高产销能力和利润	惠顾者、使用者、控制者
基层供销合作社、农技部门	资本、技术、企业家才能	改制、经济和政治利益	使用者、控制者
农村基层组织	社会资本	行政职责和政绩	控制者、利益相关者
龙头企业	资本、技术、企业家才能	获得经济利润	使用者、控制者

资料来源：笔者根据本节内容分析整理得到。

第三节 农民专业合作社的外部环境

一、工业化和城市化进程加快

近几年来，我国工业化、城市化进程不断加快，2016年，我国第二产业总产值占GDP的比重为39.8%，远远超过世界平均水平（26.5%），2016年我国的城市化率为57.35%，接近世界平均水平（54.3%）。工业化、城市化的快速发展对我国农业农村发展产生了深远的影响，我国农民专业合作社所处的外部环境也发生了深刻的变化。农业生产、贮运、信息、生物等新技术不断发展，农业产业链融合不断加快，农产品市场竞争日益激烈，而环境问题、能源问题、粮食问题、食品安全问题等带来的压力也越来越大。这些变化对合作社的生产方式、销售方式、服务手段和运行机制等都带来了冲击和挑战。

另外，伴随着我国工业化和城市化进程的加快，越来越多的新生代农民和农村年轻人向城市转移，广大的农村地区有知识、有文化的年轻农业劳动者越来越少，合作社的劳动力结构失衡，影响到合作社的可持续发展。2016年全国人口变动情况抽样调查数据显示，2016年我国总人口138271万人，其中65岁及以上人口125642人。我国人口老龄化将越来越成为我国许多农民专业合作社面临的问题，伴随着人口老龄化，农民专业合作社的成员和专业管理人员减少。

二、经济全球化和文化多元化影响

价值观变化对合作的基础产生了重要影响。我国为快速发展国民经济及实现工业化和城市化，国家采取的一系列经济政策及其实施对农村经济和社会产生了影响，农民原来的社会心理和思想价值观念及社会习俗等受到冲击。合作社组织成长依存于农村社会环境之中，合作社的性质及其演变必然受制于我国农村社会浓郁的传统文化土壤。

自1978年农村市场化改革以来，村落这一我国农村社会最基本的经济社会单位表现出急剧变化态势。城镇化、工业化和现代化进程融入到我国农村的方方面面。变革时期，农村传统文化与现代社会价值观发生冲突，导致农村地区的部分传统的乡风民俗被逐步弱化和淡化，反映社会进步和时代发展的先进价值观和社会规范系统还未建立，农民的思想意识和道德观念正处于深刻的变化和调整时期。从农村文化来看，农村新的文化理念与社会诚信危机、合作意识淡薄、道德是非观念模糊等交织在一起。

另外，经济全球化和文化多元化也带来了农民价值观取向的变化，农民的自我意识在不断增强，缺乏集体观念和协作意识，这些变化都不同程度地影响着合作社组织文化。"我为人人、人人为我"的传统合作社的思想基础和组织基础受到冲击，由于农民分化问题严重，我国相当一部分农民专业合作社都是生产大户、运销大户、龙头企业等少数"带头人"在获利机会驱使下的诱致性制度变迁的结果。

三、农村双层经营体制的"统"与"分"矛盾

双层经营体制，是指我国农村实行联产承包制以后形成的集体统一经营和家庭分散经营相结合的生产方式。根据农村双层经营体制，集体经济组织在稳定家庭承包经营的基础上，对于农业生产过程中单个家庭无力经营或不愿经营的农业经济和社会活动，比如，农村基础设施建设，大型农业机械使用，农村义务教育和公共卫生活动，动植物检验检疫、种子化肥、农产品加工及农业产业链各个环节的社会化服务体系等，则由集体经济统一组织生产和经营。

以家庭为单位实行分散经营，适应了现阶段农业生产力水平较低的状况，能够避免传统小规模家庭经营方式的分散化和单一化，增强农民的生产经营的主动性和决策权，提高农民从事农业生产的主动性。家庭经营制度始终是世界各国农业生产的基本经营方式，具有长期旺盛的生命力，我国人多地少，土地仍然承担着大部分农村居民家庭基本的保障功能。但是，由于家庭经营的分散性，难以有效地采用现代农业科技，对市场风险和自然灾害的抗御能力不强。通过集体利益与个人利益的协调，同时发挥集体经济的规模效应和家庭经营的主动性，也是我国当前要大力发展农民专业合作社的主要原因。

四、我国颁布实施《农民专业合作社法》

2007年颁布实施的《中华人民共和国农民专业合作社法》是我国第一部较为系统的合作社法律，该法律对我国农业生产经营的专业化、组织化和规模化经营具有重要的推动作用。《农民专业合作社法》初步构建了成员大会、理事会与监事会的组织结构，从治理结构看，作为权力结构的成员大会、执行结构的理事会和监督机构的监事会相互制约、彼此制衡，成员民主决策。但是，其治理结构和治理机制也存在一些问题，比如少数合作社治理结构有名无实，民主管理虚化，具体表现在：监事会的设置具有随意性。《农民专业合作社法》（2007年）第二十六条规定，合作社是否设立执行监事或监事会，由合作社根据情况自己决定，法律缺乏理事会与监事会的权力边界，对合作社管理者的监督主要依靠成员的权利，成员权利不完善，成员监督的积极性被弱化。

另外，2017年12月27日，第十二届全国人民代表大会常务委员会第三十一次会议修订通过了《中华人民共和国农民专业合作社法》，自2018年7月1日起施行。修订的主要内容包括：一是取消同类限制，扩大法律调整的范围。为适应各种类型的农民专业合作社并行发展，在专业化基础上向综合化方向发展的趋势，以及农民对各类合作社提供服务的需求日益多元，不局限于同类农产品或者同类农业生产经营服务的范围，新的农民专业合作社法取消了有关"同类"农产品或者"同类"农业生产经营服务中的"同类"的限制，扩大了法律的调整范围，同时以列举的方式明确农民专业合作社经营和服务的业务范围。二是进一步规范农民专业合作社的组织和行为。比如明确规定农民专业合作社连续两年未从事经营活动的，吊销其营业执照，专业合作社应当按照国家有关规定向登记机关报送年度报告，并向社会公示。另外，对法律责任等有关内容也作了补充和完善。三是增加了一章"农民专业合作社联合社"。对联合社的成员资格、注册登记、组织机构、治理结构等作了规定，规定三个以上的农民专业合作社在自愿的基础上可以出资设立农民专业合作社联合社，依法登记后取得法人资格，登记类型为农民专业合作社联合社。

第四节　农民专业合作社委托代理关系的类型

农民专业合作社由于参与主体的多样性和异质性，决定了合作社内部存在多种委托代理关系，如图2-1所示。

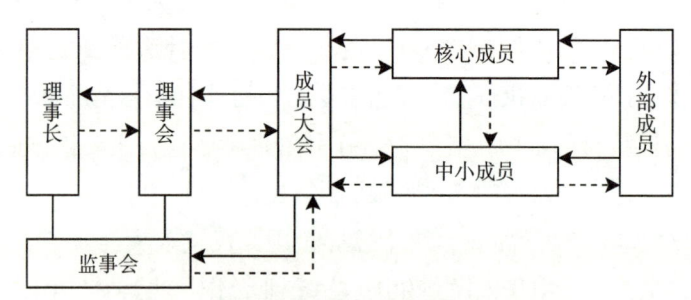

图 2-1　农民专业合作社中的委托代理关系

注：实线箭头表示委托关系，虚线箭头表示代理关系。

一、成员与成员（代表）大会之间的委托代理

成员和成员大会存在委托代理关系，我国《农民专业合作社法》（2007年）第二十二条规定，成员大会是合作社的权力机构。第二十三条规定，成员大会选举或者作出决策，必须由合作社具有表决权的成员超过50%才能够通过；合作社对章程的修改或者解散、分立、合并的决策必须由合作社具有表决权的成员总数的三分之二以上才能够通过。第二十五条规定，如果合作社成员人数超过150人，则可以按章程设代表大会。成员代表大会行使部分或者全部成员大会的职权。2018年7月实施的《农民专业合作社法》在第二十三条增加了"作出修改章程或者合并、分立、解散，以及设立、加入联合社的决议应当由本社成员表决权总数的三分之二以上通过"。

由此可见，全体成员（初始委托人）是通过成员大会或者成员代表大会（初始代理人）来行使《合作社法》第二十二条所规定的职权的。

二、成员大会与管理者之间的委托代理

成员大会或者成员代表大会（委托人）代表全体成员将合作社的日常经营管理事务委托给合作社管理者（代理人）。全体社员是合作社的委托人，管理人员是合作社的代理人。由于合作社参与主体的分散性，全体成员组织起来为理事会设计和选择合约变得不现实，需要在社员和管理人员之间增加理事会作为协调机构。根据合作社法律，理事会成员由社员民主选举产生，理事会成为全体社员利益的代表。

理论上，理事会是确保全体成员利益的重要机构，一个适度规模的理事会有利于提高合作社内部的管理效率，一定比例的积极内部理事可以减少"搭便车"行为，外部非合作社成员参与理事会也可以增强理事会的能力，但是有可能增加理事会的冲突，如果合作社的管理者控制了理事会，则理事会很难发挥独立和积极的监督作用。成员大会与合作社管理者之间的委托代理关系转化为成员与合作社管理者之间的委托代理关系。

三、理事会与管理者之间的委托代理

《农民专业合作社法》（2007年）第二十六条规定，我国农民专业合作社必须设一名理事长，由合作社自己决定是否设理事会，理事长是合作社的法人。理事长由成员大会民主选举产生，对全体成员负责。亦即不论合作社规模大小和成员数量，合作社必须设有理事长，《农民专业合作社法》明确规定，理事长对外是合作社法人代表，对内要对全体入社成员负责。

可见，合作社理事长代表合作社理事会负责合作社的管理，理事长是代理人，合作社理事会是委托人，理事长是合作社的管理者和牵头人。理事会管理能力的高低和运行的绩效取决于理事长的责任心和能力。

四、核心成员与中小社员之间的委托代理

转型时期，我国绝大多数农民专业合作社没有职业的经营管理者，合作社实际上的管理者是以少数核心成员为代表的理事会，核心成员会又不同于中小社员的利益追求，在社员异质性较高、核心成员资本贡献较多、社员业务和合作社业务差别大以及社员忠诚度较低条件下，出于自利天性和机会主义倾向，关键性生

产要素的核心成员拥有合作社的绝对话语权，核心成员可能不会按照合作社和全体社员的利益行事，从而产生了中小成员与核心成员之间的代理委托。在2017年12月新修订的《农民专业合作社法》中，第三十二条明确规定"依法设立成员代表大会的，成员代表人数一般为成员总人数的百分之十，最低人数为五十一人"。

五、外部投资者与合作社之间的委托代理

《农民专业合作社法》（2007年）第二十六条规定，我国农民专业合作社的资金来源于成员出资、公益金、政府财政补贴、外部捐赠以及合作社合法收入所得。但是，随着我国农民专业合作社的发展壮大以及农产品市场竞争加剧，农民专业合作社普遍面临资金方面的困难，外部投资者的进入成为必然。不论是纯粹的外部投资还是股权参股，外部投资者都希望通过投资获得收益甚至一定的决策权，外部投资者与合作社之间形成委托代理关系，外部投资者是资金的委托人，合作社是资金的代理人。

通过以上分析可以发现，我国当前农民专业合作社的委托代理关系特征中，"中小成员—核心成员"和"成员—合作社"之间的委托代理关系成为矛盾的主要方面。这两种委托代理关系决定了合作社的所有权、控制权和决策权，并最终影响我国农民专业合作社的功能和发展方向。

第五节 农民专业合作社主要的代理问题

农民专业合作社成员关系所产生的代理问题集中体现在以下几个方面。

一、成员之间的利益冲突

农民专业合作社是一个许多参与成员共同拥有所有权的经济组织，共同利益的存在是合作社发展的基础，在合作社存在委托代理关系的前提下，不同参与成员的行为目标不同。

在存在委托代理关系的合作社，有的参与成员希望能够实现已有出资的价值

增值，有的成员希望从产品惠顾中获得更大的盈余。对于同样的服务，拥有充裕要素的成员希望获得比其他成员更加优惠的价格；中小农户关心的是产品销售价格的最大化，核心成员则更加重视合作社的规模和经济利益的增长。当合作社的管理决策影响到合作社的不同成员以及其利益分配时，为了追求自身利益，受到影响的成员或团体会试图影响关于其收益的行为，从而会产生成本问题。由于合作社存在多种分配方式，如果不能够选择一种令全体参与成员都满意的分配方式，一部分成员可能选择退出合作社或者选择谈判，使合作社内部管理产生激烈的冲突，影响到合作社的稳定性。

二、合作社的内部控制

利益诉求不同的成员处于同一合作社，成员资格在合作社中建立在对合作社产品和服务的惠顾上，合作社是集决策管理和风险承担分离的复杂组织，合作社成员并不经常扮演管理者的角色，他们会选择让理事会来雇用、激励和监管那些具有专门管理知识的经理来实际管理合作社。

由于合作社的剩余索取权属于选择性权利且被限定在惠顾者，成员只有确保对合作社的惠顾才能够产生，因此，剩余索取权在合作社不能够让渡，不可以分割和不能够市场化，从而在农民专业合作社内部存在许多控制和代理问题。我国发展初期的农民专业合作社，绝大多数农户参与合作社以后并没有管理经验和知识，只能够选择由少数的核心成员来管理合作社。一方面，核心成员与中小农户存在一定的共同利益，核心成员可以代表合作社组织和中小农户的利益；另一方面，核心成员由于有不同于多数中小农户的利益诉求，可能在合作社的实际管理和运行中不会按照全体社员特别是中小农户的利益行事。由于合作社的理事会是合作社的"代理人"，成员是合作社的"委托人"，农民专业合作社的代理或者控制问题主要是核心成员和中小社员之间的委托代理关系，在合作社成员异质性突出、少数核心成员资本贡献较多、成员业务与合作社业务差异性大以及成员对合作社的忠诚度低等情况下，合作社控制问题尤为突出。

三、隧道效应

"隧道效应"在公司治理理论层面指的是将控股股东借助于金字塔式的股权结构，通过证券回购、资产转移、转移定价等方式将公司的资金转移到自己手中，从而使得公司小股东的利益受到侵害的行为。我国农民专业合作社绝大部分是龙头企业、专业大户、农村基层组织、农村供销社和信用社等牵头组建的，他们因为愿意承担更多的风险和合作社构建的成本，是合作社的核心成员，他们拥有合作社经营管理的稀缺要素，代表全体成员经营管理合作社，也是合作社的实际控制者，充当着合作社"内部人"的角色。

在存在"内部人控制"的情况下，合作社的多数普通社员和少数核心成员之间的协调和沟通显得相对不是很重要，由于核心成员拥有合作社组建和运行的关键要素，少数核心成员实际上成为合作社的控制者。少数核心成员控制和管理合作社，虽然降低了"集体行动"的成本，但是，当这种"内部人控制"超过一定界限，特别是在合作社产权不清晰的情况下，由于自私自利和机会主义的天性，难免出现少数人侵占多数普通社员的利益的情况，产生"隧道效应"。

第六节 农民专业合作社委托代理关系与治理的分析框架

一、分析的切入点

经过对本章内容的分析，对农民专业合作社委托代理关系的产生有了较为清晰的认识。本书将借鉴学术界已有的研究成果，充分考虑合作社委托代理关系问题研究的全面性和复杂性，研究立足于既要抓住主要矛盾，又要体现分析的系统性，首先需要明确本研究恰当的切入点。

一是农民专业合作社的组织状态和组织结构。从农民专业合作社组织状态和组织结构变化方面，来分析农民专业合作社委托代理关系及其影响，以及相应的治理机制。

二是农民专业合作社的委托代理关系治理的机制。从农民专业合作社委托代理关系治理的机制来看，其内部治理机制主要涉及理事会、产权结构、决策机制、退出权，其外部治理机制主要涉及政府监管和产品市场的竞争等方面。

三是规范分析和实证分析相结合。本研究规范分析和实证分析相结合，通过对同质性和异质性农民专业合作社的比较分析，沿着"状态—结构—关系—治理—绩效"的分析范式，重点研究20世纪90年代以来的我国农民专业合作社的委托代理关系与治理。

二、农民专业合作社委托代理关系与治理的分析框架

James M. Clark 和 Edwards S. Mason 于20世纪中叶提出了 SCP 理论，SCP 理论解释了产业组织内部的结构、行为和绩效之间的关系。Joe S. Bain（1959）在其《产业组织》一书中按照"结构—行为—绩效"（SCP）分析框架研究和确立了市场内部可观测的结构与绩效两个变量之间的关系。对农民专业合作社委托代理关系与治理机制的研究，沿着"状态—结构—关系—治理—绩效"几个步骤逐步深入分析，借鉴已有研究成果，提出 SSRGP 分析范式。其基本逻辑是：组织的现实状态是影响其组织结构、成员关系和治理机制的基础；不同制度安排下的组织结构，参与主体会在个人目标和集体目标权衡中选择自己的行为，从而产生组织成员之间的不同合作关系和利益关系，这些关系的性质则直接影响组织的制度安排与目标，组织的制度安排、成员关系决定了成员利益冲突，最终诱使对组织的治理安排。

按照 SCP 框架，农产品市场结构决定了我国农民专业合作社的组织类型和发展，也体现了我国农民专业合作社利益相关方的联系，影响着我国农业合作社组织的市场竞争方式和绩效。我国农业基本上还是以家庭小规模经营为主，农业生产集中度低，农业资源分布不均，农产品存在市场供给结构性矛盾，农民专业合作社组织营销理念和方式落后，农业生产具有较强的季节性和主观性，传统农产品市场过度竞争，资源配置不合理，农民专业合作社组织收益率和市场绩效不高，加上农民专业合作社组织运行不规范，普通中小农户利益难以得到保证，合作社稳定性不强（丁宏术，2017）。

SCP 理论认为，组织状态（S）包括组织的参与主体的特性以及环境等特征，状态变量是组织中的利益主体作出行为选择的基础，其立足点在于要素的稀缺和资产的专用性所产生的成员在生产关系中的相互依赖性；组织结构（S）指在既定的制度安排下主体之间的决策规则、产权和利益分配结构等，是参与主体之间行为和利益的暂时性均衡状态；成员委托代理关系（R）是指在组织结构下，由于不同利益主体的行为目标、环境的不确定性等影响进行博弈的结果，这种关系影

响组织的规模和预期目标，进而影响组织的制度绩效；治理机制（G）的根本目的在于确保组织参与主体的利益冲突和协调，增强组织对环境的适应性，提高组织运行的稳定性和持续性；治理绩效（P）是组织的制度安排给组织带来的成本和收益，由于成员关系会影响组织的利益主体之间的收益分配，对治理绩效的度量侧重于成员个人利益和集体利益的协调和均衡。

在上述SSRGP分析范式中，组织目标和组织状态对于组织而言是外生的，组织结构和成员关系与行为是主体选择的结果，组织的利益主体对组织结构和成员关系的选择决定了组织的治理机制和绩效。综合以上分析，本节提出农民专业合作社委托代理关系与治理机制的一个分析框架，如图2-2所示。

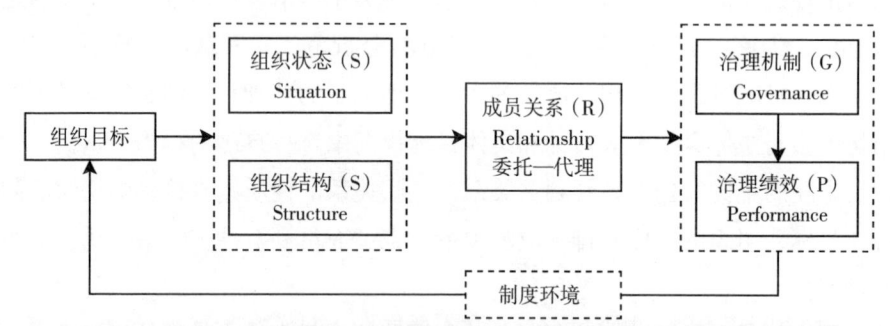

图2-2 农民专业合作社委托代理关系与治理机制分析框架

第七节 结论与讨论

本章紧扣合作社委托代理理论和合作社治理理论，通过对国内外学术界相关文献的整理，分别对代表性研究成果进行了文献综述。首先对农户行为给予了假设，在结合农民专业合作社演变的内外部影响因素分析的基础上，阐释了参与成员的特征，阐释了农民专业合作社存在的主要委托代理关系类型，提出了针对我国农民专业合作社委托代理关系与治理机制的分析框架。主要结论如下。

一、梳理了合作社委托代理关系与治理的相关文献

分别总结了合作社委托代理和合作社整理理论产生与发展的过程，对国外和国内代表性的学术思想和观点进行梳理，并对代表性文献进行了简要的评述。分析表明：尽管学术界充分认识到合作社委托代理关系与整理的重要性，但是，合作社委托代理关系在本质上有别于公司的委托代理，而且西方农业合作社发展得比较成熟，我国处于发展初期的农民专业合作社委托代理关系与整理也与西方农业合作社存在较大差异。因此，加强对我国农民专业合作社委托代理关系与治理机制的研究更具有重要的现实意义。

二、分析了影响我国农民专业合作社组织演进的内外部因素

从农户自身来看，农户个体差异性对于其加入农民专业合作社具有重要影响，农户人口统计特征、社会网络、拥有的资源禀赋等都深刻地影响其入社意愿以及合作社运行绩效。从外部环境来看，传统"小农经济"生产经营方式、城市化、工业化以及国家"三农"政策等都在一定程度上影响农民合作社的组织演进。总之，农民资专业合作社内部成员的要素禀赋、行为动机、成员角色以及城市化、市场化、家庭经营体制、农业基本矛盾和农村文化等外部环境决定了农民专业合作社的委托代理关系。

三、揭示了农民专业合作社主要的委托代理关系类型

在内外部影响因素分析的基础上，揭示了农民专业合作社主要的委托代理关系类型。农民专业合作社由于参与主体的多样性和环境的复杂性，合作社内部主要存在五种委托代理关系，进一步提出了这些委托代理关系所产生的主要代理问题。在这些类型中，"成员—合作社"和"中小成员—核心成员"之间的委托代理关系是这些代理关系的主要方面。

四、提出了农民专业合作社委托代理关系治理的 SSRGP 分析框架

在以上分析的基础上，提出了针对我国发展初期的农民专业合作社委托代理关系与治理的 SSRGP 分析框架。该框架分别从农民专业合作社的组织演变出发，对合作社的组织现状、组织结构、委托代理关系、治理和绩效几个方面展开研

究。以合作社委托代理关系的组织演变为起点，结合对现状特点的考察，深入探讨了合作社委托代理关系背后的影响因素作用，最终比较全面深入地把握我国农民专业合作社的治理机制。

  本章所提出的分析框架着眼于对合作社组织背后的人及其关系的考察，人与人之间的生产关系是影响组织结构和制度安排的重要因素，本章的分析暗示了在合作社发展实践方面改善成员合作关系的重要性。

第三章 我国农民专业合作社历史演进与现状：委托代理关系视角

第一节 当代合作思想演变

一、消费合作思想

英国是消费合作运动的发祥地。1844年英国罗虚代尔合作社的建立，引发了世界消费合作运动。20世纪初期，英国的产业革命造成农村急剧工业化，大批农民成为城市雇佣工人，18世纪的"圈地运动"和19世纪的"清扫领地"运动使英国的小农彻底失去了土地生产资料，为了生存，加上近代合作经济思想在英国的传播，英国工人开始从经济上加以自救从而产生了合作社。

英国的罗虚代尔合作原则迅速传入西方其他国家，并形成了各国特色的消费合作社。代表性的有：法国以季特（Charles Gide）、法布尔（August Fabre）和普瓦夫（Emile de Bovve）为代表的尼姆学派、傅立叶主义消费学派，以主要创始人陶丁格尔（Franz Staudinger）、费飞尔（Edward Pfeiffer）和高夫曼（Heinrich Kaufmann）等为代表的德国汉堡学派。以谬勒（Muller）和满丁（K.Munding）等为代表的瑞士消费合作学派，以马尼亚尼（Mario Mariani）、瓦朗底（G.Valenti）等为代表的意大利消费合作社。

消费合作思想理论的主要思想是：消费合作社可以消灭现存的资本主义竞争制度，在资本主义社会，劳动者的一切问题源于对企业的生产缺乏监督管理。可以通过把各阶层组织到合作社中，按消费者的需求来组织企业的生产和分配，在农业和工商业等各个行业应该大力发展合作社，通过加强合作关系来改善社会经济的各种利益冲突和矛盾。

二、信用合作思想

德国是信用合作思想的发源地，1867年，普鲁士颁布《产业及经济合作社法》，正式承认合作社的法人地位，随着欧文、傅立叶的合作思想在德国的广泛传播以及罗虚代尔先锋社原则的普遍应用，德国的信用合作运动也逐步兴起。

德国信用合作思想以莱佛艾森、许尔志和哈斯为代表。莱佛艾森信用合作主要原则是：无须社员投资入股，入社条件只限于农民，入社需要交纳社费，社员权利不得转让，业务范围以储蓄贷款为主，盈利主要用于归还贷款、扩大经营、建立公积金，不分红，公积金归集体所有，不得分割；管理者实行义务服务，除会计外一律不领取报酬，实行"一人一票"制。许尔志合作思想主要是：实行社员投资入股；入社条件无职业限制，社员股权可以转让；业务限于储蓄贷款；先从盈利中按比例提出公积金，其余再按股金比例分红；公积金作为股金计入社员账下；管理者实行有偿服务；组织原则实行分权制；拒绝政府资助与监督；实行民主管理。哈斯系统的主要特点在于：根据农村各地的不同特点，采纳了莱佛艾森和许尔志原则的优点。

除了德国信用合作社以外，意大利的欧连波克、路沙蒂和日本的品川弥次郎、平田东助和小平权一等都提出和组建了相应的信用合作社。

三、生产合作思想

法国是世界生产合作的发源地。法国几位著名合作社理论家的思想，如傅立叶的"法郎吉"、圣西门的"实业制度"等都是主张组织生产合作社的理论。继傅立叶、圣西门后，毕舍、白朗等继续发展和实践生产合作思想。法国的生产合作社运动，实际上是从19世纪30年代毕舍创办手工合作社开始的。

法国合作社运动的特点是以农村为基地、以生产合作社为主导。法国是个小农生产占有很大比重的国家。农业生产合作社的主要组织形式是农业工团、农产品加工和运销合作社以及种植业生产合作社。"农业工团"是一种社会经济组织，具有合作社的性质，是法国农业生产合作社的最主要形式，另外，法国的农产品加工和运销合作社以及种植业生产合作社也得到了较大发展。法国的生产合作社虽属初创，但在改善农民生产、生活，农村经济方面起到了重要的推动作用。

此外，英国也是建立农业生产合作社较早的国家之一。1867年，第一个罗虚代尔式农业园艺合作社在英格兰诞生了。其主要的业务是经营农业和园艺用生产资料的购买和供应服务。此后，类似的农业合作社在英格兰的其他地方，以及苏格兰、威尔士等地逐渐发展起来，但是由于英国农业的长期衰落从根本上削弱了农业合作社发展的社会经济基础，并且农业合作社事业一直缺乏政府的支持，同欧洲其他国家相比，英国农业合作社的发展相当缓慢。

四、新古典合作思想

新古典经济学代表人物约翰·斯图亚特·穆勒（John Stuar Mill）和马歇尔（Alfred Marshall）都在各自的著作中阐述了他们的合作思想。

穆勒认为，罗虚代尔先锋社是劳动者解放自己的组织，合作社社员的献身精神和严格的工作纪律是合作社发展壮大的根本动力，穆勒一分为二地分析了合作社的优缺点，他认为，和公司企业相比，"合作制度只是在一个方面和这些有利条件相抗衡，那就是合作社使工人和企业享有共同的利益"。

新古典学派创始人马歇尔也高度重视合作制度，他认为，合作组织是一种"高度组织化的购入和售卖的经济组织，合作社是企业。马歇尔特别重视合作制在农业发展中的作用，并提出合作制在农业中大有发展前途，合作制可以把大生产的经济和小生产的快乐以及社会利益结合起来，可以兼容一切租佃制的优点。马歇尔提出，创立合作社的人其动机不在于自身致富，而在于伦理的动机，合作社经营的困难在于缺少"最能干者所具备的敏捷、发明力和变通力"，"很少具有生存竞争所挑选出来的人，与私人企业的自由和无拘束的责任所训练出来的最能干的人所具备的创造性和多才多艺"，并寄希望于"合作主义知识的深化及传播以及教育的增加，来使合作社增强处理复杂经营问题的能力"。

第二节　我国农民专业合作社委托代理关系的历史考察

一、农业合作化时期的委托代理关系

中华人民共和国成立初期，我国在全国范围内实行了土地改革，农民成为拥有土地等生产资料的独立生产者，极大地解放了农村生产力。但是，以农民生产资料私有制为基础的小农经济分散和落后，生产规模小，难以抵御自然风险和提高劳动生产率，也难以适应我国工业化对农产品的需要，所以党和政府在我国完成土地改革以后采取了从互助组到初级社再到高级社的合作化运动，对小农经济进行改造。

互助组就是几户农户在自愿互利的前提下，组织在一起通过互换人工或畜力，共同劳动的一种简单的分工合作形式。互助组内的农户采用以工换工、人工换畜力或农具、合伙喂牲畜以及共同耕种等形式。委托代理理论认为，只要个人行为对他人产生了外部性，代理关系就会存在。委托人是代理人行为的影响者，如果他们之间的信息对称，代理人行为可以被观测，则委托人可以设计相应的对代理人的奖惩措施，不存在代理问题；反之，如果信息不对称，则需要委托人设计一个恰当的激励机制，减少代理问题。

在互助组中，换工或共同耕种的农户收益利益取决于参与的农户，农户如果为自己劳动，其他农户为委托人，而如果农户为其他农户劳动，每个人又都是代理人，特别地，由于互助组成员之间一般是邻居、好友或有血缘亲戚关系，彼此之间非常了解，互助组规模小，互助组的成员一般一起劳动，不存在信息不对称问题，如果农户在一起劳动时偷懒，当其成为代理人时，则能够对偷懒的农户加以报复，所以不存在代理问题，也是我国农民乐于采用的合作形式。

1953 年，党和政府希望进一步推进农业互助合作运动，解决工业化急剧增长的粮食需要，需要通过合作社进行"统购统销"，开始引导互助组向初级社转变。初级社的重要职能之一在于为我国的城市化和工业化筹集初级农产品和资金，保证我国的工业化进程。从初级社开始，农户只能得到基本的粮食，"统购统销"制度剥夺了农民对生产剩余的控制权，弱化了对农民增加农业生产投入的激励。初级社的委托代理关系表现在如下方面：

一是社员和政府之间的委托代理。地方政府的行为目标是完成我国工业化所需的统购任务，希望初级社不断增加粮食产量，政府是委托人，由于政府对农户下达有统购任务，社员是代理人。社员不能支配剩余粮食，政府对初级社增加粮食供给的激励弱，作为代理人的社员容易产生消极怠工等机会主义行为。

二是初级社和社员之间的委托代理关系。政府采用行政手段管理初级社，政府任命的社领导是初级社的委托人，社员是初级社代理人，初级社的规模比互助组大，由于农业生产的特殊性，初级社领导与社员在劳动投入和农产品质量等方面存在信息不完全，政府与初级社管理者之间在生产管理等方面的信息也不完全。初级社领导的管理出于行政任命和义务，缺乏明确的干部身份，其管理水平和经营业绩难以得到政府的激励。国家控制了初级社的余粮，初级社管理者对社员的监督激励也很弱，社员偷懒等行为也得不到有效的监督。

二、人民公社时期的委托代理关系

人民公社产权制度的核心是"三级所有，队为基础"，在这一制度规定下，作为代理人，大队和公社只有部分生产队财产的管理权。"政社合一"导致经济原则和行政原则同时存在于人民公社内部，社员、生产队、大队和公社形成了双重委托代理关系。

第一，在经济上存在由社员到公社、由下到上的委托代理。这种经济委托代理关系如图3-1所示，生产队的剩余索取权归初始委托人社员所有。

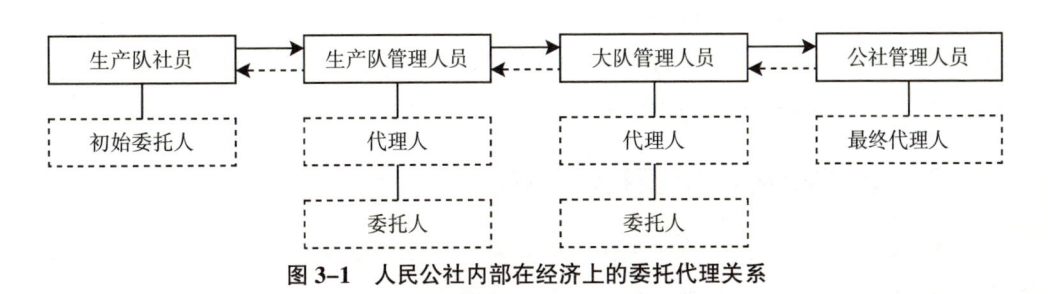

图3-1 人民公社内部在经济上的委托代理关系

第二，行政性委托代理关系。这种关系是自公社管理人员到社员的由上到下的行政性委托代理如图3-2所示。生产队的剩余索取权归初始委托人国家所有。

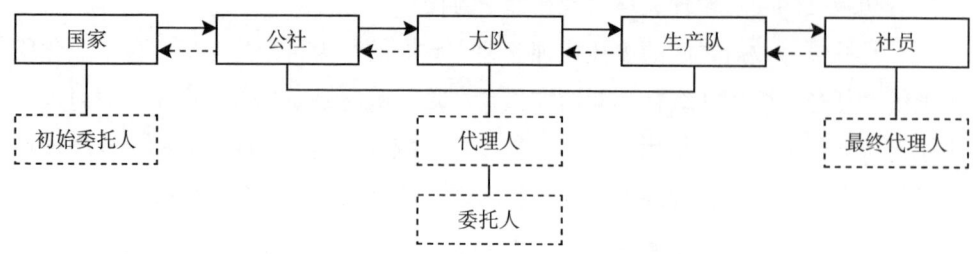

```
国家 ⇄ 公社 ⇄ 大队 ⇄ 生产队 ⇄ 社员
初始委托人        代理人              最终代理人
                  委托人
```

图3-2 人民公社内部在行政上的委托代理关系

人民公社"政社合一"的规定制度，决定了行政性委托代理关系先于经济性委托代理关系，造成了人民公社的产权冲突。人民公社、生产大队和生产小队的集体产权处于主要地位，公社和大队只拥有生产小队的部分所有权，生产队拥有其经营范围内的土地所有权，生产队负责生产和收益分配。生产队作为经济委托人存在对大队、公社两级组织的授权，生产队作为行政代理人，生产队没有剩余索取权和市场交易的谈判能力，接受公社和生产大队行政监管，由此产生其他利益主体的"搭便车"行为和生产队产权的不完全。

在生产队内部中，生产队的管理人员既是委托人又是代理人，但主要是代理人，生产队中的集体和私人产权的矛盾，由此产生代理人的激励问题、公有财产的监督问题以及"搭便车"行为。生产队干部作为集体财产的代理人管理生产队的生产过程，与普通社员同工同酬，极少有职务晋升机会，拥有生产队的剩余控制权，但是没有剩余索取权，导致生产队管理者以权谋私的机会主义行为。一般社员由于产权和义务的分离，普遍缺乏参与集体经济的热情。在人民公社组织中，由于存在非制度性索取，侵害了同样为集体财产花费了私人成本的其他成员的权利，由于生产队干部对普通社员的监管力度有限，索取的收益大于索取的成本，产生了更多成员的参与索取的激励。

三、转型时期合作社委托代理关系

自20世纪90年代中期以来，随着农村经济的迅速发展，农产品销售的问题日益突出，农民的合作需求也日益强烈，政府也针对农民专业合作社的发展提出了要求和鼓励措施。这一阶段的农民专业合作社的合作内容逐步拓宽，从以技术合作为主转向共同购买生产资料、销售农产品乃至共同使用资金、设施等生产要素的合作。合作社的领办者出现了多元化特征，除了能人或者专业大户以外，一些龙头企业、农村集体经济组织以及相关涉农部门也开始利用资金、人才、技术和装备等优势兴办农民专业合作社。

2007年7月1日，正式颁布实施的《农民专业合作社法》在引导、支持和规范农民专业合作社发展上发挥了重要作用。可是，伴随着农民专业合作社的数量的快速增加和政府财政扶持资金力度的逐步加大，农民专业合作社组织的成员异质性已经开始影响到合作社内部成员关系，不可避免地产生委托代理问题。合作社成员异质性指合作社成员之间的特征差异性，合作社的同质性的规定决定了经典合作社成员的资源禀赋和利益目标的共同性，合作社的同质性是合作社组织持续规范运行运营的基础。合作社成员同质性的重要性在于：资源禀赋同质能够增强利益诉求的同质性，而较高的利益诉求的同质性有利于增强成员行动的协调一致性。另外，合作社内部成员社会关系网络，特别是信任机制等容易受成员同质性影响。

但是，我国农民专业合作社大多属于外生型合作社，不同成员的资源禀赋差异较大，家庭结构、生产规模、经济实力、技术水平、经营能力、社会关系、非农收入乃至风险偏好等都存在显著差异，绝大多数普通中小农户（"小农"）参与合作社的目的主要是解决销路和增加收入，而龙头企业、种养大户等则希望增强市场竞争能力，也想获得政府财政扶持和税收优惠等。异质性合作社因成本和技术水平的差异，合作社生产策略也倾向于多元化，加上成员在合作社创建初期和发展过程中的角色差别，现实中的合作社绝大多数是具有一定生产规模，农产品生产的市场化、商品化程度较高的专业大户，以及掌握农产品营销渠道的贩销户和农村社区的"精英"，也包括拥有一定资本实力的企业和个人以及拥有一定社会资本的组织。

我国现阶段农民合作社成员异质性问题是显著的和无法消除的。究其原因在于我国农民阶层分化，也源于农村产权主体的异质性极为突出，也是因为农产品市场竞争格局和供应链管理态势外在地强制着合作社必须实行多要素合作，当然也有政策法规的包容和推促等诸多缘由（徐旭初，2014）。徐旭初和吴彬（2017）提出，由于先赋的产业化机制与引致的合法化机制，导致我国农民专业合作社在成员目标、成员角色、文化技术和社会结构等组织要素呈现出鲜明的本土化特点，经过近十年的发展，我国农民专业合作社在数量上呈现"爆发式"增长，但真正的合作社较少，由于在制度、管理与微观行为等方面的不一致性，大多数农民专业合作社面临产权不清、关键要素短缺、财政扶持效果差等问题。

根据委托代理理论，只要参与主体之间存在所有权和经营权的分离，存在信息不对称情况下，就会产生委托代理问题。我国农民专业合作社中的参与主体包括外部投资者、作为惠顾者的成员和合作社的管理者。我国农民专业合作社发展中，合作社的资金主要来源于合作社的成员，也有一部分资金来自于政府投资以及其他利益主体，合作社的理事会成员或非社员也经常与合作社发生交易关系而成为合作社的惠顾者。转型时期，我国农民专业合作社的委托代理关系可分为以下几种：

一是合作社投资者与理事会之间的委托代理关系。外部投资者主要是指涉农企业、专业大户、农村基层组织以及其他社团组织。来自外部的纯粹的捐赠资金的所有权和经营权都归合作社内部支配，不存在委托代理关系，而属于投资性质的委托资金的使用权和所有权产生了分离而存在委托代理关系。

二是合作社管理者（理事会）和普通成员之间的委托代理。农户加入合作社时缴纳会费或者投资，成为合作社的所有者，并委托理事会对合作社进行经营管理，通过惠顾合作社而分享合作社的盈余分配。当前，我国农民专业合作社中广泛存在这种委托代理关系，这种委托代理关系也是本书所研究的主要内容之一。

三是合作社管理者成员自身的委托代理关系。合作社的一部分理事会成员本身就是企业或者种养大户和能人，他们同时是合作社的管理者和惠顾者，此类委托代理关系中的所有权和经营权并没有完全分离。

四是合作社与理事会和监事会之间的委托代理关系。按照我国2007年7月实施的《农民专业合作社法》，农民专业合作社成员大会由全体成员组成，理事会和监事会由成员大会民主选举产生，对成员大会负责。合作社成员大会有权选举和罢免理事长、理事、执行监事或者监事会成员。合作社代表全体社员，是委托人，理事会和监事会对成员大会（合作社）负责，是代理人。

根据《农民专业合作社法》，我国的农民专业合作社兼有公平和效率的双重性质，合作社内部的委托代理问题与纯粹的公司企业具有的不同之处在于：

一方面，农民专业合作社中实力比较强的是代理人。在公司的委托代理理论中，契约形式主要由委托人设计，代理人被动接受契约并通过代理行为获取一定的报酬。而我国农民专业合作社中成员和管理者之间的关系恰恰相反，委托人属于弱势的成员，强势的管理者是合作社经营的代理人，他们往往具备较强的影响合作社运行的能力。崔宝玉和李晓明（2008）认为，农民专业合作社资本化和市场化，从长期看缩小了合作社的规模和降低了农民组织化程度，影响了合作社的稳定性和有效性。黄胜忠（2008）也认为，农民专业合作社形成过程中，参与主体的"多样性"、成长路径的"外生性"导致以维护"小农"利益为发展初衷的农民专业合作社，在实践中又不得不依赖于强势地位的"大农"的现实悖论。

另一方面，合作社中的成员有明显的互利行为。公司委托代理理论中委托人和代理人都是独立的理性人，追求的是自身利益的最大化。在我国农民专业合作社是弱者的联合，成立农民专业合作社的主要目的就是要实现内部社员之间的互助互惠。仵希亮和王征兵（2009）认为，中国的农民组织发展缓慢主要是缺乏自发机制、政府干预过多、引导过度，不能遵循农民的自愿，农民专业合作社的发展需要在农户主导、精英人物领导、市场促进、政府引导与民间组织的互动上考虑；赵凌云（2010）认为，地方政府"农民组织化"的考核指标也是导致农民专业合作社不规范运作的重要原因之一，基于考核指标成立的合作社，并非真正为了联合农户、服务农户，而是为了满足村、镇建设。

最后，我国农民专业合作社中存在不完全委托代理关系。公司委托代理理论中，委托人和代理人的产权明确，而在我国农民专业合作社中，合作社的经营管理者经常同时也是合作社中较大份额的所有者，合作社内部的所有权和经营权未完全分离。楼栋和仝志辉（2010）认为，小农在农业经营主体向农民专业合作社转变的过程中注定是被盘剥的对象；余丽燕和郑少锋（2010）认为，核心成员掌握农民专业合作社发展的资金、人才等关键生产要素是合作社公司化倾向的重要原因；郑丹和王伟（2011）认为，过度依赖于政府的扶持和支持的我国农民专业合作社，存在规模小、资本化、行政化和治理结构的虚化等问题。

第三节　我国农民专业合作社发展的阶段

一、萌芽时期的农民专业合作社

萌芽时期的农民专业合作社主要是指中华人民共和国成立初期到1978年我国农村改革以前这段时期，其主要功能是发展农业生产。

（一）农业合作化时期：1952~1957年

一是互助组。互助组是由少数农户在个体经营的基础上，按照自愿、互利的原则建立起来的，成员的生产资料属于农户私有，在农业生产经营中，农户通过互助组换工互助，协调工具、牲畜和劳动力，互助组内部实行平等交换。1952年全国参加互助组的农户有4536.4万户，农户加入互助组的比重达到40%，到1954年，这一比例达到58%。互助组可以称得上我国萌芽时期的农民专业合作社。

二是农业生产合作社。到1953年底，党中央和国务院发布了《关于发展农业生产合作社的决议》，提出了在我国农业生产领域逐步提高农民组织化程度的具体措施，即通过发展以共同劳动为基础的临时互助组和常年互助组，逐步实行农户土地以股入社、集体统一经营、具有较多公共财产的初级农业生产合作社，直至发展到完全集体所有制的高级农业生产合作社。

初级社在产权制度上，集体经济拥有部分财产，具有土地入股、统一经营的特征，农民私人所有的牲畜、土地以及农具等生产资料交合作社统一使用，农户凭其私有产权获得相应的股金收入；以生产资料集体所有制为基础的高级生产合作社，全体成员共同拥有土地以及其他主要农业生产资料，其要素报酬按成员参加合作社劳动的工分分配，不再给予其他形式的生产要素报酬。

初级社由于入社自愿和对农民私有产权的尊重得到迅速发展。1955年底，我国有初级社约65个，入社农户约1688万户。但是从1955年下半年开始政府采用行政手段快速推进的高级社因为违背农民自愿原则，合作社发展陷入困境。1957年底，全国高级合作社入社农户75.3万户，占全国农户的96%，急速发展的高级合作社不适应农村生产力发展水平的实际。

(二) 人民公社时期：1958~1982 年

从 1958 年下半年起，我国农村经济组织变革进入人民公社时期。截至 1958 年 10 月，全国加入人民公社的农户达到 1.2 亿户，占全国农户的比重为 99%，人民公社这一被严重扭曲的农民合作经济组织一直延续到农村改革的初期。人民公社的基本特征是：集中劳动、统一经营、按工分分配，人民公社"政社合一"，集农村社会结构和政权组织于一体，失去了经济组织的性质。

人民公社生产资料完全公有化，合作社财产和社员私有财产属于集体所有，人民公社统一经营、统一分配、自负盈亏，农民成为单纯的集体劳动者。其"三级所有、队为基础"的管理体制，剥夺了农民生产资料的所有权和支配权，农户不再是独立的产权主体，劳动组织越集中，产权越模糊，分配越不合理，农业集体化使我国农民专业合作社的成长中断。

二、发展初期的农民专业合作社

自 1978 年农村改革以来，我国实行了家庭联产承包责任制基础上的农村双重经营体制，国家对农民专业合作社发展一直采取鼓励政策，农户的市场主体地位不断得到增强。

1983 年国务院颁布实施的《当前农村经济政策的若干问题》提出，要逐步适应市场的需要，发展各种形式的合作经济，1984 年，实行包干到户家庭承包责任制的农户占全国农户的 96.6%，到 1985 年，一些地方开始出现一些称谓不同的合作经济组织，比如，农民联合购销社、专业合作社、专业协会等。少数地方也曾经出现合作社不规范运行而侵害农户合法权益的案例。

到了 20 世纪 90 年代中期，随着农村经济的迅速发展，农产品市场矛盾愈加突出，政府针对农户较为强烈的合作愿望也提出了一些具体要求和支持政策措施，比如，1994 年，中央颁布 4 号文件提出要引导农民专业协会成为"民办、民管、民受益"的新型合作经济组织。1998 年，中央在 2 号文件中提出，要大力发展和扶持类型多样的农民合作组织，鼓励组建专业合作社引导农民进入市场，不断提高农业的社会化服务水平。

一方面，这段时间的农民专业合作社数量少，大多由农民自己组建，合作社存在成员合作关系不稳定性高、管理不规范、成员责、权、利模糊等问题；另一方面，农民专业合作社的服务范围开始向外部延展，从主要以农业生产为主的技术层面合作逐步走向生产资料购买、市场营销以及共同使用生产要素的合作。合作社的参与主体表现出多元化，一些涉农企业、农村基层组织以及一些农业部门服务部门也开始利用自己的优势承办组建专业合作社。

三、转型时期的农民专业合作社

2000年至今，我国农民专业合作社的发展进入调整与规范时期。在我国农业改革深化和农村经济结构加快调整以及加入WTO的背景下，提高农民组织化程度尤为迫切和重要，政府对于农民专业合作社的规定愈加细化，政策措施支持力度加大。特别是2007年7月1日，正式颁布实施的《农民专业合作社法》在推动、引导和促进我国农民专业合作社规范发展方面发挥了重要作用。这段时期的农民专业合作社发展呈现出以下基本特征。

（一）合作社的异质性成员结构

从我国农民专业合作社发展的实践来看，由普通农户自发组建的专业合作社比较少，农民专业合作社主要由规模化、市场化程度较高的种养大户和运销大户牵头组建，一些政府的农业部门和龙头企业，出于自己的政绩目标或经济利益，也参与创办专业合作社。农业农村部农村经济体制与经营管理司数据显示，2011年，我国农民专业合作社中，农业科技服务部门牵头创办的合作社比例为12.7%，由农村种养能人和运销大户牵头创办的合作社比例为69.2%，其他力量牵头承办的占7.7%，涉农企业领头组建的占5.4%，农村供销社发起的占5%。2014年，我国按合作社牵头领办人划分，由农村能人牵头领办的合作社103.5万个，比2013年增长了29.0%，占合作社的比重为91.0%，较2013年增长0.3个百分点。其中，由村组干部牵头兴办的合作社15.6万个，占该类型合作社的15.1%；由企业牵头领办的合作社3.0万个，占合作社总数的比重为2.6%；由基层农技服务组织牵头领办的合作社1.9万个，占合作社总数的比重为1.6%；由其他主体牵头领办的合作社5.4万个，占合作社总数的比重为4.8%。到2016年，按合作社牵头领办人划分，由农村能人牵头领办的合作社142.4万个，增长17.1%，占合作社的比重为91.2%，同上年基本持平。其中，由村组干部牵头兴办的合作社19.1万个，占该类型合作社的13.4%；由企业牵头领办的合作社3.8万个，占合作社总数的比重为2.5%；由基层农技服务组织牵头领办的合作社2.4万个，占合作社总数的比重为1.6%；由其他主体牵头领办的合作社7.5万个，占合作社总数的比重为4.8%。

随着我国农民专业合作社的快速发展和不断创新，合作社已由开始时的生产技术合作向产、加、销一体化经营合作延伸，涌现出一大批农技服务、农机作业、土地流转、资金互助合作社和联合社。相比于国内的正规企业和国外的合作社，目前我国农民专业合作社数量较多，普遍存在规模较小，经营范围单一，合作社效率较低，合作社生产经营方式粗放，合作社内部管理不规范等问题。

（二）合作社数量增加，经营绩效没有明显提高

谭智心等主持的农业部农村经济研究中心项目"农民合作社信用合作实践困境与发展前景"（2017）研究数据显示，截至2017年7月底，我国在工商部门依法登记的农民合作社达到193.3万家，是2007年底的74倍，年均增长60%，实有入社农户超过1亿户，约占全国农户总数的46.8%，平均每个行政村近3家合作社，参加合作社的农户收入普遍比非成员农户高20%以上。截至2017年11月底，工商部门登记的农民合作总数达199.9万家，比2016年底增加20.5万家，增速逐步趋缓。

虽然合作社数量增加，但当时合作社的经营绩效没有显著提高。农业农村部农村经营管理情况统计年报数据显示，2014年我国农民专业合作社为成员提供的经营服务总值为10110亿元，其中，统一销售农产品总值达7529亿元，比2013年增长11.9%，平均为每个成员销售农产品1.3万元；统一购买生产投入品总值达2581亿元，比2013年增长7.3%，平均为每个成员购买生产投入品0.5万元。注册产品商标的合作社7.0万个，比2013年增长16.4%，通过产品质量认证的合作社3.7万个，比2013年增长15.3%。2014年，各类合作社经营收入5135.6亿元，平均每个合作社45.1万元，当年可分配盈余907.0亿元，平均每个合作社8.0万元。合作社可分配盈余中通过股金分配213.7亿元，按交易量返还515.7亿元。采取可分配盈余按交易量返还的合作社26.6万个，占合作社总数的23.4%，其中，依据法律返还比例超过可分配盈余60%的合作社近20.6万个，占77.2%。2016年合作社经营服务总值超过1万亿元，平均每个成员分配盈余近1600元，农民专业合作社为成员提供的经营服务总值为11044亿元，其中，统一销售农产品总值达8276亿元，增长5.2%，平均为每个成员销售农产品1.3万元；统一购买生产投入品总值达2768亿元，增长0.5%，平均为每个成员购买生产投入品0.4万元。注册产品商标的合作社8.1万个，增长8.6%，通过产品质量

认证的合作社 4.3 万个，增长 8%。

（三）农民专业合作社功能的异化

农民专业合作社是农村组织振兴的重要模式之一，在国家政策和制度激励下，合作社大多依赖于传统农村社会的关系网络，合作社的治理模式介于市场和科层之间。合作社业务以及绩效对于"能人"的依赖程度较高，异质性合作社中的"能人"治理引起了对合作社内部治理的关注。

从合作社内部来看，随着合作社组织规模的扩大以及合作社经理人员对合作社价值的偏离，成员缺少明确的角色分工以及成员监督经理人员的能力有限，导致了合作社的代理问题比其他组织更加广泛，农民专业合作社功能开始出现目标偏离和功能异化。异质性合作社由于要素禀赋差异，加上缺少相应的产业支撑，合作社盈利能力有限，合作社的利润空间狭小，合作社的管理水平不高使得合作社中的委托代理问题越来越严重（马超峰和张兆安，2018）。

从合作社外部来看，我国各级政府对于农民专业合作社的支持力度不断增强，比如，在税收优惠方面，加入合作社的成员，农产品销售一律免征增值税，合作社向本社成员销售的农膜、种子、种苗、化肥、农药、农机等也免征增值税用水用电。国家对农村合作社在土地流转、贷款、购农机、种粮、农资、标准化养殖、农业保险、粮食最低收购价、退耕还林、草原生态保护等方面进行补贴。对适合农业合作社发展的涉农项目，可以获得一定额度的扶持资金帮助。例如蔬菜标准园创建、水产养殖基地、菜篮子工程、农业综合发展项目等。在流通政策方面，国家针对农村合作社的农产品支持和引导其与连锁超市、学校食堂、农作物生产加工企业等的合作和衔接。随着我国农民专业合作社数量的快速增加和政府财政扶持资金力度的逐步加大，农民专业合作社组织的成员异质性已经开始影响到合作社运行的质量和合作社的竞争力与凝聚力。少数合作社运行开始背离合作社发展的公益性，出现套取国家扶持资金的假合作社，一些合作社的核心成员在合作社经营管理中侵害其他中小成员的利益，农户合作意愿不强，合作社的功能呈现异化。

第四节 我国农民专业合作社发展的现状与特点

合作社在我国具有长期的历史和较好的社会基础,近几年来,农民专业合作社在我国各个地区产生并呈现出快速发展的态势。农民日报社三农发展研究中心调查数据显示,2016年农民合作社营业收入社均约为1857.52万元,分配利润达到196.02万元(主要以国家级示范社为蓝本)。根据全国农村固定观察点调查体系对695个农民合作社的典型调查,合作社的社均资产为1234.13万元,固定资产(包括房屋、建筑物、机器、设备、工具、器具和农业基本建设设施等)为社均576.52万元,流动资产(现金、存款、应收款项以及种子、化肥、燃料等存货)为社均347.25万元,农业资产(存栏畜禽资产和林木资产等)为社均261.61万元。接受调查的农民合作社社均负债298.94万元,其中,银行欠款154.26万元,亲戚朋友等个人借款90.45万元,此外还有民间借贷、村委会垫资以及部分应付账款、工资等。企业年度经营社均成本为843.56万元,工资性开支为82.99万元,雇工成本66.95万元。

另外,农业农村部的最新数据显示,截至2018年2月底,全国依法登记的农民专业合作社达204.4万家,是2012年底的3倍;实有入社农户11759万户,约占全国农户总数的48.1%;成员出资总额46768万亿元,是2012年底的4.2倍。伴随规模扩大,合作社逐步向第一、第二、第三产业融合拓展,向生产、供销、信用业务综合合作转变,向社际联合迈进。目前,超过50%的合作社能够提供产加销一体化服务,服务总值11044亿元。

一、外部发展环境不断优化,区域产业特色明显

党和人民政府不断为农民专业合作社的健康发展营造良好的外部环境。从2007年《农民专业合作社法》颁布实施以来,每年的中央一号文件均是聚焦"三农"问题,不断制定和出台利农、惠农和强农政策,中央和各级地方政府也相应出台配套的财税优惠政策和规定促进农民专业合作社的发展。我国农民专业合作社发展的外部环境不断优化,区域产业特色明显。

2010~2016年，粮食类合作社占种植业合作社的比重持续提高，由21.8%增加到38.6%，占比持续增加到40.4%，比2016年底提高1.8个百分点。合作社所涉及的产业领域不断拓宽，涵盖了农林牧副渔以及服务等行业。其中，种植业占2/5以上，畜牧业占1/3以上。服务范围已经拓展到农业生产资料供应、农业技术推广、农业机械作业、产品加工、储藏、销售等环节，从事产品加工、供应、销售的农民专业合作社占3/5，以运输、仓储服务为主的农民专业合作社占1/10，基本上涵盖了当前农村经济的主要行业。农民专业合作社的产业领域包括种植业、养殖业及手工业等多个行业。其中，种植业占59.2%，涉及苹果、猕猴桃、葡萄、蔬菜、粮食等；养殖业占22.6%，涉及奶牛、生猪、肉牛、家禽等；技术服务业占11.7%，涉及果品经销、农机服务等；土织布、手工艺品等其他行业占6.5%。

农业农村部数据显示，截至2018年6月底，全国30个省（区、市）（不含西藏及港澳台地区）纳入统计的农民专业合作社164.3万个，比2016年底增长5.3%。合作社实有成员达6780.9万个（户），比2016年底增长5.1%，平均每个合作社实有41个成员，与上年基本持平。从调查情况看，各类合作社占比与2016年持平。调查的农民专业合作社中，种植业、畜牧业、林业、渔业、服务业合作社依次为88.5万个、38.8万个、9.7万个、5.4万个和13万个，分别比2016年底增长5.1%、4.8%、5.8%、5.7%、5.1%。各类合作社占比分别为53.9%、23.6%、5.9%、3.3%、7.9%，与2016年基本持平；粮食产业合作社增幅较大。纳入统计的农民专业合作社中，粮食类合作社35.8万个，比2016年底增长10.1%。

二、农民专业合作社的参与主体多元化

我国绝大部分农民专业合作社组建运行的时间不长，种养大户、农技推广部门、涉农企业以及农村基层组织仍旧是我国农民专业合作社主要的倡导者和发起人，在工商、民政部门注册的居多，以社团法人为主，类型多样。

按照合作社的组织形式，我国现阶段农民专业合作社的组建和发展者主要是龙头企业、科技协会、农技推广站、供销合作社、农村能人和专业大户以及农村基层组织，现实中各种形式的农民专业合作社在登记、管理中也不统一，或者没有办理登记手续。

现阶段我国农民专业合作社从事领域涉及农村各个行业，大多数是围绕当地的主导产业和特色产业发展起来的，合作社的业务总体上集中在种植业、农产品运销、养殖业和农产品加工业领域。从业务范围来看，有投入型合作社（主要为了投入品的统一规模采购）、市场营销型合作社（主要为了农产品的市场营销合作，以提高销售价格和促进农产品加工增值）和服务型合作社（主要为了提供农村稀缺的技术、信息等公共物品服务），这些合作社中，能够开展合作经营活动、规范运作的专业合作社较少，多数专业合作社合作的内容和联系纽带不稳定，合作社与社员之间的合作关系紧密性不强。

三、农民专业合作社的运行很不规范

当前，绝大多数农民专业合作社对成员的要求日趋规范，但不是十分严格。合作社的基础是成员。合作社对成员的资格规定非常重要，一些专业合作社对地方政府组织和其他社团加入合作社提出了要求，大部分专业合作社对种养大户和技术能人、运销大户、中小农户等加入专业合作社没有明确的规定，少数专业合作社的入社条件主要包括：对于经营规模较大，在农业生产经营中具有特殊要素的农户入社，一般由理事会决定，而农户的入社则由成员引荐从事相关农业生产和加工的农户，农户生产的农产品需要符合合作社规定的质量要求，总的来看，合作社以个体成员为主，但部分团体成员开始在合作社中占有重要地位。鉴于团体成员对合作社决策的影响，部分合作社已经对法人入社进行限制。另外，绝大多数的合作社成员都有缴纳会费，部分合作社甚至要求缴纳一定的股金。实践中，成员的资格在大部分专业合作社中都明确规定可以取消，但对成员退社时是否承担合作社的损失的规定不尽相同，对于专业合作社贷款的偿还和提供贷款抵押的要求也不同。

随着合作社大量增加，合作社规范化建设已经成为合作社健康发展的关键。农民专业合作社运作不规范。

首先，机构运作不规范。大多数农民专业合作社制定了合作社章程，并设立了社员大会、理事会和监事会等机构，但实际上大多流于形式。董红和王有强（2018）的研究显示，在其调查的合作社中，表示社员大会从不召开、很少召开的占61.8%，理事会从不召开和很少召开的占35.8%以上，监事会从不召开、很少召开的占89.5%。表示社员大会作用一般、比较小、基本上没有的占81.2%，

理事会作用比较大、很大的占87.5%，监事会作用一般、比较小、几乎没有的达90.1%。在异质性农民专业合作社中，理事会的权力过大，从而导致农民专业合作社事务容易出现不透明、不公开等现象，难以形成民主机制。在很多情况下，农民专业合作社的事情是由理事会说了算。

其次，农民专业合作社盈余分配不尽规范。按规定，在分配利润时，既要进行一次分配（按照股金分配），又要进行二次分配（按照交易量分配）。但在实践中，大多数农民专业合作社只对社员进行一次分配，而不进行二次分配。这不仅导致双方难以形成利益共同体，而且严重影响了农民加入合作社的积极性（董红和王有强，2018）。

再次，合作社民主决策难以落实。多数农民专业合作社组织机构基本完善，民主选举，自我管理，这些合作社都允许农户在符合规定的前提下自由退出，基本遵循了民主选举的原则。但是，也存在生产经营管理者由大户提名或者理事长提名，政府、企业提名较少，合作社主要机构成员以影响力较大的成员为主，半数以上是生产经营大户，其次是技术人员和企业负责人，村干部和政府人员占有少数比例。

最后，从合作社筹资来看，合作社主要以社员股为主，理事会成员持股比例相对较大，非社员股较少，合作社决策机制以"一人一票"为主，决策中心在理事会。部分合作社开始呈现规模化特征，对农户的带动作用明显，一批带动能力强、辐射范围广的合作社已经成长起来。

四、我国农民专业合作社的服务功能有限

农民专业合作社作为一种新的农业经济组织形式，代表了农村先进的生产力和生产关系。农民专业合作社的产生和发展增强了农户集体行动的能力，优化配置了稀缺的农业社会资源，在提高农民组织化程度、推动农业产业化进程、发展农村经济等方面具有不可替代的作用。当前，我国农民专业合作社的服务功能主要体现在以下几方面。

（一）统一组织销售，降低农户市场风险

收购和销售农产品是合作社的中心环节，也是农户参与合作社的初衷，建立稳定的购销关系是合作社运行的关键。目前，我国农民专业合作社和成员之间都有较为密切的购销关系，合作社一般通过订单收购和设立风险基金的保价收购形

式，有效地降低了农户的市场风险。部分合作社依托涉农企业销售农产品，与非合作社成员的交易额逐渐扩大，为农户建立了稳定的购销渠道，大部分合作社对农产品统一加工、统一包装、统一商标注册以及进行无公害农产品、绿色食品和有机食品认证，增强了农产品市场竞争力。

(二) 普遍为农户提供农业生产资料

随着我国农民专业合作社经济实力的不断提高，合作社为成员提高服务的能力也在不断增强。2011年，农民专业合作社为成员提供产前、产中和产后的农业生产资料达6183亿元，农民专业合作社为成员统一运销的农产品达4615亿元，比上年增长25.2%，成员人均通过合作社销售农产品1.34万元。农民专业合作社为农户统一购买生产资料1568.0亿元，比上年增长32.3%，成员人均通过合作社购买的生产资料0.5万元，农民专业合作社2011年底净收益491.6亿元，比上年增长55.4%，每个专业合作社达到9.7万元，合作社的净收益通过股金分配比例为21.2%，按交易量分配比例49.5%。净收益按交易额分配的合作社比例为22.6%，其中，依据《农民专业合作社法》规定的可分配盈余比例占72.5%。2016年，合作社经营服务总值超过1万亿元，平均每个成员分配盈余近1600元。统计显示，农民专业合作社为成员提供的经营服务总值为11044亿元，其中，统一销售农产品总值达8276亿元，增长5.2%，平均为每个成员销售农产品1.3万元；统一购买生产投入品总值达2768亿元，增长0.5%，平均为每个成员购买生产投入品0.4万元，如表3-1所示。

表 3-1　我国农民专业合作社的服务水平

	统一销售农产品产值（亿元）	统一购买生产投入品（亿元）	合作社当年可分配盈余（亿元）	注册产品商标合作社数量（万个）	产品质量认证数量（万个）
2011年	4615.0	1568.0	491.6	4.0	2.1
比上年增幅（%）	25.2	32.3	55.4	26.4	25.7
2014年	7529	2581	907	7.0	3.7
比上年增幅（%）	11.9	7.3	17.8	16.4	15.3
2016年	11044	2768	999.5	8.1	4.9
比上年增幅（%）	5.2	0.5	4.4	8.6	8

资料来源：根据国家工商总局以及农村经营管理情况统计年报数据整理得到。

(三) 推动科技普及，组织标准化生产

合作社通过聘请专业技术人员作为合作社常年技术顾问，举办农业技术培训，组织推广新技术、新产品。实施标准化生产，推动了农业科技普及。依托合作社优势，缩短了合作社和农业科研机构之间的距离，推动了农业科技成果转化能力，还为农业科技成果转移提供了应用的平台。合作社依托制度优势，严格控制着农产品的生产过程和质量标准，不仅提高了农产品的质量，还加快了农业先进适用技术推广应用的速度，合作社建立规范的农技推广辅助体系，如农资管理、成果应用、技术引进、基础生产设施、示范园区等，为农技推广应用夯实了一些基础，如邀请专家授课培训农户、印发技术资料、送科技下乡等活动的开展，直接推广了农业适用技术，土地产出率、经济、生态和社会效益显著提高。

随着城乡居民消费结构升级，对安全健康优质农产品的需求不断增加，是新时代的一个重要特征。2011年，农民专业合作社通过产品质量认证的合作社2.10万个，比2010年增长25.7%，到2016年，注册产品商标的合作社8.1万个，增长8.6%，通过产品质量认证的合作社4.3万个，增长8%。面对市场需求的新变化，农民合作社组织农民发展标准化生产，提高产品质量，开展质量认证，打造产品品牌，形成了一批知名品牌，市场影响力显著增强。移动互联网的迅猛发展，为"互联网+农业"的深入推进提供了基础。众多合作社尤其是从事特色农产品生产的合作社，积极利用互联网技术发展直供直销、会员制消费、微信营销等新兴模式，大批合作社都建立自己的微信微博，线上线下相结合，产品销售范围大幅度拓展，很多产品由偏远山区直接销售到京沪深等一线城市，产品附加值大幅度提升。

(四) 提供信贷资金支持，解决农户资金紧缺问题

资本受政策约束和自身优势驱动将更多进入农业生产和服务领域，在高科技农业开发、荒山荒水、滩涂大水面等领域，资本都具较强的经营优势。但是，资本经营农业的可持续性相对较弱，其天生的逐利性与农业所具有的多元功能在一定程度上是相矛盾的，专业大户、家庭农场、专业合作社等新型农业经营主体都将加大对农业生产性服务的市场需求（董欢，2017）。

近几年来，我国农民专业合作社通过直接贷款、为成员担保贷款，加入合作社后，农户更容易获得农业资金的支持。农民专业合作社可以为农户担保，依托农户联保的方式为其成员筹集发展资金，比如，2011年，各级财政扶持资金总

额达 44.6 亿元，共扶持合作社 2.9 万个，平均每个合作社获得扶持资金 15.6 万元，比 2010 年增长 6.4%，2014 年，各级财政扶持资金总额达 54.7 亿元，与上年持平，共扶持合作社 3.5 万个，平均每个合作社获得扶持资金 15.5 万元，合作社当年贷款余额 106.0 亿元，比 2013 年增长 88.4%。2016 年，各级财政扶持资金总额达 48.3 亿元，增长 5.1 个百分点，共扶持合作社 3.3 万个，平均每个获得扶持的合作社获得资金 14.7 万元。

（五）发展模式不断丰富，服务功能不断拓展

2017 年中央一号文件提出的集生产合作、供销合作、信用合作为一体的综合性合作社，成为农民专业合作社发展的重要方向。农民专业合作社的服务领域不断拓宽，各类农民专业合作社的生产经营涵盖了农业生产的产前、产中和产后各阶段，连接了农业经营的收购、营销、储运各环节，融合农村产业第一产业、第二产业、第三产业各业态，基本克服了农户家庭分散、小规模经营的困难，提高了农业的组织化、市场化程度。随着农民合作社内部组织不断健全，农民合作社带动农民入社经营和增产增收能力显著增强。特别是涌现出了一批合作效益良好、农户收益显著、运行机制合理、社会影响较大的农民合作社组织，有力地促进了农业生产力的提高，并带动了农业农村生产关系的深刻变革与创新。

五、农民专业合作社的分配机制不完善

从合作社组织内部来看，合作社在其内部成员中分配方式大多以按合作社销售的交易额多少进行收益分配，其余则主要按与合作社销售的农产品价值和对合作社的入股资金大小分配，也存在不分配盈余或者没有分配利润的少数专业合作社。

2017 年 12 月新修订的《农民专业合作社法》第四十四条规定"在弥补亏损、提取公积金后的当年盈余，为农民专业合作社的可分配盈余。可分配盈余主要按照成员与本社的交易量（额）比例返还。可分配盈余按成员与本社的交易量（额）比例返还的返还总额不得低于可分配盈余的百分之六十；返还后的剩余部分，以成员账户中记载的出资额和公积金份额，以及本社接受国家财政直接补助和他人捐赠形成的财产平均量化到成员的份额，按比例分配给本社成员。经成员大会或者成员代表大会表决同意，可以将全部或者部分可分配盈余转为对农民专业合作社的出资，并记载在成员账户中。具体分配办法按照章程规定或者经成员

大会决议确定"。

部分合作社的收益大部分用于经营管理成本，成员对于合作社运行成本承担和剩余索取大体对等，少数合作社没有成本分摊，合作社盈余基本上按照公积金、公益金、风险基金、二次返利和按照股金分红。二次返利的标准主要是按照成员的交易量和交易额；合作社收益分配的外部关系表现为依法照章纳税，合作社纳税主要集中在合作社的销售收入或者合作社取得劳务收入后缴纳的增值税、消费税、营业税和地方附加税等，合作社的税后盈利需要缴纳所得税。也存在少数合作社盈余中按与社员的交易量返还给社员的比例偏低，按照股份分配比例较高。比如，笔者对湖北省某茶叶专业合作社的调查发现，该合作社盈余中提取的公积金、公益金和风险金的比例为25%，盈余中按与社员的交易量（额）返还给社员的比例占30%，股金分红占45%，没有二次返利。如何在数量快速增长的基础上实现规范化发展已经成为我国农民专业合作社面临的紧迫性问题。

第五节　我国农民专业合作社发展的影响因素

一、农村双层经营体制是合作社发展的体制约束

统分结合的双层经营体制是我国最基本的农业经营制度，也是我国实现农业现代化的基本制度支撑。在初级社和互助组时期，作为初始委托人的国家拥有作为最终代理人农民的土地经营权，集体组织作为初始代理人和次级委托人代替家庭的分散经营而实行统一农业生产经营，这一经营方式一直延续到全部人民公社时期。1978年家庭承包制将土地集体统一经营变革为家庭分散经营，在农产品短缺的条件下，家庭经营成为有效的农业生产组织形式，无须监督，也解决了农业生产中的激励问题。

但是，家庭承包制也形成了农村单个农户小规模生产经营，造成了农业生产的过度分散化和非组织化问题，随着我国加入WTO和社会经济的快速发展，传统的家庭经营逐步暴露出农户小生产与大市场、小规模经营与农业现代化的矛盾，单个的小农"小而全"的生产方式，经济实力薄弱，难以准确地把握国内外

市场信息和采用农业新技术，难以与农业跨国公司竞争，加剧了人地矛盾和农产品市场的价格波动，限制了农民增收，降低了农业的经济效率，削弱了农民自我保护的能力，增加了农民的市场、自然和社会风险。

分散化的家庭经营面临较高的市场风险，西方国家大多通过大力发展农业合作社等农民经济合作组织来增强农民的市场地位，切实维护农民权益。我国农民专业合作社的发展还处于起步阶段，各种类型的农民专业合作社还存在经济实力不强、运作不规范以及经营体制不健全等问题，还远远没有发挥出应有的组织优势，农户在社会化大市场中仍处于弱势地位。

二、土地制度变迁是合作社演进的外部约束

从1950年下半年到1952年底实行的农村土地改革，使农民的生产主动性和积极性得到提高，农民真正获得了土地等基本生产资料。为改造自给自足的传统农业，我国实行了合作程度从低到高的互助组、初级社、高级社乃至"政社合一"和"三级所有、队为基础"的人民公社，随着合作化进程加快，从委托代理关系来看，国家和集体是土地等生产资料的委托人，作为代理人的农民逐渐失去了市场的主体地位，以及对土地和其他生产资料的占有权和支配权。

2002年，国家出台了《农村土地承包法》，进一步把家庭经营权长期化、法律化，农业经济管理逐步由计划导向转向市场导向，农业经济的组织化程度不断增强，农业生产各环节的利益连接更加紧密，农业生产的市场化态势突出。我国农村土地制度大致经历了土地改革、农业合作化、人民公社运动、家庭联产承包责任制等几次重大变革。在不同时期对农业农村发展产生了影响，如表3-2所示。

表3-2 我国农村土地制度改革的阶段与特点

阶段	标志	特点
农民所有个人经营阶段	1950年6月30日颁布《中华人民共和国土地改革法》	农民可以自由处置其土地所有权和使用权，行使占有、使用、处分和收益等权利生产方式依然是以农户为单位的小农经济生产组织模式
农民所有集体经营	1953年12月中共中央发布《关于发展农业生产合作社的决议》	农业要走从初级社到集体所有制的农业生产合作社的道路，农村地区相继产生了互助组、合作社等集体组织形式

续表

阶段	标志	特点
集体所有集体经营	1958年8月中共通过了《关于在农村建立人民公社问题的决议》	农民个人所有和经营的土地改造为以人民公社、生产队为基础的集体所有和经营。规模化集约化的改革目标实质上未能实现,农业生产效率大幅下降
集体所有家庭承包经营	1979年9月中共通过了《关于加快农业发展若干问题的决定》	包产到户,完成以家庭为基础的农村土地制度的改革,土地所有权与使用权相互分离,形成了农地集体所有、家庭经营的基本制度框架
集体所有家庭承包多元主体经营	2014年11月中共中央办公厅、国务院办公厅印发《关于引导农村土地经营权有序流转发展农业适度规模经营的意见》;2016年10月中共中央办公厅、国务院办公厅印发《关于完善农村土地所有权承包权经营权分置办法的意见》	坚持农村土地集体所有,实现所有权、承包权、经营权分置;要坚持农村土地集体所有权、稳定农户承包权、放活土地经营权。提高农业生产经营的集约化、专业化、组织化、社会化程度

资料来源:贾国磊.中国农村土地制度改革的历程和经验——兼议承包地"三权分置"改革的关键环节[J].农村经济,2018(3):77-87.

三、市场和自然的双重矛盾是合作社演进的外部压力

家庭联产承包责任制的实施,确立了农民的市场主体地位,随着农产品价格的逐步放开和市场经济改革的推进与深入,农产品的商品化程度不断提高,农业生产要素逐步由家庭供给转向市场,农产品也主要由自给自足转向满足市场需要,小农经济与大市场的矛盾、小规模分散经营与产业化的矛盾突出。

到20世纪90年代中期,传统农产品供给相对过剩,农业生产由单一的资源约束转向自然和市场的双重约束,农产品市场供需矛盾成为农业生产的主要矛盾,在此条件下,农户(委托人)也需要通过合作社(代理人)来提高和改善自己的市场地位,维护自己的利益,在农户自身资源和能力有限的条件下,专业大户、运销大户及涉农部门等为主的核心成员就必然成为合作社的管理者。

四、参与主体的异质性是合作社演进的内部诱因

我国大多数农民专业合作社由基层供销社、涉农公司、村委会、基础政府和其他团体承办,一部分合作社则由专业协会直接发起和组建,也有一部分合作社由农民自己牵头发起,合作社参与主体不断体现出多元化态势,多元化主体及其异质性决定了农民专业合作社的委托代理关系特征。具体表现在:

在产权结构方面，全体成员是合作社集体财产的所有者和委托人，有相当部分的合作社是农民股和法人股各占一部分，农民持股比例小，农村基层供销社、涉农企业、政府部门和集体经济等一般持股比例大。一部分合作社以成员股为主，在这些专业合作社中，一般根据"一人一股"原则进行决策和分配，少数按照成员与合作社的交易量按比例扣缴股金，持股比例与交易量对等，少数合作社没有规定其成员持股数量的多少和比例，作为合作社管理者（代理人）的核心成员往往持大股，导致合作社核心成员主导了合作社的经营管理以及合作社的家族化和公司化倾向。

在收益分配方面，合作社大多明确规定提取一定数量的公益金。公益金的提取比例与法人的持股比例一般相适应，公益金构成专业合作社的公共积累，公益金一般不能加以分割，部分合作社依据原始股比率或增加新的股份。部分合作社扣除公益金剩下的可分配盈余，均限制了股金利息，其余的盈余根据交易量返还成员。

在合作社组织机构和管理方面，绝大多数农民专业合作社都成立了"三会"制度。但由于参与成员的异质性以及成员要素禀赋的差异，持股较大或者拥有关键生产要素的核心成员一般都担任合作社的主要管理者和决策者，是合作社的实际控制者，他们管理和经营合作社；由专业协会承办组建的合作社，一般由农村能人或种养大户进行经营管理。

第六节　结论与讨论

本章对当代合作思想演变进行了梳理，分析了我国农民专业合作社的发展阶段、现状特点及其委托代理关系，揭示了农民专业合作社发展的影响因素。结论如下：

（1）我国农民专业合作社的历史演进是在西方消费合作思想、信用合作思想、生产合作思想影响下，受我国特定的政治、经济、文化和社会等诸多因素共同作用的结果。

（2）我国农民专业合作社各阶段的委托代理关系有其自身的特点。互助组规模不大，成员之间较少存在信息不对称，成员自己互为委托人和代理人，代理问题很小，也是农民乐于采用的合作形式。初级社的"统购统销"制度安排弱化了对农民增加农业生产投入的激励。初级社存在政府和社员之间、初级社和社员之间的委托代理关系，政府和初级社是委托人，初级社社员是代理人，"统购统销"导致对代理人的激励很弱，初级社管理者对社员的监督激励不强，作为代理人的社员容易产生怠工、偷懒等机会主义行为。

人民公社的"三级所有，队为基础"的产权制度，导致生产大队和公社对生产队拥有的财产只享有部分代理管理权，公社、大队、生产队的管理人员及普通社员之间形成了自下而上与自上而下的双重委托代理关系。转型时期的农民专业合作社在合作社投资者与理事会、普通社员和合作社理事会、合作社成员之间、合作社理事会成员自身、合作社与理事会和监事会之间均存在委托代理关系。

（3）我国农民专业合作社的发展受多种因素的影响。农村双层经营体制是合作社发展的体制约束，土地制度变迁是合作社演进的外部约束。市场和自然的双重矛盾是合作社演进的外部压力，参与主体的异质性是合作社演进的内部诱因。

（4）我国农民专业合作社的发展存在参与主体多元化、运行不规范、服务功能有限以及合作社的分配机制不完善等特点。

本节的分析揭示了我国农民专业合作社的发展受到内因和外因的共同作用，外因是影响合作社发展的条件，内因是影响合作社发展的动力，委托代理关系是影响农民专业合作社发展的重要内因。

第四章　同质性条件下我国农民专业合作社委托代理关系与案例分析

第一节　引　言

我国《农民专业合作社法》（2007年）提出，成员是建立在家庭承包经营基础上的同类的农业生产者或服务的利用者和提供者，按照该界定成立的合作社属于同质性合作社，农民专业合作社组建和发展的基础是同质性而非异质性。传统的、经典的合作社都具有成员同质性特点。

但是，农村社会变革加快、农业结构调整的深入、农产品市场矛盾以及农民阶层分化等进一步加剧了合作社的成员异质性。传统合作社对成员的同质性假设条件开始发生了明显变化，要弄清楚农户在要素禀赋、行为动机、风险承担和能力等方面表现出的异质性特点，首先需要弄清楚成员同质性结构产生的条件是什么、同质性农民专业合作社的成员关系以及组织结构如何等问题。这些问题是本章将要解决的重要问题。

第二节　相关文献回顾

Albert 和 Whetten（1985）最早研究了组织同一性，他们认为组织同一性就是组织所具有的核心性、持久性和独特性特征。Pratt 和 Foreman（2000）认为，组织同一性是指组织作为整体所具有的概念。

组织同一性的核心性是指能够解释组织为什么存在的根本特征，比如组织信仰、成员价值观等；组织同一性的独特性是指组织相对于其他组织独特的社会定位；组织同一性的一致性是指组织能够经受时间考验的要素。

组织同一性整合了组织内部不同成员对组织的性质和功能的回答，组织同一性与组织的战略、核心业务、技术、知识基础、组织管理以及控制结构等相联系，起着维持组织内部利益平衡以及与利益相关者建立持久关系的重要作用，同时，组织同一性也有利于解决成员冲突、取得竞争优势以及增强组织适应能力。

组织同一性内容主要包括：组织认同、组织形象、组织管理以及组织演进。Riketta（2005）将组织认同定义为个体对于组织的归属感认知，它体现了个人与组织在价值观上的一致性，组织认同体现在成员因为组织身份而产生的情感上的归属感、组织自豪感和情感依赖等特点。组织认同需要通过降低成员差别、减少认知冲突来实现，需要经历从异质性到同一性的转变阶段。这种组织认同构建的有效性取决于组织与成员之间的信息交流，信息交流可以降低异质性成员组织认同的不确定性。

组织形象是组织同一性的外部情境。组织同一性是组织文化与组织形象相互作用的中介。组织同一性的演进主要经历：与组织形象的一致性、同一性反思、组织文化形成过程。当这几个过程处于均衡时，会形成积极的组织同一性，可以增强组织的可持续发展能力。Cheney（1980）提出，有形资产能将组织形象具体化，增强组织成员对组织的认同感和归属感。

同一性的目标与组织的本质内涵密切联系。首先，同一性是组织成员寻求目标价值和采取行动的核心根源，也是组织能够以彼此关联和相互一致的方式向外部表述自己的基础。其次，组织同一性界定了组织与成员之间的关系、组织内部与组织外部的关系。组织明确的发展方向和确定的目标连续地贯穿和渗透到整个组织，成为提升组织形象和改进组织功能的途径。最后，组织同一性也是组织演进的动力和约束机制。组织同一性为组织发展提供目标、利益和价值方向，组织同一性约束着组织行为，避免组织功能的异化及由于成员异质性而丧失组织目标。

综上所述，同一性是组织持续健康发展的基本要求。成员的同质性是农民专业合作社组织同一性的内在要求，也是确保我国农民专业合作社的生命力所在。

有鉴于此，就有必要深入探讨农民专业合作社的同质性条件，以及成员同质性条件下的委托代理关系，以及相应的合作社组织结构、产权结构和决策机制。

第三节 农民专业合作社成员同质性产生的条件

一、共同利益是农户合作的前提

与追逐利润最大化的公司企业不同，农民专业合作社的形成基础在于成员的共同利益，共同利益是合作社的本质特征和核心机制，共同利益原则符合国际合作社联盟所设立的合作社基本原则。

共同利益使成员在一种共同意愿下一起合作行动，特别是触及到与成员的生活与发展相关的切身利益时，这种共同意愿会更加强烈。公平与效率的共同追求是合作社赖以生存和发展的基础，我国农民专业合作社组建初期的困难就在于公平与效率的矛盾。合作社对公平的追求，相对于公司是一种高成本、低效率的组织，合作社强调人的联合，限制入社股金，重大管理实行"一人一票"民主决策。随着合作社规模的扩大，对合作社的管理者监督与激励的成本提高，成员的集体行动困难，成员容易产生道德风险和机会主义行为。

世界农业合作社的发展实践证明，农户合作失败，在合作社组建的初期可归于缺乏相关的知识和经验，而在合作社发展过程中失败，却是源于对其成员利益的侵害。根据我国《农民专业合作社法》（2007年），维护普通成员的经济利益和民主权利是完善共同利益的维系机制的关键。与成员共同利益相适应，合作社不仅通过规模经营、影响市场等为成员提供比较优势，而且通过改善农户的市场谈判地位而保护农户，合作社还为成员提供需要的公共服务。合作社独特的"劳动控制资本"的产权制度是合作社的"底线"。

二、要素禀赋的同质性是农户合作的基础

农户的要素禀赋是指农户所拥有的土地等自然资源、劳动力数量和质量、农业资本等农业生产要素的特质。农业生产要素是农业生产过程中，为了人们所需

要的农产品所必须投入的各种基本要素的总和。

自然资源是农业生产中必不可少的条件,农业劳动力包括其数量和质量,劳动力数量受自然因素和社会因素的影响,劳动力的质量取决于农村教育普及、农业技术发展以及农业专业化水平等因素,农业资本是农业生产和流通中的物质资料与劳动力的价值形式和货币表现,是市场经济条件下农业生产单位获取各种生产要素的不可缺少的重要手段,农业技术是揭示农业生产发展规律的知识体系及其应用成果。由于合作社成员要素禀赋的同质性,农户在经营能力、生产条件、生产规模、管理水平、服务需求等方面具有很多相同之处,其利益诉求、个人需要大体一致,成员间便于沟通交流,在管理经营等方面可以互相学习、互相促进,也有利于合作社统一服务和管理。同时,这种同质性合作社通过统一购买肥料、农药、饲料、种苗等生产投入品,有效降低了合作社经营管理的成本。

三、产出品的同质性是农户合作的条件

生产、加工和销售同类农产品的农户对要素投入、农产品加工、市场运销等有类似的需求,是农户加入专业合作社的基础性条件。如果农业生产要素的投入具有明显的异质性,在该要素的需求方面即便存在严重的市场失灵,但当产出具有高度的同质性时,提供这种投入的合作社也可能会相当成功。

同质性农民专业合作社成员之间一般具有文化、地域、生产要素和生活方式的相似性,其生产条件、生产技术和生产的产品表现为一致性,同质性降低了成员之间信息不对称,便于彼此之间相互监督,减少了"搭便车"和"机会主义"希望,同质性的农户加入合作社主要是为了获得合作盈余和规模经济,内部成员民主平等、互助合作,具有非竞争性的关系,并且排斥其他非合作社成员提供产品和分享收益,同质性合作社提供的产品或服务是具有经济学上的"公共性""非竞争性"和"排他性"的典型"俱乐部产品"。

国外的农民合作社的同质性很高,其原因之一,就是合作社成员提供的农产品同质性强,成员有共同的利益诉求。

四、动机和角色的同质性是合作社运行的保证

合作社成员要素禀赋的差异必然产生农户在入社动机和积极性方面的较大差别。普通农户由于要素禀赋的差异不大,在合作社中表现出参与式管理,而生产

和运销大户、农村能人、涉农企业以及农村基层组织等入社前就占据要素禀赋优势，他们会以各不相同的管理方式、决策水平影响着合作社的发展和走向。

普通农户加入合作社的主要动机是借助合作社拓展销售渠道，提高农产品利润，提高农户收入，而其他核心成员既有经济利益上的追求，也有政治利益上的考虑。普通农户在合作社的形成和发展过程中主要充当惠顾者、成员角色，生产运销大户、龙头企业以及农村基层组织则成为合作社创建的发起者和领导者。

入社动机和成员角色的同质性提高了成员之间的沟通和协调，在合作社内部容易形成利益共同体，增强了对合作社的组织认同，有效地降低了合作社的交易成本，增强了成员之间行动的协同性，容易达成彼此信任的契约，降低了监督成本。Ouchi（1979）认为，成员在要素禀赋和动机方面的同质性，提高了成员对合作社的认知度和归属感。

第四节 同质性农民专业合作社的委托代理关系

一、同质性专业合作社的委托代理关系特点

同质性条件下的合作社，成员是使用者、惠顾者、所有者和控制者四种角色的统一。农民专业合作社的产权属于全体成员，按照入社自愿、退社自由和民主管理原则提供服务，资本报酬适度。同质性合作社的委托代理关系，实质上是成员对自身的委托代理，是利益一致的主体间的自我委托代理。农民专业合作社的委托代理关系实际上表现为合作社和农户的双向委托代理关系，形成一种双向约束，使广大社员的利益与合作社具有密切的利益联结关系。

对于成员同质性结构的农民专业合作社，合作社财产属于成员集体所有，个体成员不能单独行使合作社集体财产产权，这一特点决定了合作社管理必须通过代理人来实现，全体成员作为合作社财产的最终所有者，是初始委托人，理事会（及其负责人）受委托后，进一步委托给理事长（最终代理人），使合作社资产得到现实的运营。这一双向委托代理链是：初始委托人是全体合作社成员，理事会（及其负责人）扮演着双重角色，它既是初始委托人的代理者，又是初始代理者

的委托人，要把合作社集体财产的经营决策权委托给理事长，理事长充当了初始代理者角色，如图4-1所示。实线代表委托关系，虚线代表代理关系。

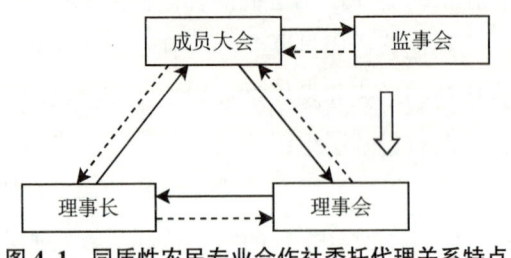

图 4-1　同质性农民专业合作社委托代理关系特点

二、同质性专业合作社的成员行为特征

应用双向委托代理模型分析合作社全体成员与经理人的合作问题，可以写出成员和理事会双向委托代理决策模型。在同质性合作社的实际经营中，成员和理事会首先遇到的管理问题是共同设计一个明确双方期望效用的合同，双方的期望效用能否实现取决于合作。下面就同质性合作社成员和理事会分别作为委托人的情况，探讨双方的期望效用决策。

同质性专业合作社的双向委托代理关系指全体成员与理事会互为委托人与代理人，双方一起分享合作社剩余收益权与控制权，在同质性条件下，成员与理事会是平等互利关系。

设 A 是理事会行动可能集，$a \in A$ 表示一个特定行动，θ 是"自然状态"，θ 的分布函数和概率密度分别为 $G(\theta)$ 和 $g(\theta)$。a 和 θ 共同决定一个可观测的结果 $x(a, \theta)$ 和一个货币产出 $\pi(a, \theta)$，π 是 a 和 θ 的增递函数，$s(x)$ 是一个激励合同。

基于成员同质性，设代表性成员与理事会的期望效用函数分别为 $v(\pi - s(x))$ 和 $u(s(\pi)) - c(a)$，其中 $v' > 0$，$v'' \leq 0$；$u' > 0$，$u'' \leq 0$；$c' > 0$，$c'' > 0$。即成员和理事会都是风险规避者，合作社成员委托人与理事会利益来源于 $\partial \pi / \partial a > 0$（成员希望理事会多努力）和 $c' > 0$（理事会希望少努力）。假定 $G(\theta)$、$x(a, \theta)$ 和 $\pi(a, \theta)$ 以及效用函数 $v(\pi - s(x))$，$u(s(\pi)) - c(a)$ 都是共同信息。

成员的期望效用函数可以表示如下：$\int v(\pi(a, \theta) - s(x(a, \theta)))g(\theta)d\theta$，成员的问题就是在理事会参与约束和激励相容约束条件下选择 a 和 $s(x)$ 最大化上述期望效用函数。理事会的参与约束是 $\int u(s(x(a,\theta)))g(\theta)d\theta - c(a) \geq \bar{u}$，其中 $\bar{u}$ 为保留效用，激励相容约束为 $\int u(s(x(a,\theta)))g(\theta)d\theta - c(a) \geq \int u(s(x(a',\theta)))g(\theta)d\theta - c(a')$，$\forall a' \in A$。于是"状态空间模型化方法"的成员与合作社双向委托代理模型为：

$$\max_{a,s(x)} \int v(\pi(a,\theta) - s(x(a,\theta)))g(\theta)d\theta$$

s.t.(IR) $\int u(s(x(a,\theta)))g(\theta)d\theta - c(a) \geq \bar{u}$

$\int v(s(x(a,\theta)))g(\theta)d\theta - c(a) \geq \bar{v}$

(IC) $\int u(s(x(a,\theta)))g(\theta)d\theta \geq \int u(s(x(a',\theta)))g(\theta)d\theta$, $\forall a' \in A$

从"分布函数的参数化方法"得到的成员与理事会双向委托代理模型为：

$$\max_{a,s(x)} \int v(\pi - s(x))f(x,\pi,a)dx$$

s.t.(IR) $\int u(s(x))f(x,\pi,s)dx \geq \bar{u}$

$\int v(x - s(x))f(x,\pi,s)dx \geq \bar{v}$

(IC) $\int u(s(x))f(x,\pi,a)dx \geq \int u(s(x))f(x,\pi,a')dx$, $\forall a' \in A$

（一）讨论理事会的行动可以观察的最优合同条件

当理事会的行动 a 可以观察时，理事会的激励约束无效，选择"分布函数的参数化方法"下的成员和理事会的双向委托代理模型：

$$\max_{a,s(x)} \int v(\pi - s(x))f(x,\pi,a)dx$$

s.t.(IR) $\int u(s(x))f(x,\pi,s)dx \geq \bar{u}$

$\int v(\pi - s(x))f(x,\pi,s)dx \geq \bar{v}$

给定理事会努力程度 a，构造拉格朗日函数：

$$L(x, a) = \int v(x - s(x, a))f(x, a)dx + \lambda \left[\int v(x - s(x, a))f(x, a)dx - \bar{v} + \mu \right]$$

$$\int u(s(x, a))f(x, a)dx - \bar{u}$$

其一阶条件为：$v'(x - s^*(x, a))/u'(s^*(x, a)) = \mu/(\lambda + 1)$，最优化一阶条件表明成员与经理层收入的边际效用之比为常数，与产出 $\pi(a, \theta)$ 无关，不同收入状态下的边际替代率对成员和理事会相同。因此，在同质性条件下，达到帕累托最优风险分担；对于最优理事会努力激励，选择"状态空间模型化方法"的成员与合作社双向委托代理模型，构造拉格朗日函数：

$$L(x, a) = \int v(x(a, \theta) - s(x(a, \theta), a))g(\theta)d\theta + \lambda \left[\int v(x - s(x(a, \theta), a)) \cdot \right.$$

$$\left. g(\theta)d\theta - \bar{v} \right] + \mu \left[\int u(s(x(a, \theta), a))g(\theta)d\theta - \bar{u} \right]$$

由最优化一阶条件得到：$(1 + \lambda) \int v' \frac{\partial x}{\partial a} g(\theta)d\theta = 0$，即 $\frac{\partial x}{\partial a} = 0$，表明，当理事会选择最优努力水平时，得到的产出收益是帕累托最优收益。因此，在同质性条件下，帕累托最优收益可以实现。

（二）讨论理事会行动不可观察时的最优契约

设 $\underline{a}$ 和 $\bar{a}$ 表示理事会的行为选择可能的取值，其中，$\underline{a}$ 表示工作偷懒，$\bar{a}$ 表示工作努力。$f(\pi, \bar{a})$ 和 $f(\pi, \underline{a})$ 分别代表在理事会选择工作勤奋或工作偷懒时的货币收益概率密度函数。成员的问题就是选择合作激励契约，即求解以下双向委托代理模型的最优化问题：

$$\max_{s(\pi, a)} \int v(\pi - s(\pi, \bar{a}))f(\pi, \bar{a})d\pi$$

$$\text{s.t.} \int v(\pi - s(\pi, \bar{a}))f(\pi, \bar{a})d\pi \geq \bar{v}$$

$$\int u(s(\pi, \bar{a}))f(\pi, \bar{a})d\pi \geq \bar{u}$$

$$\int u(s(\pi, \bar{a}))f(\pi, \bar{a})d\pi \geq \int u(s(\pi, \underline{a}))f(\pi, \underline{a})d\pi$$

构造拉格朗日函数：

$$L(\pi, \bar{a}) = \int v(\pi - s(\pi, \bar{a}))f(\pi, \bar{a})d\pi + \lambda\left[\int v(\pi - s(\pi, \bar{a}))f(\pi, \bar{a})d\pi - \bar{v}\right] +$$
$$\mu\left[\int u(s(\pi, \bar{a}))f(\pi, \bar{a})d\pi - \bar{u}\right] + \gamma\left[\int u(s(\pi, \bar{a}))f(\pi, \bar{a})d\pi - \int u(s(\pi, \underline{a}))f(\pi, \underline{a})d\pi\right]$$

整理最优化一阶条件得到：

$$v'(\pi - s(\pi, a))/u'(s(\pi, a)) = \mu/(1 + \lambda) + \gamma/(1 + \lambda) \cdot (1 - f(\pi, \underline{a})/f(\pi, \bar{a})),$$

如果 $\gamma = 0$，可以得到帕累托最优风险承担条件，但是会破坏理事会的激励相容约束，因此 $\gamma > 0$。所以，非对称信息条件下的最优风险承担与对称信息条件下的最优风险承担不同，理事会的收入应该随 $\omega = f(\pi, \underline{a})/f(\pi, \bar{a})$ 的变化而改变。

上述分析表明：同质性合作社成员与理事会按照以个人效用最大化为理性博弈。传统的公司委托代理模型抽象掉了委托人保留收益的约束条件，但在同质性合作社，成员自身一般也具备较强的农业生产和经营水平，合作社管理者充分竞争，考虑成员保留收益的约束条件是合理的，成员作为委托人不应该去设计强制性合同使得作为代理人的合作社管理者服从，而应该考虑如何设计合作双赢的合同使理事会成员的机会主义动机和行为尽可能减少，同时，最大化地提高理事会成员个人的期望效用。

在合作社成员与理事会的双向委托代理模型中，成员与理事会互为委托人与代理人，双方共同分享合作社盈余，民主管理合作社成员通过成员大会选聘理事会，但对于理事会并不具有任何强制权力，理事会和成员属平等互利合作关系。

第五节 同质性条件下农民专业合作社的组织结构

一、同质性专业合作社的所有权结构

同质性农民专业合作社的所有权结构主要表现为：合作社的资本形成仅限于成员，合作社财产属于全体成员共同所有，入社费有限等。

现代公司企业可以看成交易产权的契约集，公司成员对自己投入的要素拥有明晰的产权。由农户自愿组建的同质性合作社都坚持成员经济分享原则，强调成员需要通过缴纳会费、从股金中提取或者从合作社盈余按照比例保留一部分作为合作社的公有财产和公积金，同质性合作社的共有财产和公积金的绝大部分不可分割。

同质性合作社集中同质性成员的资源并通过合作经营为成员服务，同质性合作社强调"使用者所有"原则，合作社的资本主要由会费、成员股份、盈余保留等构成，成员出资主要是获得合作社的使用权，同质性合作社的产权结构是明晰的。国际合作社联盟（ICA）1995年对合作社原则作了修改，特意增加了公共积累不可分割的内容。合作社共有财产和公积金不可分割，并不意味着其产权不清晰。国际合作社联盟在《关于合作社特征的声明》中指出，为了促进合作社的发展，成员可以从合作社盈余中提取部分公共积累基金，但是合作社的公共盈余主要属于合作社集体所有。我国《农民专业合作社法》也对合作社的公积金作了灵活规定。

二、同质性专业合作社的控制权结构

同质性农民专业合作社的控制权主要表现在：投票权仅限于成员，实行"一人一票"的民主决策，合作社事务由理事会负责。同质性合作社中，成员是合作社所有者和惠顾者的统一，每个成员在合作社中享有平等地位，成员大会是合作社共同管理，实现每位成员利益最大化的平台。成员的同质性保证成员平等参与合作社的重大事项和决策，维护全体成员利益。

在合作社组织结构中，成员大会是真正代表成员意志的最高权力机构，成员对合作社事务的民主平等参与保证合作社的重大决策的科学性，成员对合作社管理者的监督实际上是对自己的有效监督。在合作社中，所有重大决策都要提交成员大会，成员"一人一票"，合作社的管理人员名誉化，一般较少或者不从合作社中取得报酬，管理者引导成员依法规范、诚信经营。

同质性使合作社与成员之间保持长期的利益一致性，是实现合作社功能的重要手段，充分体现了合作社组织的宗旨和目的。成员同质性确保合作社真正满足成员作为惠顾者的需要，而非投资者。成员的同质性促进了合作社集体行动的一致性，而非成员的投资大小。

同质性成员在合作社中拥有平等的投票权确保民主管理，同质性合作社强调成员的权利是成员资格而非财产。成员的同质性保证了成员在合作社中的知情权、参与权、投票权和对合作社的民主控制。我国《农民专业合作社法》在坚持成员同质性和民主管理的同时，也照顾到投资者的利益，我国《农民专业合作社法》规定投资者或者交易额较大的成员可以享有不超过本社成员基本表决权20%的附加表决权，充分保证了股权与控制权的内在联系。

三、同质性专业合作社的利益分配结构

同质性农民专业合作社的利益分配结构体现在：没有共同资产赎回，合作社盈余扣除公共积累以后主要以价格调整方式返还给成员，价格调整对每一个成员均等。同质性合作社大多限制"按股分红"，实行和成员与合作社的交易量分配制度，这也是国外农业合作社一直坚持的基本原则。

同质性合作社主要"按交易额分配"是其产权制度的重要原则，合作社的盈余来自于成员与合作社的交易，交易额也相当于间接对合作社的投资，"按交易额分配"将同质性成员权利与资本权利相结合，也体现了"民办、民管、民受益"原则，增强了成员身份的平等性与同质性，提高了成员民主意识和合作意识。

同质性合作社为分散经营的成员"按交易额"提供服务的基础是成员共同出资、民主管理和稳定惠顾。国际合作社联盟的"成员经济参与原则"强调了成员公平出资和合作社盈余按交易额返还的基本原则。

按交易额分配原则确保合作社真正代表惠顾者利益，按交易额提供服务和成员公平参股的产权安排将合作社剩余的索取权分配给每一位合作社的惠顾者，保证了合作社最终控制权属于成员。按交易额返还分配是合作社的制度基础，按交易额返还使成员与合作社通过交易最终形成利益共同体，对于成员参与合作社的动机和行为形成产权约束和激励，决定了成员在对合作社的惠顾额、投资大小以及民主管理等方面的融合程度。

第六节 同质性条件下农民专业合作社委托代理关系：案例分析

一、引言

国内外学术界普遍认为同质性是合作社发展的基本要求，坚持合作社成员的同质性要求是国际农业合作社发展的重要成功经验之一，也是我国农民专业合作社应该坚持的基本原则。合作社的同质性成员一般是从事相同或者相似农产品生产经营的农户，成员面临的生产经营问题也大致相同，易于形成生产规模；同质性成员一般居住地区相对集中，成员之间具有较强的地缘或者其他社会关系；同质性成员的要素禀赋也基本相同，对合作社提供的服务具有较高的一致性期望程度，成员之间容易达成一致，合作社组织管理和运行的成本较低。席晓丽（2012）认为，包括政府在内的各种外部力量扶持农民专业合作社的重点在于促进合作社的"内生力"的提升，崔慧霞（2012）也提出我国农村合作经济政策的失灵在于合作社"同质性"的缺乏；张靖会（2012）指出，农民专业合作社形成和发展的基础是同质性而不是异质性。

同质性合作社一般是不具有行政职能的非营利性组织，每个参与成员的股份有限制，合作社经营目标主要是为成员提供服务，成员在获得合作社提供服务方面具有优先权，并且合作社剩余按交易额进行返还，成员是合作社"所有者""使用者"和"推广者"的统一体。赵鲲和门炜（2006）提出，合作社的本质属性是劳动的联合，另外，徐旭初（2010）、孙亚范和余海鹏（2012）研究表明，少数核心成员控制的合作社产权结构在长期不利于我国农民专业合作社的规范发展。同质性合作社遵循"民办、民管、民受益"原则，对其成员不以盈利为目的，农户入社、退社自愿和自由，成员的集体行动容易形成。徐旭初（2014）认为，合作社成员禀赋和利益的同质性合作社创建、组织和运营的基础，成员禀赋的同质性一般能够为合作社带来相同的利益诉求，便于合作社内部成员之间的协调和统一行动，有利于增强合作社内部成员忠诚和信任。

综上所述，虽然已有的研究普遍认同同质性是合作社产生的基础和发展条件。但是，已有的文献中关于对同质性合作社的委托代理关系的专门研究却比较少，本节将从成员同质性条件出发，探讨成员同质性对农民专业合作社委托代理关系的影响，以及相应的合作社产权结构、控制权、决策权以及收益分配，为异质性农民专业合作社的治理提供借鉴。

二、研究方法

本节对同质性农民专业合作社的委托代理关系研究采用案例研究方法，在本案例中，笔者集中访谈了 ZSX 茶叶专业合作社的理事长和 3 位理事会成员，请他们介绍了合作社发展过程中所呈现出来的组织结构、成员关系以及治理。通过案例研究解决同质性农民专业合作社组织结构、委托代理关系以及治理等问题，阐释同质性合作社委托代理关系与治理的特点。由于国外合作社在政治体制、文化环境和经济背景等方面与我国存在较大的差异，已有的国外合作社理论体系不能简单地复制到我国农民专业合作社发展的实际情况。所以，通过案例研究来丰富我国合作社理论具有重要意义。

本研究以 ZSX 茶叶专业合作社的委托代理关系为研究对象。恩施 ZSX 茶叶专业合作社是 2017 年恩施州级农业产业化重点龙头企业。经过多年的发展，已成为当地影响最大的茶叶专业合作社之一，该合作社的组织结构、成员之间的关系和治理模式也伴随着合作社的成长而发生了很大的变化，因此具有较强的研究价值，能通过对案例的考察挖掘出有意义的信息。根据前面的分析，提出该合作社委托代理关系分析框架，如图 4-2 所示。

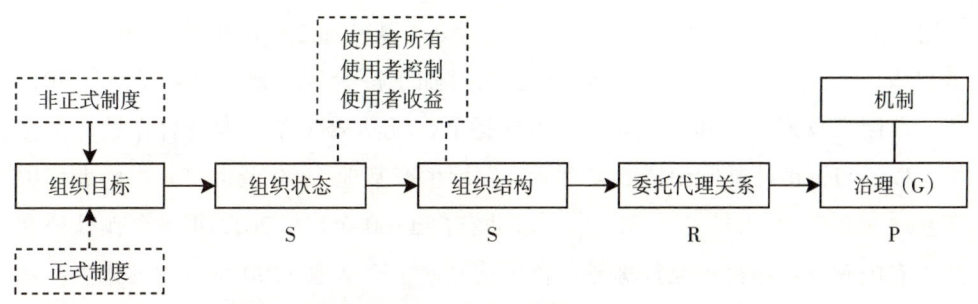

图 4-2 ZXC 茶叶专业合作社委托代理关系分析框架

三、案例背景

恩施 ZSX 茶叶专业合作社位于武陵山区，该地区地形大多属于海拔较低的山区，自然资源丰富，生态环境优越，独特的地理环境和自然条件非常适宜茶叶生产，茶叶品质优良，该地区种茶历史悠久，生产工艺独特。但是，长期以来，由于当地交通闭塞，茶农经营规模小，茶叶产业市场化和组织化程度低，品牌竞争力弱，经济效益差。

从 2003 年起，当地政府大力推广无性系良种茶园建设，引进良种进行无性系繁殖，促进种植规范和品种优良，当地政府立足资源优势，大力发展茶叶产业，现已建成高产茶园基地 8.5 万亩（其中采摘面积 7.8 万亩），人均高效茶园 1.2 亩，年产干茶 6050 吨，年产值近 4 亿元，茶叶已成为当地支柱产业。在茶叶产业种植规模不断扩大的情况下，不断增强茶叶产业的专业化和市场化水平，拓展营销渠道，实施品牌化经营，加强小生产与大市场的有效对接，提高茶叶产业的组织化水平成为当务之急。

四、案例分析

（一）恩施 ZSX 茶叶专业合作社发展状况

ZSX 茶叶专业合作社的前身是以 A 等 3 人为主的家庭作坊，茶叶精加工水平不高，产品主要销往当地的农村农贸市场，经济效益差，很多茶农开始毁掉茶树转向种植传统的玉米等农作物，有的开始外出务工。2008~2009 年是 A 等 3 人开始创业阶段，面对当地的茶叶优势和现实困境，2008 年上半年，当地茶叶销售陷入困境，外出务工回来的 A 等 3 人面对当地茶叶发展的良好条件和市场前景，利用打工的积蓄筹资 20000 元资金，合伙开办了茶叶加工厂。从茶叶种植、精加工起步，经过 2 年时间，到 2009 年，茶叶加工厂合伙人已经达到 6 人，2011 年，在国家政策支持和当地政府大力扶持下，成立 ZSX 茶叶专业合作社，由合作社成员与供销社共同出资 554 万元，发展生产基地 1200 余亩（其中标准化生产基地 880 亩），入社社员 319 户，带动农户 1100 余户，2012 年，合作社获湖北省农民专业合作社示范社称号，合作社发展生产基地 1200 亩，标准化生产基地 880 亩。成员 319 户，带动茶农 1000 户，2014 年底，合作社资产总额达到 250 万元（其中净资产 200 万元）。

第四章 同质性条件下我国农民专业合作社委托代理关系与案例分析

合作社初步形成了涵盖茶叶种植、加工、销售和服务的合作社,合作社的茶产品开始走向北京、武汉、上海等大城市。随着茶农数量的不断增加,合作社内部管理开始面临一些新问题,比如少数茶农没有按照合作社的要求向合作社销售鲜茶业,一些茶农经常违约,个别合作社的发起人背着合作社开展非合作社业务,部分茶农有退社倾向。有鉴于此,2011年8月,合作社召开全体成员参加的成员大会,完善和规范了合作社的章程,合作社开始迈向规范成熟阶段。

(二)ZSX 茶叶专业合作社的组织结构

按照我国《农民专业合作社法》,该合作社制定了《ZSX 茶叶专业合作社章程》,其组织结构如图 4-3 所示。

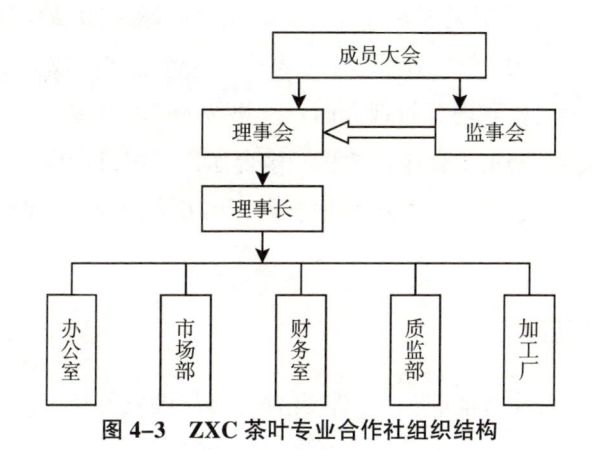

图 4-3　ZXC 茶叶专业合作社组织结构

(三)ZSX 茶叶专业合作社的委托代理关系

从 ZSX 茶叶专业合作社组建和内部组织结构来看,合作社成员均是本乡本土的茶农,种植规模都比较小,茶叶产品主要是面向本地的农贸市场,入社以前茶叶属于兼业种植,对茶叶种植、管理等方面的知识基本上属于乡土经验层次,普遍缺乏茶叶加工和销售方面的专业知识,都希望通过合作社提高经营管理水平,获得茶叶产品的加工增值而提高收入,成员在要素禀赋、行为动机等方面具有较高的同质性基础。

在这种成员同质性的基础上,茶农利益分歧小,参与合作社管理的主动性和积极性强烈,合作社民主管理原则得到充分体现。合作社组建时,全体茶农严格按照"一人一票"在茶农中选举理事会、理事长、监事会和执行监事,确保合作社管理者真正代表全体成员的利益,全体茶农是委托人,理事会和监事会是代理人，理事会和理事长代表全体成员利益经营管理茶叶专业合作社，监事会和执行监事代表全体成员利益监督合作社管理者。合作社管理者按照章程，又作为委托人将茶叶的种植、管理以合同的形式委托给作为代理人的茶农成员，茶农按照合同将茶叶产品销售给合作社统一加工、统一营销。ZSX茶叶专业合作社的成员关系属于同质性农民专业合作社的双向委托代理关系，茶农和合作社互为委托人和代理人，形成了一种彼此相互约束、互利互惠的合作关系。

（四）ZSX茶叶专业合作社的委托代理的治理

ZSX茶叶专业合作社从无到有，由弱变强，在健全合作社组织结构和运行机制等方面作了积极探索，走出了一条"依法办社、建章立制、民主管理、全程服务"的合作模式。为了摆脱茶农鲜叶加工和销售问题，2012年底，由当地政府倡议、供销社牵头，在茶农自愿参与的基础上，依法注册成立了茶叶专业合作社。在合作社组织结构和内部管理方面，严格按照《农民专业合作社法》成立和定期召开成员大会，制定了合作社章程，该合作社组织机构设有成员大会、理事会、监事会。成员大会民主选举产生理事会（由6人组成）、理事长（1人）、监事会和执行监事（2人）。

五、结论与启示

ZSX茶叶专业合作社能够稳定成长并保持良好的发展势头，与其成员的同质性条件密不可分：

首先，确保茶农入社的同质性减少了成员的机会主义行为。ZSX茶叶专业合作社在茶农入社条件方面有一定限制，比如要求茶农种植面积不能低于2亩，必须具有一定的种植茶叶相关的劳动力、土地面积、种植年限和经验等，确保茶农的同质性条件，避免了少数农户入社的机会主义行为。

其次，成员之间的双向约束关系降低了利益冲突。前文的分析表明，同质性合作社成员关系表现为双向委托代理关系。ZSX茶叶专业合作社对农户入社的生产条件、要素投入和行为加以规定，保证了成员质量和合作社整体实力。民主选举真正具有"公心"、服务意识强、懂管理的茶农作为合作社的管理人员，茶农成员和管理者之间形成了一种双向约束关系，使广大茶农的利益同合作社的利益紧密地联结在一起，便于合作社统一协调管理，增强了茶农社员间的沟通和交流以及互相促进，降低了茶农之间的利益冲突。

再次，同质性造就了成员利益共享、风险共担的分配机制。ZSX 茶叶专业合作社联合同质性的茶农，形成了一个收益共享、风险共担、互助协作的利益共同体。合作社为茶农提供产前、产中、产后服务，使他们生产出合格产品，再由合作社按订单全部收购，最大限度地让利于茶农。合作社实现二次分配，把产品经营利润的 80%以上按惠顾额比例再次分配给成员。合作社年终盈余，在扣除各种成本和税金以后，首先提取 15%的公积金和 5%的风险基金，再按茶农与合作社的交易额分红，分红方案由理事会提出后提交成员大会讨论决定。这种收益分配使合作社逐渐形成较强的经济实力，确保茶农加入到合作社中能够受益，促进了合作社的持续发展。

最后，非正式制度也是同质性合作社治理的基础。ZSX 茶叶专业合作社成员同质性程度高，彼此之间相互信任，容易协调沟通，加上合作社设有办公室、市场部、财务室、质监部和茶叶加工厂，建立了成员大会制度、理事会制度、监事会制度、议事规则、合作社资产和财务、盈余分配、成员档案、技术培训、生产管理 9 项规章制度，是该地区目前运行比较规范的农民专业合作社。

第七节 结论与讨论

本章在对组织同一性相关理论回顾的基础上，分析了农民专业合作社成员同质性产生的条件，揭示了同质性农民专业合作社的委托代理关系和成员行为特征，探讨了同质性条件下农民专业合作社的组织结构，并对 ZSX 茶叶专业合作社的委托代理关系进行了案例分析。主要结论如下：

（1）确保成员的同质性是我国农民专业合作社发展的内在要求。成员的同质性条件是合作社成员价值目标和行动的核心根源，也是合作社能够以彼此关联和相互一致的方式向外部表述自己的基础，成员同质性决定了成员之间的合作关系以及合作社的组织结构，也是合作社组织持续演进的动力。

（2）农民专业合作社成员同质性产生的条件在于成员共同利益、要素禀赋、产出品、动机与角色等方面的同质性。

（3）同质性条件下，农民专业合作社的委托代理关系实际表现为合作社和农户之间的双向委托代理。同质性条件下，成员是使用者、惠顾者、所有者和控制者四种角色的统一；运用"状态空间模型化方法"和"分布函数的参数化方法"对同质性的成员行为的分析表明：在合作社成员与理事会的双向委托代理模型中，成员与理事会互为委托人与代理人，成员与合作社管理者是平等互利关系，合作社成员与理事会按照以个人效用最大化为目的进行理性博弈。

（4）成员同质性条件下，合作社的所有权结构主要表现为：合作社的资本形成仅限于成员，合作社财产属于全体成员共同所有，入社费有限等；控制权表现在：投票权仅限于成员，实行"一人一票"的民主决策；合作社的利益分配结构表现为：没有共同资产赎回，合作社盈余扣除公共积累以后主要以价格调整方式返还给成员，价格调整对每一个成员均等。

（5）对ZSX茶叶专业合作社委托代理关系的案例分析表明：确保成员的同质性条件，可以减少成员的机会主义行为，同质性成员之间的双向约束关系降低了利益冲突，造就了成员利益共享、风险共担的分配机制，成员之间形成了一个收益共享、风险共担、互助协作的利益共同体。同质性合作社的治理机制主要是建立在成员之间的非正式制度。

本章的研究揭示了同质性农民专业合作社的组织结构、成员关系以及治理特点，也从理论上提出了我国农民专业合作社发展与治理的基本原则。

第五章　异质性条件下我国农民专业合作社委托代理关系与案例分析

第一节　引　言

国内外学者普遍认为异质性为不均匀性、多相性。美国社会学家彼特·布劳将异质性界定为不同群体之间的分布。Knippenberg 等（2007）认为，异质性是指社会群体之间的主观或客观的分类属性。国内学者将异质性理解为属性之间具有各不相同的特点。世界银行在《2008 年世界发展报告：以农业促进发展》中呼吁世界各国要充分重视农民在社会经济等领域存在的异质性。农民专业合作社的成员异质性是因为成员条件不同而导致的个体动机和行为等的不同。

近年来，我国农民专业合作社作为一种新型农业经济组织形式在各地区呈现快速发展的态势，从合作社成长路径来看，由于在家庭联产承包责任制下，农民是自主经营、自负盈亏并追求个人利益最大化的独立生产者，在单个农户资金融通、人力资本、组织网络、物质资产等资源禀赋上的种种缺陷，导致难以内生出合作经济组织。这些农民专业合作社从形成过程来看，绝大多数都是由生产大户、运销大户、涉农企业等核心成员在获利动机驱使下牵头承办的，这种主要依靠外部力量"主导的合作社在短期能够有效地组合各种农业生产要素，实现农业经济的市场化和规模化。"但是，以外部力量为主导的合作社呈现出的资本控制劳动的态势，一定程度上挤压抑制了农民自发组建"内生型"合作社的空间。

农民专业合作社最关键的机制在于所有权和经营权的同一，确保成员的权益平衡。少数以专业大户、农村能人和涉农企业等外部力量主导的农民专业合作社，开始背离合作社的公益性，以经济利润为主要目标的资本控制不断侵害普通成员的利益。加上合作社普通中小成员对管理者的监督激励不足，管理者的机会主义行为普遍存在。随着合作社规模扩大和参与主体的异质性，也产生了合作社内部利益分配的多元化。

随着我国农民专业合作社成员异质性加强，必将深刻影响合作社"使用者所有""使用者控制"和"使用者收益"原则。基于以上分析，本章从成员异质性结构产生的条件出发，结合案例，分析成员异质性条件下农民专业合作社的委托代理关系特点，以及成员异质性对合作社组织结构的影响，解决我国异质性农民专业合作社"是什么"以及"为什么"的问题，为农民专业合作社治理机制奠定理论基础。

第二节　相关文献回顾

一、合作社的异质性

Berglas（1976）最早从生产的角度阐释了异质性社区，认为异质社区优于同质社区。Olson（1965）研究发现，在存在一定程度不平等现象的小集体中，即成员之间规模不等或对集体物品的兴趣差异较大，成员之间合作的可能性相对更大，提供集体物品的可能性更高。曾明星和李桂平（2017）认为，异质性有利于农户达成合作并成立合作社，尤其在合作社发展初期，异质性有助于吸引核心农户的资本、人力资源和社会资源等稀缺要素。异质性农户在技术、资源与能力等方面存在互补性，可以促进农户之间相互学习，进而促进技术创新与管理创新，带来创新效应。但异质性也会带来核心成员、普通中小成员之间的委托代理问题，从而使合作社偏离其本质属性。

二、异质性合作社的表现

把合作社成员异质性界定为有别于传统合社成员特征的差异化，并认为利益诉求的差异是成员异质性，合作社成员异质性表现为成员特征、资源禀赋、所处产业链的位置、经营和联盟方式、生产技术、产品创新和市场策略。农户在财富拥有、收入来源、资源禀赋、社会资本、生产潜力、人口状况以及营销策略等方面具有异质性特征。对国内诸多学者关于合作社成员异质性的类型和表现进行整理，如表5-1所示。

表5-1 合作社成员异质性表现

异质性类型	异质性表现
人口统计学特征	户主类型、家庭成员数量、结构、年龄、受教育程度
资源禀赋	自然资源、资本资源、人力资源、社会资源
诉求与行为属性	个人特征、风险与需求偏好、角色定位、目的动机、利益诉求、期望
个体能力	创新能力、决策能力、社交能力
个体策略	市场策略、投资策略、生产策略
产出水平	产品种类、生产规模、产品质量、生产成本、技术水平
参与程度	要素投入、出资（或股份）、交易量、对合作社的贡献
象征性资本	声誉、社会地位
社会经济条件	区位、消费群体、政策

资料来源：《江苏农业科学》，2017，45（11）。

人口统计学特征、资源禀赋差异是合作社成员异质性特征的本质表现，导致个体诉求与行为属性、产出水平、个体策略与能力等的异质性，最终结果则反映在成员的资源投入等参与程度的异质性上，进而形成异质性的合作社成员结构，即核心和普通社员、大户与小户社员、股东与非股东社员、大股东与小股东社员等。

三、异质性对合作社的影响

学术界普遍认为，异质性对合作社成员关系的影响是不利的。比如：Fulton（1999）认为，成员异质性会导致合作社产权不明晰和治理结构不透明以及成员合作意愿降低等问题。Bijman（2005）的研究发现，成员异质性会导致合作社决策难度加大、成员与合作社之间协调困难、成员忠诚度降低以及成员投资意愿减少等问题。

我国绝大多数学者也认为成员异质性主要对合作社产生负面影响。崔宝玉和李晓明（2008）提出核心成员和普通成员的异质性，随着合作社规模的扩大会被强化，强化后的异质性会导致普通成员投资意愿降低而造成合作社资本约束。郑丹和王伟（2011）认为，成员异质性结构容易产生普通成员缺乏参与民主管理的动机和合作社少数人控制现象。崔宝玉（2011）指出在异质性合作社产生的委托代理问题会使合作社偏离其本质规定性；韩喜平和李恩（2011）认为，成员异质性必然产生合作社内部的利益冲突，影响合作社的稳定性。王国敏和翟坤周（2012）提出，异质性成员结构会导致中小成员"搭便车"行为和集体行动的困难。蔡荣和韩洪云（2012）认为，成员异质性结构下难以实现农户价格规避风险和农产品供给的稳定性。

另外，也有学者对此提出了成员异质性结构对合作社也存在一定的积极意义。比如：林坚和黄胜忠（2007）提出，成员的短期异质性可以避免产生成员之间的代理问题，有利于合作社对稀缺要素的吸纳。孔祥智和蒋忱忱（2010）认为，现阶段我国农民专业合作社成员短期的异质性结构，会产生对合作社稀缺要素的激励。桂玉和徐顽强（2010）认为，成员异质性不是成员之间的控制与被控制关系，而是参与主体博弈的过程，其博弈的结果取决于成员的信任。徐志刚和张森（2011）研究表明，合作社成员合作关系的稳定性主要取决于成员相互信任、合作意愿和能力，而非异质性。张邦科（2011）提出，成员异质性可能提高合作社的经济效率。张靖会（2012）认为，我国农民专业合作社的成员异质性结构不会长期存在，异质性一定程度上有利于成员之间的相互学习与优势互补。徐旭初（2014）认为，合作社成员异质性指合作社成员之间的特征差异性，成员在资源禀赋、年龄、生产规模、经济实力、技术水平、经营能力、社会关系、非农收入乃至风险偏好等都存在显著差异。异质性成员的利益动机不同，多数小农参社主要是利用合作社解决销路和增加收入，而生产大户则希望增强市场谈判能力和降低市场风险，涉农企业通过合作社希望得到稳定的原料供应，也想获得政府财政扶持和税收优惠等支持。汪艳涛和金炜博（2017）提出异质性农民专业合作社需要有效的治理机制，通过治理机制的完善促进合作社的民主管理，降低合作社内部的管理成本，提高运行效率。陈义媛（2017）认为，农村阶层分化决定合作社内部的力量对比和利益分配机制，合作社的结构性特征决定了在不同的合作社中，普通小农都始终处于边缘地位。要充分重视农村阶层和村庄的分化对异质性合作社的影响。崔宝玉和程春燕（2017）提出，随着农民专业合作社的发展，合作社对核心社员的关系治理程度总体上会由高向低变化，对普通社员的关系治理程度的变化则相反；对核心社员和普通社员的契约治理程度都会呈现出增强趋势；就合作社整体治理而言，契约治理成本会随着合作社的规模扩大而不断下降，关系治理成本则相反，因而关系治理最终会让位于契约治理。

综上所述，已有的文献分别从不同的视角，探讨了异质性成员结构对农民专业合作社的成员合作关系及其影响，从比较宏观的角度进行定性分析。但是，已有的文献缺乏从微观角度对合作社内部异质性成员之间的合作关系及其稳定性进行深入分析。笔者认为，成员异质性结构虽然在合作社发展初期有其积极作用，但从长期来看将不利于我国农民专业合作社健康发展。有鉴于此，本章试图在已有的研究基础上，立足微观，从委托代理视角，通过建立异质性合作社的成员关系模型，探讨不同成员之间合作的可能性和稳定性，结合案例，分析成员异质性对我国农民专业合作社组织结构的影响，奠定异质性农民专业合作社治理的理论基础。

第三节　农民专业合作社成员异质性结构产生的条件

一、成员人口统计特征的异质性

合作社成员的人口统计特征提供了影响成员行为和动机的重要信息，这种异质性较短时期不容易变化，人口统计特征的各方面对合作社的规模存在差别，人口统计特征整体上对合作社的影响表现在成立初期的牵头人和成立后的管理者上面。普通中小成员存在受教育程度低和参与式管理等特征，不同的管理方式和决策能力影响着合作社发展方向。具有企业家素质的人力资本是任何经济组织发展的核心要素。地处偏僻、条件艰苦、收入没优势的农业合作社难以长久吸引留住所需高素质人才，合作社领办者及其成员主要是农民，一般难以适应规模扩大、产业链延伸、品牌建设和网络营销等需要。农户人口统计特征的异质性即成员的初始条件差异，是农民参加合作社以前就具有的属性，包括成员的年龄、性别、婚姻状况、家庭结构与规模、收入水平、受教育情况、宗教信仰、种族、籍贯等。

笔者通过对关于合作社成员的调查问卷统计（见表 5-2）发现，合作社成员的文化程度绝大部分位于初中及以下，比例达 91.1%，高中及以上文化程度的成员比例只有 8.9%，绝大部分成员的收入水平属于中等水平，对于合作社知识及《农民专业合作社法》了解较少，比如，调查发现，成员对合作社有关知识的不了解的比例达到 37.8%，有点了解的只占 28.8%，对于《农民专业合作社法》有 68.9% 的人不了解，很了解的比例只有 2.2%。

表 5-2　农民专业合作社成员的人口统计特征

单位：%

性别		文化程度		收入水平		生产规模		合作社知识		《农民专业合作社法》	
男	66.7	小学以下	6.7	很低	2.2	很小	17.8	不了解	37.8	不了解	68.9
		小学	62.2	较低	13.3	较小	28.9	有点了解	28.8	有点了解	20.0
女	33.3	初中	22.2	中等水平	80.0	中等水平	44.4	基本了解	15.7	基本了解	2.2
		高中	6.7	较高	4.4	较大	8.9	了解	13.3	了解	6.7
		高中以上	2.2	很高	0	很大	0	很了解	4.4	很了解	2.2

资料来源：笔者根据对合作社成员的问卷调查资料整理得到。

二、资源禀赋和角色的异质性

农户的要素禀赋差异突出表现在自然资源、资金、人力资本和社会网络等方面的不同。中小社员相对于核心成员，主要拥有流转缓慢、规模经营程度低、相对分散的土地资源，缺乏发展现代农业所需的技术、资金、管理等关键要素。

资金作为现代农业发展的血液，世界各国合作社发展都通过各种形式的合作金融以及政府扶持保障资金所需，并随着合作社的发展需要突破限制资本报酬的规定吸引更多社员资金。中国农民专业合作社自身积累能力有限，吸引社员和社会投资的引力不足，融资面临信誉不高，财务制度不健全，信息失真不对称，风险大以及缺乏有效、足够的担保抵押物等问题，融资难普遍，单纯靠政府权威要求商业金融机构给合作社融资难以持续。合作社不同成员之间关键要素的差别是造成其在合作社不同的成员角色的主要原因，不同成员资源禀赋的异质性又同时决定了成员行为目标和管理机制。扩大合作社土地经营规模需要流转农户承包地、配套的建设用地，但流转土地面临期限较短、费用不定等很多的不确定性风险。

普通中小成员由于在资金、技术、信息和管理等要素上的短缺，在合作社经济实力不强、竞争力弱以及收益的不确定性条件下，在合作社中，主要充当惠顾者和参与者的角色，但是，拥有现代商业资本、先进技术、管理以及社会网络等关键要素的涉农企业、农村基层组织、生产运销大户等，出于各自的动机和需要，自然而然地成为合作社的发起者和控制者，也是合作社的主要受益者。

由于成员能力和资源禀赋的差异，导致在合作社中不同的参与途径、参与动机、成员关系及角色的不同。笔者调查的合作社，靠合作社发起者和政府动员参加的比重为68.9%，自己参加的只有17.8%，通过熟人或者亲戚介绍等其他途径参加的为13.3%。从合作社发起者来看，合作社主要是农村生产和运销大户发起组建的，在合作社内部，成员之间的熟悉程度较高，只有约22.2%的成员不很熟悉合作社的其他成员，对合作社管理者，比如社长的不熟悉程度只有11.1%，如表5-3所示。

表5-3 农户参与合作社途径、身份及相互了解程度

单位：%

参加途径	比重	成员身份	比重	发起	比重	对社员熟悉程度	比重	对社长熟悉程度	比重
合作社动员	35.6	普通	68.9	生产大户	55.6	全部熟悉	31.1	不熟悉	11.1
政府动员	33.3	核心	13.3	贩销大户	22.2	部分熟悉	46.7	比较熟悉	48.9
自己参加	17.8			龙头企业	6.7	很少熟悉	22.2	很熟悉	40
其他途径	13.3			供销社	4.4				
				农技部门	4.4				
				其他	6.7				

资料来源：笔者根据对合作社成员的问卷调查资料整理得到。

三、风险承担与期望的异质性

参与合作社的风险源于成员对自己参与合作社的行为将会产生什么后果不能作出肯定的预测，它源于实际风险，又与成员主观认识有密切关系。合作社成员面临的风险主要有：功能风险、安全风险、资金风险、社会风险和心理风险。

合作社的中小社员，对合作社承担的风险非常少，核心成员作为合作社的主要发起者和管理者，则需要承担合作社更多的风险。合作社内部的产权制度、规模大小、获利能力取决于成员的风险承担水平，并直接影响着合作社的合作空间

及竞争力。由于普通成员只是合作社的惠顾者，合作社的发展水平高低对其影响小，除非合作社具有较高的收益和报酬返还能力，但作为核心成员和管理者，他们牵头组建合作社的目的是获取经济利润或政绩目标，对合作社的参与程度比较高，会更多地致力于改善合作社内部治理绩效。

由于参与成员在要素禀赋、能力和风险承担等方面的差异，导致他们参与合作社期望的异质性（见表5-4）。笔者调查发现，在种子和种苗、技术培训、农资供应、价格改进、存储加工以及融资服务等方面，不同的参与成员期望不同。比如，在希望得到合作社种子和种苗、技术培训、农资供应、价格改进以及存储加工等方面，基本上持肯定态度，但是由于各个合作社发展的基础和条件、发展水平的差异，成员期望的侧重点也有所不同，绝大多数成员在期望得到种子和种苗、技术培训、农资供应、价格改进以及存储加工服务方面，持"比较同意""同意""很同意""有点同意""不同意"比重分别为57.8%、73.3%、62.2%、80%和55.6%，但是对于期望得到"交易量返利"和"按股分红"持同意态度的比重分别为51.1%和48.9%，异质性合作社委托代理关系下，合作社的收益分配较大地影响了不同参与主体的动机和积极性。

表5-4 农户加入合作社的期望

单位：%

	种子种苗	技术培训	农资供应	产品销售	价格改进	存储加工	融资服务	交易量返利	按股分红
不同意	8.9	2.2	4.4	6.7	11.1	15.6	13.3	15.6	13.3
有点同意	33.3	24.4	33.3	13.3	33.3	24.4	26.7	33.3	37.8
比较同意	26.7	35.6	37.8	31.1	28.9	28.9	15.6	15.6	13.3
同意	26.7	22.2	22.2	37.8	22.2	20.0	33.3	28.9	26.7
很同意	4.4	15.6	2.2	11.1	4.4	11.1	11.1	6.7	8.9

资料来源：笔者根据对合作社成员的问卷调查资料整理得到。

四、成员能力的异质性

农户个人的教育背景、生活阅历和生产经验决定了不同农户个人能力差别。合作社成员能力的差异表现在农业生产经营管理水平、新技术采用、市场信息获取与运销、成员之间的沟通协调等方面。成员在生产环节能力的异质性会导致向合作社提供产品的质量差别，在运销环节能力的异质性会影响其收入水平，在人际沟通和协调能力方面的异质性会影响成员之间的合作方式和合作水平。

如果农民专业合作社制度健全，运行规范，那么合作社内部成员的个人能力、贡献大小与成员获得的收益成正比，亦即成员的个人价值和社会价值都能够通过其能力表现得以体现。成员对个人能力与收益的质疑、管理者过高评估自己的能力时，合作社成员合作关系的稳定性基础就产生了动摇。

五、地方政府财政资金效率差异

政府财政支农资金对合作社的扶持效率效果差异明显，当前，我国各级政府扶持合作社的最主要、最普遍的方式是设立多种财政扶持项目，如农业综合开发、土地整理等。扶持的目的和预期目标主要是树立典型发挥示范带动作用，促进合作社更多、更快发展，弥补市场缺陷以及合作社资金不足，为农村提供公共产品、公共服务，保障农产品供给。在财政资金、扶持项目有限的情况下，异质性合作社更容易获取国家支农资金的支持。但是对合作社的资金扶持经常面临扶持对象评审选择难、资金使用监管难、效果评估与责任追究难等现实困境，导致依赖财政资金发展的投机心理严重，难以激发自主发展活力和动力，致使很多合作社难以长久，资金使用效率低，甚至少数专业合作社在申报项目和资金时存在机会主义行为。

第四节 异质性条件下农民专业合作社的委托代理关系

一、异质性合作社成员关系模型

根据成员在合作社的地位和作用不同，成员之间的合作关系可以分为依附型合作和互惠型合作。合作社成员依附型合作指成员之间的地位具有非对称性，比如少数核心成员与一般中小成员之间的关系，处于从属地位的一般中小成员一旦脱离处于主导地位的少数核心成员，其在合作社的经营或收益具有很大的不确定性，处于主导地位的成员与处于从属地位的成员的依附一般以亲近度或权威度为基础。合作社成员依附型合作关系维持稳定性的充分条件是主导地位的成员从这种关系中获得的边际收益不低于从属地位的成员从合作关系中获得的边际收益。

合作社成员互惠型合作是指成员在合作社的地位具有对称性，双方以分工为基础进行合作，彼此之间存在资源、信息和价值等多方面的交流，成员之间不存在依附性。虽然合作社成员互惠型合作关系使合作的总收益增加，但是，成员对于合作收益增加值的分享比例不一定相同。事实上，互惠型合作中单个成员的收益大小取决于其对于合作社共享资源的利用效率，某成员对于合作社资源的利用效率越高，该成员在合作收益增加额中所占的比重就越大。合作社互惠型合作关系稳定性的充分条件是成员合作的边际收益不低于合作社其他任何成员在合作中的边际收益。

从农产品价值链来看，可以建立异质性合作社的成员关系模型（见图5-1，实线箭头表示"委托关系"，虚线箭头表示"代理关系"，双向箭头表示"合作关系"）：多数中小成员和少数核心成员。合作社理事会、理事长、监事会等权力部门大都由核心成员控制，而多数中小成员对合作社的控制较弱。合作社中，与某个中小成员A行为相关的主体包括核心成员比如理事会、管理者、下游成员以及与该成员处于同一价值链环节上的其他同质性中小成员，在这些成员中，从拥有的要素来看，如果下游成员同时拥有某个成员A和B的产品或者服务，但是下游成员获得的收益（价值）比仅仅只拥有成员A的产品（或服务）得到提高，则成员B是成员A的互补者；否则，成员B是成员A的替代者。在这个合作社行为主体结构模型中，该成员与核心成员和下游成员具有异质性特征，该成员与其

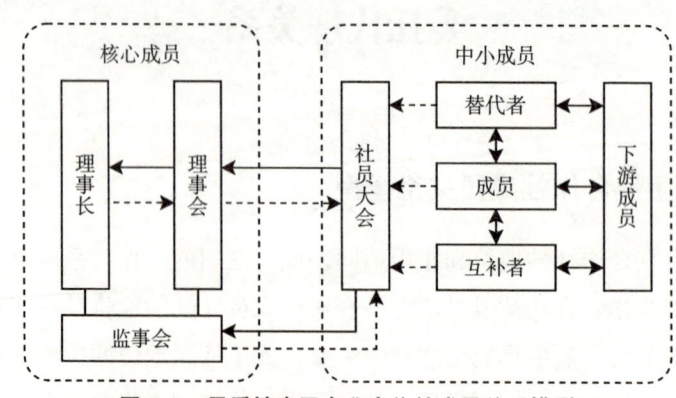

图5-1 异质性农民专业合作社成员关系模型

他同级别中小成员具有同质性特征。

二、异质性农民专业合作社主要的委托代理关系

由图 5-1 可以看出，在异质性农民专业合作社中，成员之间存在多重比较复杂的委托代理关系：一是中小成员与合作社的委托代理关系，主要表现为中小成员与理事会和监事会的委托代理关系。二是中小成员与核心成员的委托代理关系。中小成员与核心成员的代理问题又必须通过核心成员和理事会、监事会的委托代理加以解决。三是外部投资者与合作社的委托代理关系。四是核心成员自身的委托代理关系。因为核心成员的身份具有成员和管理者的双重身份，核心成员又不可能全部是合作社管理人员，所以也存在核心成员自身的委托代理。

在这些委托代理关系中，中小成员与合作社、中小成员与核心成员的委托代理关系是合作社委托代理关系的重要方面。

（一）成员和合作社之间的委托代理

关于成员和合作社之间的关系，用委托代理理论来解释就是，成员是合作社的委托人，管理人员是合作社的代理人。由于合作社成员的分散性，所有成员组织起来给管理者设计和选择合约变得不现实，需要在成员和管理人员之间增加理事会作为协调机构。根据合作社法律，理事会成员由社员民主选举产生，理事会成为全体社员利益的代表。

理论上，理事会是确保成员利益的重要机构，一个适度规模的理事会有利于提高合作社内部的管理效率，一定比例的"积极的内部理事"可以减少"搭便车"行为，外部非合作社成员参与理事会也可以增强理事会的能力，但是有可能增加理事会的冲突，如果合作社的管理者控制了理事会，则理事会很难发挥独立和积极的监督制约。

（二）核心成员与中小成员的委托代理

在我国绝大多数农民专业合作社成立初期，没有职业的经营管理者，以少数核心成员所构成的理事会是合作社实际上的管理者，核心成员会有不同于中小成员的利益诉求，在成员异质性较高、核心成员资本贡献较多、成员业务和合作社业务差别大以及成员忠诚度较低条件下，出于自利天性和机会主义倾向，关键性生产要素的核心成员拥有合作社的绝对话语权，大多可能不会按照合作社和全体社员的利益行事，从而产生一个财权和事权的"隧道效应"。

我国当前农民专业合作社表现出的主要委托代理关系特征中，中小成员与核心成员的委托代理关系又成为矛盾的主要方面，供销社、龙头企业、政府职能部门、专业种植和养殖大户或者运销大户等作为合作社的核心管理合作社，合作社外围则是众多的中小农户，处于依附和被控制的地位。合作社以"人的结合"为原则异化为"资本结合"的"伪合作社"或"假合作社"。

随着合作社内部成员异质性的增强、合作社规模扩大以及大农对合作社价值的偏离，普通社员监督能力有限导致了合作社更为严重的委托代理问题，另外，大农对合作社的剩余分配和索取更多的控制权，导致合作社的剩余索取和剩余分配权被限定在特定群体之中，不能转让分离和市场化，进一步加重了合作社的委托代理问题产生。异质性农民专业合作社如何保护中小成员的利益而不产生较为严重的代理问题，通过何种治理机制平衡核心成员与中小成员的利益是当前我国农民专业合作社有效治理的关键问题。

第五节　异质性条件下农民专业合作社的组织结构

一、异质性农民专业合作社的所有权

现代企业理论认为，企业是一系列契约的集合，是成员之间产权交易的一种形式，现代企业必须对投入要素拥有明确的产权安排，从契约经济学来看，财产所有权是经济主体对投入要素的初始所有权，既包括债权、人力资本所有权，也包括股权。财产所有权在现代企业表现为收益权和剩余索取权。

农民专业合作社的成员异质性结构必将影响其产权安排，以龙头企业、专业大户、农村基层组织、供销合作社以及信用社等为主体的合作社核心成员，拥有合作社组织运行的资本、信息、技术、管理才能等稀缺要素，确保投入的稀缺要素的控制权和收益权是其主要目的。如果合作社按照成员的交易额来安排其产权，核心成员的资本、管理才能以及社会网络资源很难实现控制权和收益权，也难以避免其他中小成员的"搭便车"行为，在核心成员关键要素产权不明晰的前

提下，核心成员必然选择股份化的产权结构来获得合作社控制权和剩余索取权。

在合作社股份化的产权结构下，中小成员需要"强制的"或者"自愿的"购买一定的股份，从而避免了中小成员的"机会主义行为"，并取得合作社一定的控制权和剩余索取权。但中小成员由于要素禀赋处于劣势，也不愿意承担合作社过多的风险，股份不能够市场化让渡，其股份比例在合作社中相对有限。股份化的合作社产权结构界定了成员对合作社的出资额、财产占有权和剩余索取权，但是股份不能够市场化。我国转型时期的农民专业合作社这种产权结构在短期内有利于合作社的发展壮大，但从长期来看，股份化的产权结构必然损害中小成员的利益，不利于合作社的稳定、持续和健康发展。

二、异质性农民专业合作社的控制权

合作社是指劳动者在互助基础上，自筹资金，共同经营、共同劳动并分享收益的经济组织。根据2002年6月第90届国际劳工大会通过的《合作社促进建议书》的规定，"合作社是自愿联合起来的人们通过联合所有与民主控制的企业来满足他们共同的经济、社会与文化的需求与抱负的自治联合体"。合作社最基本的原则是全体社员控制合作社的剩余权，管理者作为代理人负责合作社的日常经营。我国《农民专业合作社法》明确指出，全体成员是合作社的所有者，每个成员拥有"一人一票"的基本权利，并有权最终审议和监督管理者的决策和落实情况等，合作社的本质要求是民主控制。

我国异质性农民专业合作社主要由种养大户、农村能人、涉农企业、农村基层组织等"强者牵头、弱者参与"的，合作社控制权由拥有关键性资源的核心成员控制，普通中小成员对合作社管理者的监督有限。合作社核心成员因为其"专用性资产"承担着合作社的风险，合作社的控制权主要交给经营者，让较强的市场谈判能力的核心成员来决定专用性资产的投资，承担相应的风险并享有主要的剩余索取权，这样一来，可以增强合作社经营管理者的积极性，提高合作社的经营效率，大多数中小成员也可以增加自己的利益。

三、异质性农民专业合作社的收益权

剩余索取权是一项索取剩余（总收益减去合约报酬）的权力，也就是对资本剩余的索取。简单地说是对利润的索取，即经营者分享利润。异质性农民专业合作社中核心成员由于拥有合作社经营和发展的关键要素而取得对合作社生产经营的自然控制，股份化的产权安排以后，虽然中小成员取得了少数和分散的合作社股份，相对于核心成员的多数股份，合作社的实际控制者会将剩余控制权（投票、异议和退出）与股份相联系。

当中小成员成为合作社的出资者后，就拥有对合作社管理者的选择权，合作社的管理者拥有合作社的经营控制权，在中小农户普遍缺乏经营管理经验和能力，以及对外部成员不很开放的条件下，核心成员理所当然地成为合作社的实际管理者，核心成员因为拥有合作社组建的稀缺要素而成为合作社的实际控制者。

所以，无论从对合作社的投资还是合作社成员个人能力，核心成员都顺理成章地获得合作社的主要剩余索取权，中小成员也拥有与其出资相对应的、对合作社管理者的选择性权利（投票、异议和退出等），对合作社剩余索取权控制有限。

四、异质性农民专业合作社的决策权

合作社的本质在于其控制决策权，异质性合作社的股份化倾向必然对其决策机制产生影响。决策机制一方面说明谁在合作社中拥有正式的决定权，同时也反映了收益和成本的分配。决策机制可以通过对决策权的控制加以区别，对于一个合作社的不完全契约而言，决策权和剩余控制权更加重要。这样，合作社的决策机制问题就可以简化为控制权问题，合作社决策机制的实质在于既定的合作社产权结构下，谁拥有对合作社控制权以及如何监督控制他们选择的管理者。

在异质性合作社中，中小成员加入合作社主要是利用核心成员的关键性生产要素解决市场问题，他们会尽量选择那些和他们具有一定社会关系的关键性要素的所有者作为合作社的控制权者。另外，拥有关键要素和持股比例较大的成员都进入了理事会，在农村社会具有威信和"公心"的人一般会进入合作社监事会，监事会与理事也存在明显异质性，这种异质性合作社的理事会更容易地掌握了合作社决策权和实际控制权，更容易获得合作社的剩余索取权。

第六节　同质性与异质性农民专业合作社的委托代理关系比较

一、委托代理链长度不同

在同质性条件下，合作社成员关系主要表现为全体成员（成员大会）与合作社（管理者）之间的双向委托代理关系，代理链较短。一方面，同质性的参与成员作为一个整体（合作社）被看作一个委托人，而合作社的管理者也被看作同质性的一个代理人，成员有相同或类似的目标函数和行为方式，主要通过与合作社的交易额获得收益；另一方面，合作社管理者又作为委托人，通过合同，为全体成员（代理人）提供生产资料等方面的服务，成员按照合作社的有关要求进行生产和经营。

在成员异质性结构下，成员之间的委托代理关系表现为多重性（见图5-2，其中实线表示委托关系，虚线表示代理关系），代理链较长。一是全体成员与合作社存在委托代理关系，在异质性结构下，这种委托代理又表现为全体成员与合作社管理者的委托代理关系；二是普通中小成员与核心成员的委托代理，这种委托代理关系又必须通过核心成员控制的合作社管理者（理事会和监事会）加以解

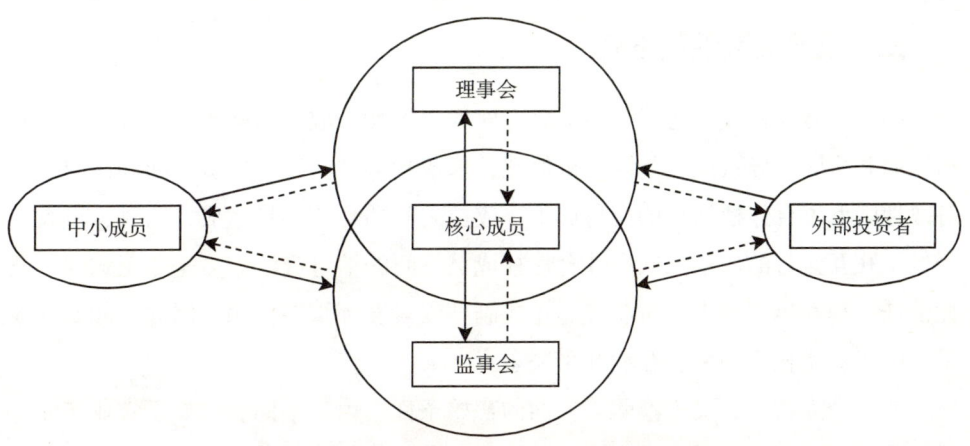

图5-2　异质性农民专业合作社委托代理关系

决,代理链较长;三是外部投资者与合作社的委托代理;外部投资者(初始委托人)将资金投资到合作社(初始代理人),合作社(次级委托人)将资金委托给合作社的管理者(最终代理人);四是核心成员自己对自己的委托代理。核心成员的身份具有成员和管理者的双重身份,核心成员又不可能全部是合作社管理人员,也存在核心成员自身的委托代理。

在这些委托代理关系中,普通中小成员与合作社、中小成员与核心成员的委托代理关系是异质性合作社最重要的关系。

二、成员信息结构不同

同质性合作社成员之间、合作社管理者之间以及成员与管理者之间,在信息结构方面拥有较大的相同性和类似性。合作社成员之间的要素禀赋基本相同,具有相同或者类似的目标追求,生产技术和能力差异不大,彼此之间能够产生较高的信任感和协调性;管理者在合作社生产经营方面能力的同质性,确保了合作社决策成本较低,对于合作社重大事务容易达成一致;成员与合作社管理者之间的同质性可以保证成员能够与管理者进行有效的信息沟通和交流,增强了集体行动的可能性,降低了成员对管理者的监督成本。

在异质性合作社,成员之间存在比较严重的信息不对称,特别是中小成员与核心成员之间的信息不对称更为严重。中小成员由于信息不完全,很难有效监督管理者的行为,中小成员与核心成员的信息不对称,极容易产生管理者的道德风险和逆向选择问题,从而加大了合作社运行的成本,降低了合作社运行的绩效。

三、成员关系性质不同

同质性合作社成员之间行为具有高度的一致性,成员的同质性促进了成员间的沟通和协同,导致成员趋同的价值观,形成利益共同体。成员之间利益的趋同有效地降低了合作社运行的交易成本,成员之间的合约容易达成,同时,也大大降低了相互监督的成本。同质性合作社成员之间的信息交流大多是非正式的,彼此信任、相互忠诚和声誉机制等非正式制度因素发挥重要作用。因此,同质性成员之间主要是相互约束、互利互惠关系。

成员个人特质、要素禀赋等方面的初始条件约束,不同农户处于农业产业链条的不同位置,成员异质性决定了委托代理链中不同成员的行为动机、利益诉求和角色差异，委托人和代理人之间存在较为严重的利益冲突，成员关系是管理与被管理、监督与被监督、控制与被控制的关系。

第七节　异质性农民专业合作社的委托代理关系：案例分析

一、引言

国外经典的合作社被假定为同质性合作社。但是，我国农村改革的深入，农业生产环境和技术条件都发生了深刻的变化，各地区在农业自然资源和技术水平方面都存在较大差别，农村社会阶层分化加快，农户在所拥有的资源禀赋、个人能力、社会关系等方面也不尽相同，加上农村剩余劳动力流动的影响，随着不同参与主体加入合作社，经典合作社的同质性假定已发生了变化。

成员异质性增强将会对我国农民专业合作社产生深刻的影响。黄胜忠和徐旭初（2008）认为，成员异质性条件会产生农民专业合作社资本化的产权结构和按出资比例的收益分配机制。孔祥智和蒋忱忱（2010）认为，成员异质性会导致合作社的偏向资本的治理结构。林坚和黄胜忠（2007）认为，成员异质性增强产生影响合作社产权结构，少数核心社员控制合作社的主要剩余控制权。崔宝玉和刘峰国（2012）认为成员异质性会产生严重的内部人控制与合作社治理失范等问题。马彦丽和施轶坤（2012）提出，农户的异质性会影响其合作意愿。孙亚范和余海鹏（2012）得出成员在认知水平、预期收益、信任以及收益分配等方面的异质性是影响合作意愿的重要原因。何安华、邵锋和孔祥智（2012）成员资源禀赋的异质性会诱致成员走向全要素合作。徐旭初（2012）合作社的本质在于服务成员和民主控制原则。

综上所述，随着我国农民专业合作社的发展面临的内外部环境变化，成员异质性将会更加严重，我国农民专业合作社成员异质性特征的日益突出，已经开始影响到农民专业合作社的功能发挥和最终的发展方向，政府对农民专业合作社的介入程度更强。有鉴于此，本节的案例借鉴组织演变的生命周期理论，本节提出

LCCB 承邦蔬菜专业合作社委托代理关系分析的框架如图 5-3 所示，揭示异质性农民专业合作社的内部成员关系及其组织结构的"灰箱"，阐释异质性成员之间的委托代理关系对合作社运行的影响。

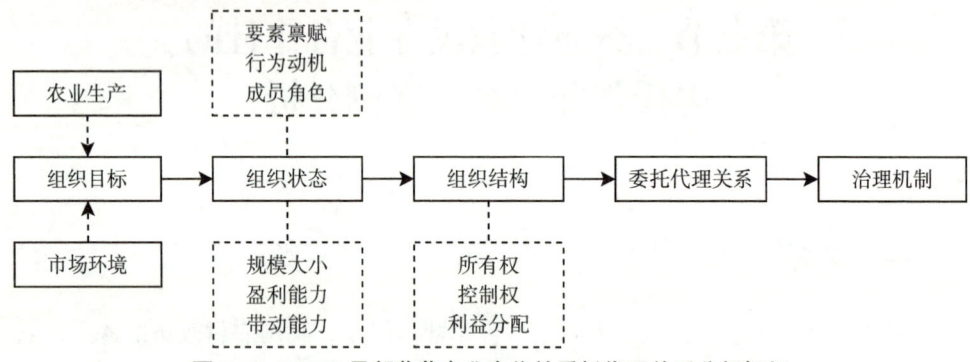

图 5-3 LCCB 承邦蔬菜专业合作社委托代理关系分析框架

根据分析的框架，首先，对该合作社的组织状态及组织结构进行分析；其次，分析合作社成员的委托代理关系；最后，分析 LCCB 承邦蔬菜专业合作社委托代理关系的治理。

二、研究方法

本案例分析借鉴国内外案例研究方法的相关成果，遵循一般案例分析的基本步骤。研究所采用的主要方法是：

（一）面对面访谈

为了解该合作社发展的过程中成员的要素禀赋、行为特征以及在合作社中的角色，笔者采用随机抽样方法从该合作社成员名册中抽取了 12 名成员，就成员在合作社中的要素投入进行面对面访谈。访谈的主要内容是：您参加合作社的主要目的是什么？您以什么出资方式参加合作社？您在合作社中担任什么职务？您参加合作社以后是否达到预期的目的？是否还有很多人想参加合作社？一旦合作社经营出现问题，是否考虑退社？

（二）开放式问卷调查

借助合作社召开理事会的机会，在会议结束后，笔者通过理事长向理事会成员发放了 10 份调查问卷。问卷的主要内容是：您在合作社中担任什么职务？合作社在当地同类合作社中经济效益和规模大小如何？本合作社是否按照我国《农民专业合作社法》的规定进行收益分配？本合作社的重大事务是在成员大会集体表决还是理事长或理事会决定？请列出本合作社在成长阶段所面临的主要问题。

三、案例背景

LCCB 蔬菜专业合作社地处湖北省，该地区生态环境优越，自然条件良好，平均海拔 800 米以上的地区占 93%，其中海拔 1200 米以上的高山区占 52%，高山蔬菜市场需求旺盛，生态型高山蔬菜产业已成为该地区主导产业。自 20 世纪 90 年代开始，当地政府就通过培育运销大户，通过基地+农户+市场，以订单农业方式发展高山蔬菜产业。

该地区经过 20 年发展，生态型高山蔬菜产业走出了一条由菜园到基地、从农户到市场、由家庭小规模经营到产业化大规模经营的发展道路。该地区蔬菜产业正是在农业结构调整，以市场为导向，实行产业化大规模经营的大背景下，广大菜农组织联合生产经营的愿望强烈。2007 年，在 6 位蔬菜种植大户和能人牵头下，成员出资总额为 61.5 万元，成立了 LCCB 蔬菜专业合作社，主要从事高山无公害蔬菜种植、销售等业务。参与成员主要是本地从事蔬菜生产经营的农户，合作社为菜农成员提供发展资金、生产技术、生产资料以及营销等方面的服务。

四、案例分析

（一）LCCB 蔬菜专业合作社发展状况

根据前面的访谈和问卷分析，了解了 LCCB 蔬菜专业合作社的发展状况。2007 年 8 月，由 6 位蔬菜种植大户和能人牵头注册成立 LCCB 蔬菜专业合作社。

从 2009 年开始，在几位创业者的辛苦打拼下，加上地方政府的扶持，合作社的经济效益得到显著提高，到 2009 年底，合作社吸纳的成员数量达到 120 户，销售收入 800 万元，盈利 190 万元，为成员返利 130 万元，成为当地经营业绩最好的蔬菜专业合作社之一，合作社的影响迅速扩大，吸纳了本地菜农和周边邻近地区菜农。2012 年实现高山种植蔬菜面积 32 万亩，标准化蔬菜生产基地 15 万亩，生态型高山蔬菜示范区 2 万亩，蔬菜产量达 130 万吨，产值 13 亿元。到 2015 年，种植高山蔬菜基地面积 50 万亩，产量 200 万吨，实现产值 20 亿元。

（二）LCCB 蔬菜专业合作社的组织结构

1. 成员资源禀赋与角色

该合作社是由农村蔬菜种植能人牵头、从事蔬菜生产经营的农户参与的农村经济组织。前面对成员的访谈发现，有95%以上的农户只关心参与合作社能否提高自己的收入。被访谈的农户在蔬菜种植规模和技术水平方面参差不齐，种植面积多的达到10多亩，少的仅有不足1亩，甚至个别成员根本就没有专门种植过高山蔬菜，不懂蔬菜种植技术，种植规模小（1亩及以下）的农户出资意愿较低，占被访谈农户总数的11%，而种植规模较大（10亩及以上）的农户则希望对出资加以限制；12名被访谈的农户中，有7名农户拥有5年以上种植蔬菜的经验，占访谈农户的41%；在被访谈的农户中，有2人是合作社理事会成员，占访谈农户的16.7%。LCCB蔬菜专业合作社成员结构在人力资本、自然资源和社会资源等方面存在明显的异质性。

2. 合作社的组织结构

合作社设立成员大会，不设理事会和监事会。成员大会是合作社最高权力机构，成员大会由全体成员组成，实行"一人一票"制，行使如下权力：通过和修改本社章程；决定有关合作社终止、合并等重大事项；选举或罢免理事会长、执行监事；对合作社重大事务进行审议和表决；决定合作社各业务部门的设立或撤销；审议批准年度预算报告、决算报告、年终盈余分配方案或亏损弥补办法；审议表决合作社职员的聘任和奖惩；讨论和决定其他重大事项。

合作社设理事会长1人，理事长任期3年，可连选连任。理事长为本社的法定代表人，由成员大会选举产生。理事长负责组织召开成员大会，负责合作社的日常经营管理工作。理事会长兼任本合作社经理，聘评工作人员，代表合作社签订合同或协议。合作社的监督机构是执行监事（1人），执行监事由成员大会选举产生，代表全体成员监督合作社的经营管理。

合作社自有资金包括会费、股金、社会捐助和政府有关部门扶持资金无偿部分。合作社成员只允许用货币出资，或者用库房、加工设备、运输设备、农机具、农产品等实物、技术、知识产权及其他财产权利作价出资，合作社共有财产属全体社员共同所有。

（三）LCCB 蔬菜专业合作社的委托代理关系

高山无公害蔬菜种植除了具备基本自然条件以外，对选用良种、植保措施、耕地选择、科学用肥、控制病虫害要求很高，这也正是普通农户所缺乏的人力资本要素，同时，普通农户也缺乏高山无公害蔬菜的加工、储运、营销等方面的知识。而作为发起人，则在人力资本和社会资源方面与普通农户存在明显优势和信息不对称，从而不可避免地产生代理问题。

首先，全体菜农成员与合作社存在委托代理关系。全体菜农成员为了增强市场谈判能力，将蔬菜产品委托给合作社统一加工和销售，合作社代表全体成员对高山蔬菜进行保鲜加工和促销，由于高山蔬菜主要以鲜销为主，冷库贮藏技术和条件要求高，菜农将这些事务委托给合作社统一管理，能够降低市场销售风险。

其次，合作社存在核心成员与普通成员之间的委托代理关系。该合作社《章程》规定合作社设立成员大会，不设理事会和监事会，合作社日常经营管理由社员大会选举产生的理事长（1人）和执行监事（1人）负责，理事长和执行监事均任期3年。可见，普通菜农成员与合作社管理者之间的委托代理关系最终演变为普通菜农成员与牵头人（种植大户）的委托代理。合作社由高山蔬菜种植大户发起，他们代表全体成员主要从事高山蔬菜的加工和销售，是合作社的实际管理者和控制者。

最后，合作社牵头人自身的委托代理关系。作为合作社的牵头人，他们没有完全被选举为理事长或者执行监事，所以牵头人存在自身对自身的委托代理。

（四）LCCB蔬菜专业合作社的委托代理关系的治理

由于LCCB蔬菜专业合作社规模的快速扩张，成员异质性所产生的代理问题开始严重影响到合作社组织的正常运行。一方面，由于蔬菜市场供求变化很大，部分普通成员为了自身的利益，不能保质保量地向合作社提供蔬菜，影响了合作社正常的精加工和储运，加上部分农户种植比较分散，农户有退社自由，合作社难以对农户违约和机会主义行为进行有效的管理；另一方面，少数没有进入合作社管理层的发起人，出现了利用自己原先的渠道进行非合作社业务，影响了合作社的声誉，也进一步助长了普通成员的"搭便车"和机会主义行为。

为此，2011年底，合作社召开成员大会，在成员角色、组织结构、决策机制和收益分配等方面加以规范，通过完善相关的制度，促进合作社健康发展。具体措施如下：

首先，规定农户入社和退社条件。修改的章程中明确规定了农户入社条件，农户入社必须遵循合作社的章程，并交纳本社规定的最低数额的股金和会费，由成员大会批准入社。成员可以在履行当年义务的年终决算前1个月以书面形式申请退社，社员退社由成员大会批准，其入社股金于年终决算后2个月内退还。

其次，完善合作社决策和监督机制。合作社原先只设立成员大会，不设理事会和监事会。修改的章程中重新规定设立理事会和监事会，防止理事长个人决策偏离合作社目标，完善了成员大会对理事会的监督制度，明确了监事会的职责和权限。

最后，规范收益分配机制。合作社按照不低于《农民专业合作社法》规定的比例，对成员按交易量进行利润返还。理事长每月或每季度将上月或上季度财务收支情况向社员公布，于每年1月31日前向成员大会提交经执行监事审计过的上一年度财务决算、分配方案和下一年度财务预算等，经大会讨论、审议、批准后执行。合作社各年度收入扣除各项开支税费的盈余按以下顺序进行分配：公益金，按比例提取，主要用于增强服务功能、扩大经营能力、弥补亏损和农村文化、社会公益事业；股金分红，一般不低于银行同期存款利率；利润返还，按成员的交易量进行分配。

五、结论与启示

由于成员在人力资本和社会资本的差异导致了成员的要素禀赋、行为动机、贡献及风险承担不同，进而形成该合作社典型的异质性结构：核心成员和普通成员。其核心成员为种植大户和能人，一般农户为普通成员。

健全的成员大会、理事会和监事会组织结构对于合作社规范运行非常重要，但成员异质性会导致理事会一会独大，产生委托代理风险。该合作社成员之间由于要素禀赋的差异和能力的不同，发起人自然而然地成为该合作社的管理者，主导和起草了合作社的章程，实际上，发起人已经成为该合作社的实际控制者和管理者。委托人（成员大会）和代理人（理事会长）的信息不对称，可能诱发代理人在合作社的经营管理中，为了自身利益而产生机会主义行为，偏离大多数成员目标，从而产生代理问题。

该合作社代理的关键问题是人力资本要素的异质性。该合作社是在高山蔬菜种植规模小、市场竞争力弱的条件下组建的。普通农户加入合作社主要是为了通过合作社获得价格改进，而价格改进取决于高山蔬菜的质量和营销，所以种植技术和市场营销能力是成员的核心要素。而既懂技术又了解市场的农户非常少，技术和市场两个方面能力差异决定了成员人力资本的差异，特别是在农产品市场竞争激烈的情况下，成员在市场方面的要素更为稀缺，同时，成员在市场方面的能力具有正的外部性，其他成员能够通过"搭便车"行为加以分享。

第八节 结论与讨论

本章分析了农民专业合作社成员异质性产生的条件，在构建异质性成员关系模型的基础上探讨了异质性农民专业合作社的委托代理关系及其组织结构，并对同质性和异质性合作社的委托代理关系特征进行了比较，最后结合案例进一步阐释了异质性农民专业合作社的委托代理关系特征。研究结论如下：

（1）成员异质性结构产生主要源于成员在人口统计特征、资源禀赋、角色、成员能力和风险承担与期望等方面的异质性，成员异质性在短期有利于合作社吸纳发展所需的关键要素，但在长期将损害成员关系的稳定性。

（2）基于农产品价值链的成员关系模型分析表明，在异质性农民专业合作社中，成员之间存在多重比较复杂的委托代理关系：在成员与合作社之间、中小成员与合作社管理者之间、中小成员与核心成员之间、外部投资者与合作社之间以及核心成员自身之间均存在委托代理关系。在这些委托代理关系中，成员与合作社之间、中小成员与核心成员之间的委托代理关系是当前我国农民专业合作社委托代理关系矛盾的主要方面。成员异质性必将影响农民专业合作社的组织结构，由于核心成员关键要素产权不明晰，合作社管理者必然选择股份化的产权结构来获得合作社的控制权和剩余索取权。

（3）同质性与异质性农民专业合作社的委托代理关系比较：在同质性条件下，合作社成员关系主要表现为全体成员（成员大会）与合作社（管理者）之间的双向委托代理关系，代理链较短，在成员异质性结构下，成员之间的委托代理关系表现为多重性和复杂性。成员同质性可以保证成员能够与管理者进行有效的信息沟通和协调，而在异质性合作社，成员之间存在比较严重的信息不对称，特别是中小成员与核心成员之间的信息不对称更为严重，同质性成员关系主要是相互约束、互利互惠关系，异质性成员之间的关系主要是管理与被管理、监督与被监督、控制与被控制的关系。

　　农民专业合作社成员异质性是多种因素作用的结果，农户在资源禀赋、成员角色、风险承担、能力和期望等方面的异质性对农民专业合作社的组织结构、产权结构和利益分配产生重要影响，加强农户在多种要素方面的合作水平、提高农户的人力资本应该是减少农民专业合作社代理问题的重要途径之一。

第六章 我国农民专业合作社委托代理关系的治理机制

第一节 引 言

农民专业合作社是农户自愿参与的互助性组织,成员之间长期的合作意愿和稳定的合作关系是合作社持续运行的基础。当前,我国农民专业合作社仍处在发展初期和转型的重要阶段,我国农民专业合作社内部存在成员与合作社利益联结不紧密、组织结构松散、农户对合作社忠诚度低、合作社对农户带动力有限以及合作绩效低等问题。

经典合作社坚持所有者、惠顾者和管理者的同一,成员通过民主决策参与合作社的管理。我国2007年颁布实施的《农民专业合作社法》也提出了合作社的治理规则,那就是通过成员大会、成员代表大会、理事会、理事长等赋权体系,将合作社的最终控制权交给成员,并保护所有成员的治理权以防止其被少数人控制。面对我国农业生产基本矛盾和日益激烈的农产品市场竞争,如何建立和完善合作社制度,加强合作社的组织创新和机制创新,特别是加强对农民专业合作社委托代理关系的治理,激发广大农户参与合作的主动性和积极性,增强农民专业合作社在农户和市场中的纽带作用,有效地发挥合作社应有的功能,不断提高合作社运行的绩效,是当前我国农民专业合作社面临的重要问题。

第二节 相关文献回顾

从国内外农民专业合作社发展的实践来看，由于合作社这一组织的特殊性，委托代理关系在合作社内部是普遍存在的。Vitaliano（1983）认为，由于剩余索取权不能够市场化导致合作社显著的代理成本。Staatz（1987）进一步指出，合作社缺乏对股权的激励，导致合作社的代理问题比公司更为严重。Spear（2004）认为，由于合作社委托代理关系的存在导致大量出现合作社的管理者控制问题。我国学者也认为，在我国农民专业合作社内部存在较为严重的委托代理问题。比如：马彦丽和孟彩英（2008）认为，我国农民合作社内存在着"双重"的委托代理关系。张晓山（2004）、林坚和黄胜忠（2007）等均认为，农民专业合作社异质性结构产生了多数普通成员和少数核心成员之间的委托代理关系。崔宝玉（2011）认为，"大农"和"小农"之间在资本合作上存在委托代理关系。

学术界普遍认为，合作社内的委托代理关系会产生以下不利影响：成员利益侵害、利益冲突、协调困难等问题，应加强对合作社委托代理关系的治理。从已有的研究文献来看，代表性的观点主要有：

Bijman（2006）认为，应通过产权安排、社会协调机制来解决合作社治理的协调和保护。Condon（1987）等认为，应该加强合作社理事会的治理。黄胜忠（2008）认为，成员对合作社管理者的监督和激励是合作社治理的主要问题。邵科、徐旭初（2008）和崔宝玉（2012）等提出应该确保合作社同质性来加强合作社的治理。傅晨（2003）认为，产权激励可以解决合作社治理问题。林毅夫（2005）认为，应该加强成员监督的准确程度。罗必良（2007）认为，进入与退出机制是合作社治理的重要保障。孙亚范和余海鹏（2012）认为，产权制度和民主控制是合作社最为重要的治理机制，对成员合作行为与组织绩效有显著的正向影响，而且在很大程度上决定着合作社利益分配制度的健全程度。Hakelius（1996）、Bonus（1998）、黄祖辉和徐旭初（2006）等认为非正式制度是合作社治理机制的重要内容。李金珊等（2016）对浙江省农民专业合作社的研究发现，合作社成员的异质性、政策激励和政府监管机制等原因导致87%的合作社趋利化与公司化特征较为明显。社员异质性影响合作社决策权和产权制度安排,合作社必须坚持"所有者与惠顾者同一"的本质属性。任大鹏(2017)认为,合作社作为互助性经济组织,利益目标和价值取向是成员加入合作社的前提,应该正确处理退社成员的个人利益与合作社整体利益的关系,应该由合作社通过章程来明确退社的条件和程序。

综上所述,从20世纪80年代开始,合作社治理机制引起了学术界的广泛关注。从已有文献来看,国外学术界对合作社治理机制的关注集中体现在合作社内部,研究的内容涉及合作社治理的内容、产权治理、理事会治理,特别是对理事会治理研究在国外合作社治理机制研究处于重要地位。而我国学术界对合作社治理机制的研究源于20世纪90年代,研究的重点是我国农民专业合作社的委托代理关系下合作社产生的问题,特别强调我国农村人际关系、成员能力与信任等非正式制度等方面的治理机制。国内外将合作社正式制度与非正式制度结合来系统考察合作社治理机制的研究还不够。有鉴于此,本章从我国《农民专业合作社法》出发,在分析农民专业合作社组织机构和成员合作关系稳定性的基础上,借鉴有关理论,从内部和外部两个方面提出农民专业合作社较为系统的治理机制。

第三节　我国农民专业合作社的组织机构

我国《农民专业合作社法》比较详尽地规定了农民专业合作社的组织结构。法律规定,我国的农民专业合作社的组织结构为成员(代表)大会、理事会和监事会。由于我国各个地区农业经济和社会发展水平不同,法律对农民专业合作社某些组织机构设置的规定也表现出较大的灵活性。

一、农民专业合作社的成员大会

我国《农民专业合作社法》规定,成员大会是农民专业合作社的最高权力机构。成员大会由加入合作社的全体成员组成,成员大会负责合作社章程的制定和修改,"一人一票"民主选举合作社的管理者,对合作社人、财、物等方面的重大决策行使表决权、否决权和监督权。

规模较大的合作社可以由成员大会民主选举产生成员代表大会，《农民专业合作社法》规定，合作社成员数量达到 150 人及以上的合作社，可以在合作社的章程中对代表大会的产生、职责、权限等加以规定。成员代表大会属于代表机构，只能依据章程行使相关的权力并履行应尽的义务。

但是，法律对于农户入社的资格条件没有明确规定，基本上坚持经典合作社对成员同质性和开放性原则。我国《农民专业合作社法》对农户入社限定于"从事农业生产和经营的同类农民"的规定比较模糊。

二、农民专业合作社的理事会

由成员大会选举产生的理事会负责农民专业合作社的日常经营管理，是合作社的执行机构。成员大会根据合作社章程选举产生理事会成员。理事会对全体成员负责。

我国《农民专业合作社法》规定，合作社不论人数多少、规模大小都要设理事长，理事长负责合作社的经营管理，对外是合作社的法人。对是否设立理事会法律没有硬性规定。理事会的产生程序与人数由成员大会在章程中决定。理事长或者理事会依据章程聘任经理、财会、办公室等工作人员。

法律对外部管理人员（比如职业经理）进入和退出合作社没有详尽的规定，在一定程度上导致了核心成员成为合作社管理者和控制者的必然性。

三、农民专业合作社的监事会

我国《农民专业合作社法》规定，成员大会民主选举产生监事或监事会，监事或监事会代表成员大会对合作社的经营管理进行监督。农民专业合作社是否设执行监事和监事会由合作社的章程规定，设立了监事的合作社可以不再设监事会，不设监事和监事会的合作社则由成员大会行使监督职责。

法律将监督权选择赋予合作社的成员大会，对外部力量对合作社的监督没有明确规定，由于普通成员集体行动的困难，以及成员对监督的成本和收益的比较，在具体实践中许多成员在行使监督权方面，实际上选择了"搭便车"行为，导致对合作社的管理者很难实施有效的监督。

第四节　农民专业合作社成员合作关系的稳定性

一、我国农民专业合作社成员合作的可能性

(一) 中小成员之间的合作关系

1. 分析替代型成员之间的合作

借鉴第五章合作社成员关系模型，在农民专业合作社中，中小成员与其替代成员之间存在天然的淘汰性竞争关系。替代成员之间是否能够建立合作关系呢？

模型假设：同质性替代成员之间独立决策，以个人利润最大化为目标相互竞争；在合作社中，这些同质性成员基本上拥有相同的要素，为合作社提供同质性的产品或服务，后行动者会根据先行动者的选择调整自己的策略，先行动者会理性地预期自己行为对后行动者决策的影响而选择自己的策略；同质性替代成员之间信息是完全的。现借鉴 Stackelberg 竞争模型，设有同质性的替代成员 A 和成员 B，由于他们的要素禀赋具有同质性，其同质性产品对合作社而言表现为竞争性关系，某一成员单独提高价格会导致合作社对其产品需求量的减少，故可假定合作社对其的需求函数为 $p = p(q) = a - (q_A + q_B)$，其中，$q = q_A + q_B$，$a$ 是正的常数。若成员 A 和成员 B 有相同的边际成本 $mc \geq 0$，成员 A 和成员 B 以利润最大化为目标，分别选择产量 q_A 和 q_B，他们的支付（利润）函数分别为：

$$\pi_A(q_A, q_B) = q_A[p(q) - mc], \quad \pi_B(q_A, q_B) = q_B[p(q) - mc]$$

现在使用逆向归纳法求解该博弈的子博弈精炼纳什均衡。假设成员 A 在 t_0 时刻选择产量 $q_A(t_0)$，成员 B 观测到 A 的决策行为，并在 t_1 时刻选择自己的最优产量 $q_B(t_1)$，成员 B 的最优决策应该为 $\max\pi_B(q_A, q_B) = q_B[p(q) - mc]$，解得成员 B 最优产量为 $q_B = (a - mc - q_A)/2$，又成员 A 在 t_0 时刻具有理性的预期，成员 A 的决策应为 $\max\pi_A(q_A, q_B) = q_A[p(q) - mc] = q_A[a - q_A - (a - mc - q_A)/2 - mc]$，解得成员 A 最优产量为 $(a - mc)/2$，相应的成员 B 的最优产量为 $(a - mc)/4$。

以上就是合作社替代成员之间动态博弈的子博弈精炼纳什均衡结果，将该结果代入利润函数，得到成员 A 和成员 B 的最大化利润分别为 $\pi_A = (a - mc)^2/8$ 和

$\pi_B = (a - mc)^2/16$，成员 A 和成员 B 的总支付为 $\pi = 3(a - mc)^2/16$。

如果具有替代关系的成员 A 和 B 之间相互合作。合作决策就是合作总体利益最大化的决策问题。设合作社对 A 和 B 的产品需求函数为 $p = p(q) = a - (q_A + q_B)$，$a \geq 0$，是常数，则合作总利润 $\pi = q(p - mc)$，解得合作时最大化利润为 $(a - mc)^2/4$，产量为 $(a - mc)/2$。以集体利益为目标的总利润 $(a - mc)^2/4$ 大于以个人利益为目标的总利润 $3(a - mc)^2/16$，创造的价值增量为 $\Delta\pi = (a - mc)^2/16$，但产量 $(a - mc)/2$ 小于 A 和 B 竞争时的产量之和 $3(a - mc)/4$。

可见，合作比不合作强，合作能够创造出价值增值，有利于合作社发展。合作社中小成员合作创造了价值增值并实现了集体理性。但促使合作社中小成员合作的动机是个体理性而非集体理性，所以合作社的收益分配成为各中小成员之间能否长期合作与稳定的关键。

2. 分析互补型成员之间的合作

在合作社中小成员合作关系中，还包括提供互补性产品的中小成员之间的合作关系，现借鉴产品有差异的 Bertrand 模型进行分析。模型假设：成员 A 和 B 分别选择价格 p_A 和 p_B 为合作社提供有差别的产品；合作社对成员 A 和 B 提供的产品的需求函数分别是其价格的线性函数；A 和 B 没有固定成本，其边际成本分别为 mc_A 和 mc_B，且均小于 a；A 和 B 以自身利润最大化为目标选择价格。则 Bertrand 模型的产品需求函数为：

$q_A = q_A(p_A, p_B) = a - p_A + bp_B$，$q_B = q_B(p_A, p_B) = a - p_B - bp_A$，$a > 0$，$b > 0$

把 q_A 和 q_B 分别代入利润函数分别为 $\pi_A = q_A(p_A - mc_A)$ 和 $\pi_B = q_B(p_B - mc_B)$，解得以利润最大化为目标的成员 A 的均衡价格为 $a/(b + 2) + (2mc_A - bmc_B)/(4 - b)$，进一步得到成员 A 的均衡利润为 $\left[\dfrac{a}{b+2} - \dfrac{(2-b^2)mc_A + bmc_B}{4-b^2}\right]^2$（B 的分析类似）。

由于成员 A 和 B 存在合作成本，合作使得单个成员的边际成本改变，以成员 A 为例，设合作的边际成本节省系数为 β，成员为合作支付的额外合作成本为 $\omega_A = k\beta_A mc_A$，则 A 和 B 合作的边际成本为 $(1 - \beta_A)mc_A$，A 的利润函数为 $q_A[p_A - (1 - \beta_A)mc_A] - \omega_A$，把 ω_A 代入上述 A 的利润函数，得 A 合作的利润函数 π_A，由于成员 A 和 B 利润函数的对称性，以利润最大化为目标的合作行为，只要单个成员合作的利润大于不合作的利润，合作的总利润就大于不合作的总利润，进一步可以求得 A 的均衡利润 π_A^*，并与 π_A 比较，可以得到：当 $b \leq 2$ 且 $b \neq 0$，只要 $\beta_A > \dfrac{[k + (a + mc_A)(b-1)](4-b^2) - 2bmc_A}{(b^2 - 2b + 4)(b - 1)mc_A}$，成员 A 与互补性 B 能够建立合作关系。

（二）中小成员与核心成员之间的合作关系

模型假设：假定合作社中某一核心成员 A 具有某种关键要素 K（比如资本），其他某一中小社员 B 具有某种关键要素 L（比如劳动）；两种要素同时使用会产生溢出效应，溢出效应产生的结果会使使用这两种要素的成员的生产成本更低；A 和 B 根据自身利益最大化目标决定是否合作。

合作社成员异质性主要从产权结构、控制权结构和利益分配机制三个方面对合作社组织产生影响。核心成员对合作社的出资目的主要是获得合作社的使用权，间接掌握合作社的控制权，获得按照出资额等多的分配盈余等。对于仅为合作社提供产品数量，可以借鉴古诺模型来分析成员之间各自确定能够给自己带来最大利润的产量。

如果，A 和 B 独立生产形成竞争关系。当 A 和 B 同时使用要素 K 和要素 L 时，由于溢出效应使得 A 和 B 分别获得数量为 x_A 和 x_B 的单位成本的节约，因同时使用要素 K 和要素 L 也需要支付一定的成本。为分析简化起见，假设 A 和 B 独立生产具有相同的边际成本 mc，需要支付的该成本是 x 的增函数，若 θ 为收益率，则 A 和 B 需要支付的该成本分别是 $y_A = \dfrac{\theta}{2} x_A^2$，$y_B = \dfrac{\theta}{2} x_B^2$，合作社对于 A 和 B 生产的产品的需求函数为 $p = p(q) = a - (q_A + q_B)$，$a \geq 0$，是常数，A 和 B 各自追求利润最大化，其支付（利润）函数分别为 $\pi_A = q_A(p - mc + x_A) - y_A$ 和 $\pi_B = q_B(p - mc + x_B) - y_B$，可分别求得 A 和 B 各自追求利润最大化时的产量为：$q_A = \dfrac{a - mc + 2x_A - x_B}{3}$ 和 $q_B = \dfrac{a - mc + 2x_B - x_A}{3}$，进一步得到，当 $x_A = \dfrac{4(a - mc - x_B)}{9\theta - 8}$、$x_B = \dfrac{4(a - mc - x_A)}{9\theta - 8}$ 时 A 和 B 的最大化利润，借鉴古诺模型，解得均衡产量为 $\dfrac{3\theta(a - mc)}{9\theta - 4}$，均衡利润为 $\dfrac{\theta(a - mc)^2(4.5\theta - 4)}{2(4.5\theta - 2)^2}$，总利润为 $\dfrac{\theta(a - mc)^2(4.5\theta - 4)}{(4.5\theta - 2)^2}$。

考虑 A 和 B 进行合作。A 和 B 共同所有要素 K 和要素 L，共同参与投入要素决策，协调投入的成本，共享合作的利益，合作的目标是共同利润最大化。此时，由于 A 和 B 进行合作，每个成员都可获得其合作对象使用要素的溢出效应，而不需要支付额外成本，$y_A = \frac{\theta}{2}x_A^2$，$y_B = \frac{\theta}{2}x_B^2$。A 和 B 的利润函数分别为 $\pi_A = q_A(a - q_A - q_B - mc + x_A + x_B) - y_A$，$\pi_B = q_A(a - q_A - q_B - mc + x_A + x_B) - y_B$，借鉴古诺模型，可得到 A 和 B 所选择的产量均为 $\frac{a - mc + x_B + x_A}{3}$，将其代入 A 和 B 的利润函数求得其利润 π_A' 和 π_B'，A 和 B 进行合作目的是共同利益最大化，求解 $\max(\pi_A' + \pi_B')$，得到合作均衡时，A 和 B 的总利润为 $\frac{2\theta(a - mc)^2}{9\theta - 8}$。若 A 和 B 合作实现，必须同时满足集体理性与个体理性，也就是合作总利润大于不合作的总利润，单个成员从合作中得到的利润大于不合作的利润。通过计算，合作总利润减不合作的总利润为 $\frac{2\theta(a - mc)^2}{9\theta - 8} - \frac{2\theta(a - mc)^2(9\theta - 8)}{(9\theta - 4)^2} = \frac{4\theta(a - mc)^2(4.5\theta - 3)}{(4.5\theta - 2)^2(4.5\theta - 4)}$，只要收益率 $\theta > \frac{2}{3}$，合作的全部条件得以满足，同时说明了合作社异质性成员之间能够进行合作。

二、我国农民专业合作社成员合作的稳定性

在一定条件下，异质性农民专业合作社各行为主体之间存在合作的可能，无论是中小成员之间还是中小成员与核心成员之间的合作，都是通过合作获得收益或合作溢出。那么，异质性农民专业合作社成员合作关系是否能够保持长期合作（即合作的稳定性）？

为研究异质性农民专业合作社成员合作关系的稳定性，假设：合作社成员之间的合作是一个存在合作与不合作两种状态的动态过程；博弈参与人 A 和 B 的行为选择具有不确定性（即当博弈参与人认为合作是有利的会选择合作，否则选择不合作）；A 和 B 信息不对称，A 选择合作的概率为 p，B 选择合作的概率为 q；参与人 A 和 B 要素联合时能够产生合作收益，独立使用时，收益为 0；A 和 B 的每次合作需要支付相应的总成本 c，A 因为合作需要支付成本在 c 中的比重为 α；合作溢出与合作总成本成正比，β > 1 为合作效应系数，A 因为合作得到的收益分配为 αβc，B 因为合作得到的收益分配为 (1 − α)βc。借鉴 KMRW 声誉模型，根据以上假设得到 A 和 B 的支付矩阵如表 6-1 所示。其中 $A_{11} = (\beta - 1)$

αc，$B_{11}=(1-\alpha)(\beta-1)c$，$A_{12}=-\alpha c$，$A_{21}=(\beta-\alpha)c$，$B_{21}=(\alpha-1)c$，$A_{22}=B_{22}=0$。

当 t=1 时，A 和 B 进行静态博弈。支付矩阵在 $0<\alpha<1$ 的条件下满足：$A_{21}>A_{11}$，$B_{12}>B_{11}$，博弈参与人存在不合作的动机；$A_{21}+B_{21}<A_{11}+B_{11}$，$A_{12}+B_{12}<A_{11}+B_{11}$ 表明合作的收益最大；$A_{22}+B_{22}<A_{11}+B_{11}$ 表明博弈参与人合作的总收益对于不合作的总收益；$B_{21}<B_{22}$，$A_{12}<A_{22}$ 表明博弈参与人一方不合作时，合作的一方的损失对于其不合作的收益。

表 6-1 A 和 B 的支付矩阵

		B	
		q	1-q
A	p	(A_{11}, B_{11})	(A_{12}, B_{12})
	1-p	(A_{21}, B_{21})	(A_{22}, B_{22})

当 t=2 时，考虑到参与人 A 先行动，由于信息不对称，博弈在第二阶段结束，参与人 A 出于自身利益，会选择不合作（最优选择）。在博弈第一阶段，A 选择某种行为 Y；在第二阶段，合作型的 B 会选择与 A 相同的行为，而不合作型的 B 会选择不合作。若 Y 是合作，则 A 的期望支付为 $A_{11}q+A_{12}(1-q)+A_{21}q\varepsilon$，$\varepsilon$ 为贴现因子，为简化模型，设 $\varepsilon=1$；若 Y 是不合作，则 A 的期望支付为 $A_{21}q$，A 在博弈第一阶段选择合作的充要条件为 $A_{11}q+A_{12}(1-q)+A_{21}q\varepsilon \geq A_{21}q$，又 $\varepsilon=1$，$q \geq \dfrac{A_{11}}{A_{12}-A_{11}}=\dfrac{1}{\beta}$，$\beta>1$，这说明：博弈产生的合作效应越大，$\dfrac{1}{\beta}$ 越小，B 选择合作的可能性不小于这个较小的数，在博弈的第一阶段，A 和 B 的策略组合为（合作，合作）。

当 t=3 时，仍假设 $q \geq \dfrac{A_{11}}{A_{12}-A_{11}}=\dfrac{1}{\beta}$，$\beta>1$。若博弈第一阶段 A 和 B 的策略组合为（合作，合作），t=2 和 t=3 时，参与人的策略选择为合作，则 A 的期望收益为 $A_{11}q+[A_{11}q+A_{12}(1-q)]\varepsilon+A_{21}q\varepsilon^2$，如果 A 在第一阶段选择不合作，由假设条件，B 在第二、第三阶段均会选择不合作，A 从选择不合作中获得期望收益为 A_{21}，所以 A 选择合作的条件是 $A_{11}q+[A_{11}q+A_{12}(1-q)]\varepsilon+A_{21}q\varepsilon^2 \geq A_{21}$，因 $\varepsilon=1$，解得 A 选择合作的条件是 $A_{11}+A_{21}q \geq A_{21}$，即 $q \geq \dfrac{\beta(\alpha-1)}{(\alpha-\beta)}$，这表明：

在合作收益既定的情况下，A 对合作的贡献度 α 大，B 的合作概率只要大于 0，A 和 B 的合作均可以实现。

当 t = n 时，n 阶段重复博弈是否存在合作均衡呢？根据前面 t = 2 时，A 会在第一阶段选择合作，故当 t = n 时，A 没有动机在 n − 1 期选择不合作，又 t = 3 时，A 在第一、第二阶段的均衡选择均为合作，所以 A 也没有动机在 n − 3 期及以前时期选择合作的情况下，在 n − 2 期选择不合作。A 有没有动机在 n − 3 期选择不合作呢？假设 A 在第 t − 1 期及以前选择合作，在第 t 期选择不合作，那么 B 在观测到 A 在 t − 1 期选择合作的行为后，会在第 t 期选择合作。若在观测到 A 在 t 期选择不合作，B 会在第 t + 1 期选择不合作，于是 A 从 t = 1 到 n 期的总收益为：

$A_{21}q + A_{12}\varepsilon + A_{11}\varepsilon^2 + \cdots + A_{11}\varepsilon^{n-t-2} + [qA_{11} + (1-q)A_{12}]\varepsilon^{n-t-1} + qA_{21}\varepsilon^{n-1}$，$\varepsilon = 1$，因为 $A_{21} + B_{12} \leq A_{11}$。以上分析表明，对 A 来说，选择不合作的总收益小于合作的总收益，A 没有理由选择不合作。类似方法对 B 的分析也表明 B 也没有理由不合作。

第五节 农民专业合作社委托代理关系治理的理论基础

一、产业组织理论

产业组织理论研究不完全竞争市场的市场构造和企业行为，是微观经济学中个体经济学中的一个重要分支。产业组织理论主要是为了解决所谓的马歇尔冲突的问题，也就是产业内企业的规模经济效应与企业竞争活力的冲突。马歇尔认为，产业和生物组织体一样，是一个伴随着组织体中各部分的机能分化（企业内的分工和社会分工）和组织各部分之间紧密联系和联合（企业的兼并和准兼并）的社会组织体。产业组织理论一直是研究农民专业合作社发展问题的重要理论来源。

竞争效率与产业组织的关系问题，很早就引起了古典经济学家的关注，比如，亚当·斯密认为，分工是提升组织效率的重要原因，马克思也提出了组织的协作化程度可以用生产利用率表示。另外，1890年马歇尔在《经济学原理》一书中将"组织"列为生产要素，认为不同的组织方式会有不同的效率。

关于产业的组织化和竞争力关系研究也是现代产业组织理论的重点内容。贝恩、谢勒和梅森等提出的SCP分析模型认为，市场绩效的高低取决于产业组织形式。另外，斯蒂格勒在《市场容量限制劳动分工》和《规模经济》以及《进入壁垒、规模经济和厂商规模》中提出了制度因素对组织绩效的影响，米塞斯和哈耶克也特别强调产业组织的重要作用。

二、公司治理理论

公司治理理论是企业理论的重要组成部分。公司治理理论以现代企业为主要研究对象，以激励和监督为主要内容，研究公司治理结构中对经营者的监督与制衡机制，探讨如何通过公司治理结构和治理机制来改善公司决策的科学性和有效性，维护公司利益相关者的权益。

Ross（1973）认为，在分散股权结构下，董事会是公司治理机制的核心。奥利弗·哈特（1996）提出，只要组织存在代理问题（成员之间存在利益冲突）和较高的交易费用，则公司必然出现相应的治理问题。Jensen（1976）应用委托代理理论分析了公司治理的基本框架。他提出通过加强对经理人员的激励和监督，可确保双方利益偏差有限。Hart（1980）认为，由于不确定性导致的不完全契约，公司剩余控制权的分配尤为重要。20世纪80年代末发展起来的竞争激励理论认为，竞争能产生一种非合同式的包含信息比较、经理人员努力程度公开和生存三个方面动力的激励机制。

总的来看，公司治理理论是分析诸如契约、组织设计和立法等制度如何使公司运行更有效率。一般认为，公司治理的主要内容是经理、股东与董事会之间的委托代理问题，还包括与相关利益者之间的关系的治理。

三、交易费用理论

康芒斯将交易分为三种类型：一是市场交易，它反映了人们之间平等的交换关系；二是管理的交易，它反映了合约规定的上下级之间的命令与服从关系；三是限额的交易，主要指政府对个人的关系；威廉姆森认为交易受不确定性、交易次数以及资产专用性的影响。资产专用性包括：特定用途资产的专用性、有形资产用途的专用性、人力资本的专用性、地点的专用性以及品牌资产的专用性。交易费用理论把属性各不相同的交易与成本和效能各不相同的治理结构匹配起来，产生不同的节约交易成本的结果：

（一）交易的维度与治理结构

威廉姆森把交易分为一次性交易、数次交易和重复发生的交易三种；根据资产专用性的不同，又将交易分为非专用性交易、混合交易和特质交易三种，提出了与治理结构匹配的六种交易，如表6-2所示。

表6-2 对交易的解释

		投资特点		
		非专用	混合	独特
交易频率	偶然	购买标准设备	购买定做设备	建厂
	经常	购买标准原材料	购买定做原材料	中间产品要经过各不相同的车间

资料来源：威廉姆森.资本主义经济制度[M].北京：商务印书馆，2004.

（二）交易与治理结构的匹配

麦克内尔认为契约主要有关系契约、新古典契约和古典契约三种形式。双边或一体化的治理结构与关系契约比较接近，适用于重复进行的非标准化交易；三边治理与新古典契约基本相同，主要针对随机性和非标准化的交易；市场治理与古典契约接近，对一切标准化交易具有普遍实用性。

（三）市场治理

市场治理主要适用于高度标准化的交易。在高度标准化的交易中，由于双方可以凭借已有的经验来判断和决定是否继续维持交易关系，因此完全可以借助市场这只"看不见的手"来约束供给方的行为。

（四）三边治理

三边治理主要适用于混合型数次交易和特质数次交易。在这两类交易中，一旦双方达成了某种合作协议，双方都有很强的动机维持交易关系，理性的交易双方更愿意维持已有的、稳定的关系。但由于交易双方会发生争端，通过市场治理是无效或低效的，建立一个专门的治理机构的成本又太高，因此，应寻求一种介于市场治理和专用性资产交易治理之间的中间治理模式。

(五) 专用性治理

专用性治理结构适用于混合重复交易和特质重复交易。专用性治理结构有双边治理和一体化治理两种形式，交易越专门化，人们同外部进行交易的意愿越小，越倾向于寻求垂直一体化的模式。因为人力和实物资产越专门化于某种特定用途，向其他用途转移的可能性就越小，买方和外部供货方可充分实现规模经济。

可见，资产专门化程度越高，交易的数量与价格的范围越宽，交易适应性越强。由于此时交易者相对稳定，资产专用性强，其治理结构逐步由市场治理过渡到双边治理，最后到一体化治理。治理结构与交易的匹配如表6-3所示。

表6-3 治理结构与交易的匹配

		投资特点		
		非专用	混合	独特
交易频率	偶然	市场治理	三方治理（新古典式签约方法）	
	经常	古典式签约方法	统一治理	双方治理（关联式签约方法）

资料来源：威廉姆森.资本主义经济制度［M］.北京：商务印书馆，2004.

四、产权理论

德姆塞茨认为，产权是指个体与他人自己利益的受损权或受益权；施瓦茨认为，产权包括所有权、投票权、行使权和专利权等；配杰威齐与菲吕博顿认为，产权关系的本质在于产权是人与人之间的关系，而非人与物的关系，产权安排决定了人与人之间的行为准则；巴泽尔认为，财产权包括对财产的支配权、收益权和让渡权。

可见，完备的产权包括使用权、收益权和转让权，产权是指人们是否有权利用自己的财产去损害他人的权益，产权具有排他性、可分割性、可转让性、有限性、行为性等基本属性。产权理论主要内容包括以下几方面。

(一) 产权与效率

斯密认为，分工源于市场交换，分工的水平取决于市场交换能力，斯密把分工作为经济进步的唯一因素，分工依赖于交易，交易限制了分工；1928年，杨格在其论文《收益递增与经济进步》中认为，"亚当·斯密的定理可以改写为分工一般地取决于分工。这绝不是同一反复"。新古典经济学把交易视作没有人格特征的匿名交易，当事人之间的私人关系无关紧要，"无形之手"使每一份契约都能严格地被履行。因此，契约总是完全的。而契约中总留有未被指派的权利和未被列明的事项，契约是不完全的。在不完全的契约中，权利在客观上分为特定权利和剩余权利。契约中未被指派的权利称为剩余权利，它包括剩余控制权（即未被合同明确规定的权力）和剩余索取权。当契约中未被列明的事项或状态出现时，必须有人有权决定如何处置。所以在一个不确定的环境里，要维持契约的存在，就必须赋予契约随机应变的功能。财产制度对合作社剩余索取权安排和对不完全契约的治理发挥重要作用。

（二）产权与交易费用

选择什么样的产权界定方式，是有其客观标准的，一般而言，根据费用大小，可以分别由市场、企业、政府来界定产权。这个标准就是交易费用最小的制度安排，是最有效率的。科斯认为，由于存在交易费用，产权的市场交易就受到了限制。威廉姆森认为，交易费用存在取决于三个因素：受到限制的理性思考、机会主义以及资产的专用性。若以上三因素不同时存在，交易费用就不会存在。从深层次看，交易费用的存在与人的本性有关。威廉姆森认为，人的本性直接影响了市场的效率，市场交易可以改变资源配置结果。

（三）产权与契约

新古典经济学认为交易具有完全的理性、充分合作和完全信息，"看不见的手"使每一份契约都能严格地被履行，契约是完全的。但现实的不确定性导致了契约不完全的约束条件是有限理性和信息不对称。不完全契约中的权利分为特定权利和剩余权利。特定权利是在契约中明确规定的权力，契约中未被指派的权利称为剩余权利，包括剩余控制权和剩余索取权。

（四）产权与激励

财产制度对剩余索取权的安排和对不完全契约的治理发挥着重要作用，产权结构不仅决定了剩余索取权在劳动和资本之间的配置结构，而且还导致对剩余索取权的激励。剩余索取权是一种不可替代的激励机制，其激励绩效是由财产制度来保证的。有效的监管也是集体成员提供充分努力的必要条件。一般来说，集体生产中的有效监督是由享有剩余索取权的成员提供的。当财产权受到侵蚀时，剩余权激励势必受到削弱。集体经济效率低下，其根源是集体生产中的监管困难，而监管困难又源于排他性财产制度的缺失。

（五）公有产权与剩余控制权的安排

首先，公有产权要求剩余控制权由具有较高运行成本的集体行使；其次，代理人的私人利益可能"渗入"集体决策的过程和执行；再次，公有产权对代理人存在严格的道德要求；最后，代理人难以监督。公产制度下的双向监督机制有成本高、力度不大等特点。决定集体监控力度的主要因素有监控费用和成员间的相互依赖度。

总之，公产制度要求剩余控制权由集体行使，但现代社会分工却要求由个人行使。由个人行使公产的剩余控制权，又面临决策的公益性质与其私人利益的矛盾。即使知道剩余控制权应该配置给什么人，也没有一种有效的机制将他选出；即使能够选他出来，也可能要为选拔和监督支付很高的成本。

五、委托代理理论

委托代理理论是近 30 年经济学发展最快的领域之一，经济学中的委托代理关系泛指非对称信息的交易关系，交易中信息优势一方为代理人，委托人为信息劣势的一方。代理关系在广义上指承担风险的委托人授予代理人某些决策权并与之订立或明或暗的合约。狭义的代理关系则专指公司的治理结构，即作为出资人的委托人授予代理人在合约中明确规定的权利（控制权）。合约中未经指定的权利（剩余索取权）归属出资人。委托代理理论的主要内容包括以下几方面。

（一）委托代理产生的缘由

信息不对称性和不完全、环境的随机性、契约的不完备以及行为的有限理性等原因，都会产生委托代理问题。

一般认为信息分布的非对称性是委托代理问题产生的关键性原因，环境的不确定性使得产出不仅受代理人的行为和努力程度的影响，委托人无法根据可观察的产出来推断代理人的实际努力水平与行为选择，由于契约的不完全性，代理人往往通过机会主义行为来实现其最大效用，损害委托人的利益。

（二）委托代理的治理

20 世纪初，由于股份制企业而产生的所有权和控制权分离、中小股东监督积极性减弱、普通股权的市场化等原因，导致企业决策权掌握在经理手中，经理和股东存在利益冲突，产生了所谓的代理成本问题。股东需要通过一定的激励约束机制来促使经理尽量为股东利益服务，减少代理成本。

（三）代理成本的主要表现

代理成本主要表现在：代理人有着不同于委托人的利益和目标；代理人对自己的知识和才能以及努力拥有私人信息。因此，在委托代理关系中就有所谓的代理成本或激励问题产生。代理成本包括：委托人的监督成本；代理人的担保成本和剩余损失。

（四）委托代理问题的类型

现实生活中委托代理问题的主要类型：一是道德风险问题。道德风险指的是代理人利用事后信息的不对称和不完备契约产生的损害委托人利益的行为。减少代理人道德风险的关键是最优的激励契约设计，该契约确保代理人的效用和委托人的利益相互平衡。二是逆向选择问题。逆向选择是指代理人利用事前的信息不对称性等所采取的侵害委托人利益的行为。新制度经济学认为，对代理人的监督和激励设计是代理问题治理的关键所在。

六、公共选择理论

以肯尼思·阿罗、D.布莱克、詹姆斯·布坎南与戈登·塔洛克为代表的公共选择学派提出的公共选择理论是对非市场决策的经济学研究，公共产品的存在及其特性的研究表明，通过市场的方式获取人们对公共物品的真实偏好信息的不可行性，当人们的需求偏好彼此不同时，如何将个人偏好转化为社会偏好？这自然成为公共物品供给之前必须解决的问题，也正是公共选择的起因所在。

公共产品所具有的非排他性、非竞争性和外部性使得市场价格机制无法被用于揭示个人偏好。首先，在非排他性下，理性人往往都会隐瞒自己的信息，作出"搭便车"行为；其次，公共产品排他性难以实施，容易导致个人的不合作行为；最后，非竞争性在组织规模很大的情况下，个人信息和行为具有不确定性，难以实施有效的监督。一定程度的非竞争性使合作性的集体决策有利于所有的人，而排他性的缺失则激励个人采取不合作行为，因而需要通过相应的治理机制协调人与人之间的偏好差异，作出满足多数人的利益的集体决策。

第六节　农民专业合作社委托代理关系的治理机制

合作社治理机制主要包括：决策机制、激励机制、监督机制的内部治理机制以及外部治理机制（见图6-1），它们在合作社治理过程中发挥不同的作用。合作社委托代理关系的治理机制就是通过一系列完善的制度，确保合作社管理者（代理人）和按照全体成员（委托人）的利益目标行事，保持双方利益的平衡。

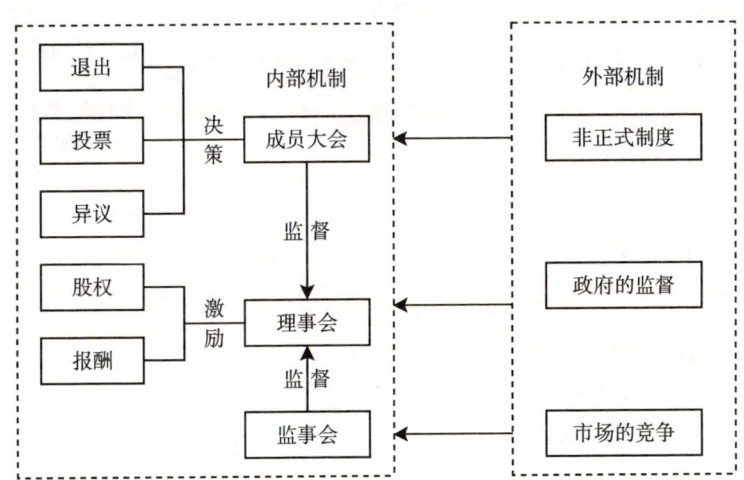

图 6-1　我国农民专业合作社委托代理关系治理机制

一、我国农民专业合作社的内部治理机制

我国农民专业合作社的内部治理机制集中反映在以下几个方面，如表6-4所示。

表 6-4　农民专业合作社委托代理关系内部治理机制

理事会	管理者报酬	股权结构	内部监督机制	社员退出权
成员数量	理事会成员持股比重	大股东持股数量	社员大会召开次数	社员退出能力

续表

理事会	管理者报酬	股权结构	内部监督机制	社员退出权
核心成员数量	理事会成员报酬占盈余的比重	大股东持股比重	监事会召开次数	出资额
外部成员数量			合作社信息公开次数	未分配盈余

一是理事会，处于发展初期的我国农民专业合作社，在缺乏职业经理人情况下，理事会成为合作社的"代理人"，实际经营管理合作社业务。二是合作社管理人员报酬。确保管理人员能够以合作社全体成员利益为目标的机制是给予充分的激励：按股分红和工资。三是股权结构。恰当的股权比例可以调动大股东的积极性，增强中小股东的归属感。四是内部监督机制。成员大会和信息公开是合作社内部对管理者有效的监督机制。五是成员退出权。成员退社时，其出资额是否退还、能否分享合作社公积金和未分配盈余能对合作社管理者起到威慑作用。

（一）合作社的决策机制

农民专业合作社的决策机制是在一定的治理结构中，赋予各权力方不同的决策权所形成的决策权力分配和行使的制度安排。成员大会、理事会和监事会被分别赋予不同层次的权力，有明确的权力边界，并组成相互关联的合作社的决策机制。成员大会是农民专业合作社的最高决策机构，其次是理事会层决策，监事会代表合作社全体成员对合作社的管理者进行监督。

现有的成员大会、理事会、监事会层级化管理模式中，成员大会是代表社员利益的合作社的最高权力机构，理事会决定了合作社日常经营管理的绩效，监事会确保理事会按照全体成员利益目标不会偏离。但是，在异质性农民专业合作社中，普通社员由于投资少或经营规模小，从农民专业合作社决策中获取的收益小，加上"一人一票"民主决策导致集体行动的困难，普通社员究竟有多大的话语权也带有很大的不确定性，极端的民主决策也会挫伤合作社管理者的积极性，极易产生利益分配的"大锅饭"现象，也不利于提高合作社运行绩效。

（二）合作社的激励机制

企业的激励机制是指如何激励董事与经营者努力为企业创造价值，减少道德风险的产生，它包括报酬激励、剩余索取权和剩余控制权激励、声誉激励等。有效的激励机制能够促使企业的经营管理者自觉采取适当的行为，以实现股东利益最大化。农民专业合作社作为一种独立的经济组织，应该提供一种有效的激励机制，以充分调动参与主体各方的积极性。但是，激励也存在成本，合作社面临一种两难选择：如果激励不足，容易遭受管理者"失误"和信息不足等带来的效率损失；如果激励过度，将会付出超过价值回报的过高成本而损害绝大部分中小成员的利益。合作社的激励机制就演变为如何在参与主体利益之间选择一个最优的均衡点，最大限度地激发中小成员参与和管理者经营的积极性。

农民专业合作社的激励问题主要体现在对成员和管理者的激励，而对合作社管理者的激励是合作社治理机制的重要部分。由于异质性合作社的契约松散性、剩余索取权不能够市场化、缺乏合作社经理人市场、成员角色差异等原因，导致合作社的委托人如何激励管理者成为一个紧迫性问题。

（三）合作社的监督机制

健全合作社的内部监督机制，充分发挥监事会和农民社员的监督作用，实行社务公开、财务公开，是确保农民专业合作社健康发展的根本保证。

监督是委托人提供一定的方式对代理人的行为进行监察和控制的活动。监督机制是合作社委托人对代理人的经营决策行为、结果有效审核、监察与控制的制度设计。在农民专业合作社内部，由于信息不完全和道德风险，代理人（合作社经理）在经营过程中存在机会主义倾向，代理人行为目标和委托人（社员）的目标不一致，出现利益冲突。这就要求委托人对合作社代理人进行严格的监督，但是只有在监督的成本低于监督的收益时，成员才有去监督的积极性。

我国农民专业合作社普通成员绝大部分是持股比例很低的小股东，小股东对合作社的核心成员监督的成本很高，而且监督带来的收益极容易导致其他成员的"搭便车"行为，缺乏采取集体行动对合作社管理者监督的动机，助长了少数核心成员的机会主义行为和道德风险，最终将损害广大中小成员的利益。

（四）合作社的约束机制

农民专业合作社的约束机制就是如何对代理人的行为给予有效的约束和规范，使其利益目标与合作社利益目标保持一致的机制。一般包括合作社控制权竞争机制、合作社治理机制、经理市场和产品市场机制等。这一系列的机制对合作社代理人形成了外部和内部相结合的多重约束，使其充分发挥潜能，努力提高经营管理水平，为合作社谋取最大利益。

二、我国农民专业合作社的外部治理机制

合作社的外部治理机制是指合作社成员通过非正式制度、政府监督以及市场机制等对管理者进行制约。就合作社运行的实际情况而言，对于公司治理的经理市场、金融市场、资本市场、并购市场和控制权市场等对于农民专业合作社的影响相对有限，目前对于合作社的外部治理机制主要包括：主管部门的监管、非正式制度以及市场竞争。

（一）非正式制度

新制度经济学认为，法律、规章制度及经济主体之间的正式契约等属于正式制度，文化、道德、风俗、伦理和意识形态等属于非正式制度。非正式制度通过长期性、自发性和无意识性影响人的行为，非正式制度是各种正式制度安排的条件。组织制度绩效取决于组织中的正式制度与非正式制度的安排及协调性。

非正式制度是合作社正式制度有效性的基础，成员信任是成员合作的条件，非正式制度可以促使成员对合作社组织产生情感依赖和认同感，非正式制度对成员合作的目的、动机和行为产生约束和规范，增强成员之间的相互信任，降低成员合作的成本，提高合作的绩效。国外一些发展状况较好的农业合作社，原因之一就在于成员合作中的投机主义较少，成员依法照章办事、诚心合作。

（二）政府监督

农民专业合作社是我国现代农业生产经营的新型主体，也是建设现代农业的重要力量。各级政府在财政、金融、保险、项目、技术以及基础设施建设等方面都给予了合作社大力支持。

我国目前农民专业合作社内部委托代理问题的治理制度依赖于外部条件的改善，不能够单纯地强调合作社内部运行机制的规范。我国农户长期经营分散、农村阶层分化、农业资本流失严重的现实背景下，合作社的发展没有政府的大力支持和监管是不可持续的。政府的支持和监管能够促进合作社资源的整合和优化，使广大的农户和合作社得到政府扶持政策和监督的同时，真正杜绝虚假合作社的"搭便车"行为，切实保护广大农户的利益，使合作社真正成为我国现代农业发展的新型经营主体。

（三）产品市场竞争

产品市场竞争指生产经营同类产品的经济主体为维护自身利益，增强产品竞

争力，排斥同类产品的行为。产品市场竞争表现为产品质量、产品营销、价格、服务以及品种等方面的竞争。现代产业组织理论主要从两权分离引起的委托—代理关系视角来研究产品市场的绩效。哈佛大学产业经济学贝恩、谢勒提出了经典"结构—行为—绩效"分析范式（简称SCP）认为，不同的产品市场会具有不同的市场结构特征和差异化的市场竞争态势，决定了产业内部企业的生产和营销行为，决定了企业的经营绩效。

农产品市场一般存在交易主体数量多、进入门槛较低、交易规模小、产品差异化不大、竞争激烈和市场集中度低等特点。身处农产品市场竞争中的合作社要保证持续的经营能力，就要不断进行新产品研发，通过差异化获得市场定价能力，提升合作社自身在产品市场上的销售份额和品牌影响力。农产品市场竞争结构对合作社组织的内部治理机制体现在：

一是市场竞争有利于增强成员与管理者之间的信息沟通。市场竞争程度越强，合作社管理层的能力和努力程度的信息越可以对成员充分地公开。竞争影响合作社管理者的收益和经营能力，能够调动合作社管理者的工作努力程度，缓解成员之间的信息不对称问题，激励合作社管理者的行为产品市场竞争是确保经理人行为与所有权人利益一致的重要外部治理机制之一。

二是市场竞争加大了合作社管理者的风险承担。面对激烈的市场竞争，合作社管理者必须有更强的动机去努力，不断提高合作社产品竞争力和对成员的服务能力，避免在市场竞争中处于不利地位而丧失对合作社的控制权和剩余索取权。

三是市场竞争有利于提高合作社管理者的威望。面对农产品市场竞争，核心成员的个人声誉是决定其自身价值的重要因素。合作社管理者必须通过提高合作社业绩来提升自己在成员中的声誉，获得更高的报酬，同时合作社管理者良好的声誉也能够降低与市场交易的成本，增强市场对自己的信任。因为，如果代理人的管理者不注重声誉，作为成员的委托人为了激励管理者，就会让代理人承担风险。

四是产品市场竞争可以降低成员监督水平。农产品市场竞争程度越高，需要的成员监督水平就越低，市场竞争可以有效地监督合作社管理者，识别管理者的能力以及提高对管理者努力的激励，产品市场竞争程度与监督水平表现为相互替代关系，合作社委托人与代理人最优监督水平依赖于产品市场竞争的激烈程度。

第七节 结论与讨论

本章在深入分析异质性合作社成员委托代理关系的基础上，借鉴相关理论，探讨了我国农民专业合作社成员的合作关系的可能性和稳定性，从合作社内外部提出了合作社委托代理关系的治理机制。研究结论如下：

一、合作社成员之间的合作关系存在稳定性

Stackelberg 竞争模型和 Bertrand 模型的分析表明，同质性成员之间的合作存在子博弈精炼纳什均衡，合作比不合作强，合作能够创造出价值增值，有利于合作社发展，合作社中小成员合作创造了价值增值并实现了集体理性。通过古诺模型的分析也说明，只要合作的收益率满足一定条件，异质性成员之间能够进行合作。KMRW 声誉模型的分析表明，无论是中小成员之间还是中小成员与核心成员之间的合作，都是通过合作获得收益或合作溢出。成员 n 阶段重复博弈存在合作均衡说明了合作社成员之间的合作关系存在稳定性。

二、合作社治理机制主要包括内部治理机制和外部治理机制

委托代理关系是我国农民专业合作社治理的核心问题，合作社的治理机制就是通过一系列完善的制度，解决委托代理关系中产生的各种问题。合作社治理机制主要包括：合作社内部的决策机制、激励机制、监督机制以及外部治理机制，它们在合作社治理过程中各自发挥不同的作用。

三、我国农民专业合作社的内部治理机制

一是决策机制。现有的成员大会、理事会、监事会层级化管理模式之中，成员大会是代表社员利益的合作社的最高权力机构，理事会决定了合作社日常经营管理的绩效，监事会确保理事会按照全体成员利益目标不会偏离。在异质性农民专业合作社中，普通中小社员从合作社决策中获取的收益小，加上民主决策导致集体行动的困难，普通社员的决策权带有很大的不确定性，极端的民主决策也会

挫伤合作社管理者的积极性。

二是激励机制。农民专业合作社有效的激励机制在于充分调动参与主体各方面的积极性。但是，合作社面临一种两难选择：如果激励不足，容易遭受管理者"失误"和信息不足等带来的效率损失；如果激励过度，将会付出超过价值回报的过高成本而损害绝大部分中小成员的利益。合作社的激励机制就演变为如何在参与主体利益之间选择一个最优的均衡点，最大限度地激发成员与合作社管理者的积极性。

三是监督机制。监督是委托人提供一定的方式对代理人的行为进行监察和控制的活动。监督机制是合作社委托人对代理人的经营决策行为、结果有效审核、监察与控制的制度设计。在农民专业合作社内部，由于信息不完全和道德风险，代理人（合作社经理）在经营过程中存在机会主义倾向，代理人行为目标和委托人（社员）的目标不一致，出现利益冲突。这就要求委托人对合作社代理人进行严格的监督，但只有在监督的成本低于监督的收益时，成员才有去监督的积极性。

四是约束机制。合作社的约束机制就是如何对代理人的行为给予有效的约束和规范，使其利益目标与合作社目标利益目标保持一致的机制。一般包括合作社控制权竞争机制、合作社治理机制、经理市场和产品市场机制等。约束机制对合作社代理人形成了外部和内部相结合的多重约束。

四、我国农民专业合作社的外部治理机制

目前对于合作社的外部治理机制主要包括：主管部门的监管、非正式制度以及市场竞争。非正式制度指伦理道德、传统文化、风俗习惯、意识形态等。合作社成功的基础之一是成员之间有良好的非正式制度，非正式制度可以促使成员对合作社组织产生情感依赖和认同感，具有联结成员意识、动机和行为、增强相互信任、降低合作社交易成本等作用。

我国目前农民专业合作社内部委托代理问题的治理制度依赖于外部条件的改善，政府的有效监管能够促进合作社资源的整合和优化，切实保护广大成员的利益；市场竞争对合作社治理的机制体现在：增强成员与管理者之间的信息沟通。市场竞争能够改善合作社管理层的能力和努力程度等方面的信息不完全和不对称水平，激励管理者行为，加大合作社管理者的风险承担水平，提高管理者的威望。市场竞争可以降低成员的监督水平，识别合作社管理者的能力以及提高对管理者努力的激励。

第七章　我国农民专业合作社委托代理关系治理的实证分析

第一节　引　言

　　基于我国农民专业合作社的实际情况，合作社委托代理问题的解决更多地依赖于剩余控制权、规范的治理机制以及中小成员要素禀赋的增强。由于合作社成员的异质性，合作社管理者的目标函数和合作社成员的利益目标并不完全一致。拥有关键要素的合作社管理者为了追求经济利益最大化扭曲了合作社的资源配置，忽视了合作社经典的公平原则。从本质上看，异质性合作社的委托代理问题产生的根本原因是：由于成员要素禀赋的差异导致管理者与普通社员的目标偏离，加上对合作社管理者激励不足和较高的监督成本等。

　　由于现有的合作社缺乏有效的监督机制和激励机制，合作社管理者存在足够的机会主义动机和行为，为满足自身利益回报的最大化，合作社管理者经常采取一系列的私下行动，在合作社日常运行和管理过程中，委托代理问题表现为追逐个人利益的经济行为和对合作社集体资产的非法动用。具体表现在：业务背离合作社目标、过度开展非社员业务、管理者退出合作社以及非法动用合作社资金等。

　　成员之间的委托代理关系会改变按交易额来安排的合作社产权结构，产生成员的"搭便车"行为，成员对稀缺要素报酬的重视影响合作社的治理机制，产生"内部人控制"等问题。

第二节 相关文献回顾

我国学者对农民专业合作社委托代理关系的治理研究主要是定性分析，定量分析比较少，代表性的研究有：

黄胜忠、林坚、徐旭初（2008）运用有序概率模型对农民专业合作社的治理机制及其绩效进行了实证分析。徐健和汪旭晖（2009）利用层次回归分析方法的研究显示，"企业+合作社+农户"相对于"企业+农户"对农户收入影响不显著。周洁红和刘清宇（2010）运用 Logit 回归模型对合作社绩效及行为的研究表明，成员责任感、法律制度、政府支持是影响合作社治理绩效的重要因素。徐旭初和吴彬（2010）提出，合作社组织的产权安排、发起人和理事会对农民专业合作社治理影响最大。

蔡荣（2011）运用计量模型对山东省"合作社+农户"模式的交易费用和农户纯收入的关系进行了实证分析。研究得出农户成员的异质性是影响交易费用和收入的重要因素。王鹏和霍学喜（2012）运用多元 Logit 分析对农户不同的退社方式进行了研究，他指出应加强合作社的利益分配机制的治理，重视农户退社行为。黄丽萍（2012）运用 Logit 模型的研究得出，在成员异质性结构的条件下，股权相对集中有利于提高合作社绩效。由卫红、邓小丽、傅新红（2011）对社会网络关系与合作社绩效的研究认为，合作社内部网络关系显著影响合作社绩效。刘滨、陈池波、杜辉（2009）从理事会、成员退出权、收益分配等方面定量测度了合作社的内部治理机制的绩效。刘洁、祁春节、陈新华（2012）运用二元 Logistic 模型对江西赣州合作社内部契约模式的影响因素进行了实证分析。他们分析认为，合作社内部组织结构特征对其契约行为的影响显著。

综上所述，已有的研究者分别站在自己的学术领域，对合作社内部治理机制和外部治理机制的侧重点进行了相关定量分析。但是，从已有的文献看，对农民专业合作社委托代理关系的治理机制研究较少。有鉴于此，本章在已有的研究成果基础上，通过构建农民专业合作社治理机制的层次模型，运用熵值法对样本合作社的治理绩效进行研究，然后应用两阶段博弈模型重点分析"成员—合作社"

和"中小成员—核心成员"两类委托代理关系，最后结合案例，对两类委托代理关系治理的绩效进行比较。

第三节 农民专业合作社委托代理关系治理的实证分析

一、农民专业合作社治理机制的度量

（一）评价指标体系构建

根据前面对农民专业合作社治理机制的分析，结合笔者实地调查的资料，以及指标的准确性和科学性原则，借鉴相关的研究成果，构建农民专业合作社委托代理关系的治理机制度量的层次模型。

主要数据来源于对农民专业合作社的实地调查，其中：大股东指在合作社中拥有股本的10%或以上，大股东比重=大股东入股股价/合作社总股金，成员退社时在合作社《章程》中有"出资额是否退还""能够分享合作社的公积金"，可以"分享合作社未分配盈余"的类似条款，记该项指标值为"1"，否则记为"0"，"接受政府部门监管数"主要是政府相关部门介入合作社监督和管理的数量，"同行竞争者数"是当地同一级别区域存在的从事相同或者相近生产经营活动的合作社数量。如表7-1所示。

表7-1 农民专业合作社治理机制评价指标体系及权重

目标层	准则层	方案层	属性	信息熵	权重
内部治理机制	理事会（0.153）	X_1 理事会成员人数（人）	逆向	0.90	0.04
		X_2 核心成员在理事会比例（%）	逆向	0.92	0.03
		X_3 外部成员在理事会比例（%）	正向	0.76	0.09
	管理者报酬（0.0643）	X_4 理事会成员的持股量（股）	逆向	0.90	0.04
		X_5 理事会工资占合作社盈余比（%）	逆向	0.92	0.03
	股权结构（0.0895）	X_6 大股东的数量（人）	逆向	0.92	0.03
		X_7 大股东比重（%）	逆向	0.83	0.06

续表

目标层	准则层	方案层	属性	信息熵	权重
内部治理机制	内部监督机制 (0.34039)	X_8 社员大会次数（次）	正向	0.55	0.17
		X_9 监事会次数（次）	正向	0.65	0.13
		X_{10} 信息公开次数（次）	正向	0.87	0.05
	社员退出权 (0.149)	X_{11} 出资额是否退还	正向	0.95	0.02
		X_{12} 能否分享合作社的公积金	正向	0.89	0.04
		X_{13} 是否分享未分配盈余	正向	0.75	0.09
外部治理机制	外部监督竞争 (0.204)	X_{14} 接受政府部门监管数（个）	正向	0.55	0.17
		X_{15} 同行竞争者数（个）	正向	0.89	0.04

（二）评价方法——熵值法

为评价某地区 m 个样本合作社的治理机制，评价指标体系有 n 项指标，建立数学模型：论域为 U = {u_1, u_2, …, u_m}，每一个样本由 m 个指标的数据表征组成，即 u_i = {X_{i1}, X_{i2}, …, X_{in}}，可以得到样本合作社评价的原始数据矩阵 X = $(x_{ij})_{m×n}$，数据标准化矩阵为 Y = $\{y_{ij}\}_{m×n}$，指标值 x_{ij} 之间的差别越大，该指标在综合评价中所起的意义越强。x_j 的信息熵值为 $e_j = -K \sum_{i=1}^{m} y_{ij} \ln y_{ij}$，式中常数 K 与系统的样本数 m 有关。如果某项指标值全部相等，则该指标在综合评价中不起作用，一个系统的有序程度越高，则信息熵越大，反之，信息熵越小。所以，可以根据各个指标值的差距大小，根据信息熵方法，计算出各指标的权重，为多指标综合评价提供依据。

对于一个信息完全无序的系统，e = 1；当 m 个样本处于绝对无序分布情况时，y_{ij} = 1/m，K = 1/lnm，0 ≤ e ≤ 1。第 j 项指标 x_j 的信息效用值决定于该指标的信息熵 e_j 与 1 之间的差值：$d_j = 1 - e_j$。根据熵值法计算各指标的权重，其基础是借鉴该指标信息的价值系数来计算的，其对评价的权重越大，价值系数也越大，第 j 项指标 x_j 的权重为：$w_j = d_j / \sum_{j=1}^{n} d_j$。

对于合作社样本治理机制的评价，可以用第 j 项指标 x_j 的权重 w_j 与标准化矩阵中第 i 个样本第 j 项评价指标接近度 x'_{ij} 的积作为 x_{ij} 的评价值 f_{ij}，即 $f_{ij} = w_j x'_{ij}$，第 i 个样本的评价值为 $f_j = \sum_{j=1}^{n} f_{ij}$。

对于多层结构的评价系统，可以根据信息熵的可加性，利用下层结构的指标信息效用值，按比例计算上层结构中对应的权重 W_j，对下层结构的各类指标的效用值加总，得到各类指标的效用值和 D_k，k = 1，2，…，n，最终计算所有指标效用值的总和 $D = \sum_{i=1}^{k} D_i$，相应各子系统的权重 $W_k = D_k/D$，指标对应于上层结构的权重 $W_j = d_j/D$，则该指标对应于上层结构的评价值为 $f'_{ij} = \sum_{i=1}^{n} W_j x'_{ij}$，若高一层包含有 k 个分，则上层结构的评价值为 $F_i = \sum_{i=1}^{k} \sum_{j=1}^{n} W_j f_{ij}$。

（三）合作社治理机制的评价步骤

1. 各指标值无量纲化

笔者在所调查的合作社中，选取了具有一定规模、经营业绩较好、成员满意度相对较高的 9 家合作社作为样本，将样本合作社的各指标值 x_{ij} 转化为无单位的相对数 x'_{ij}，同时数值大小限定在 [0, 1] 内，本研究利用直线型无量纲化方法：对于越大越好的指标（正向指标），$x'_{ij} = \dfrac{x_{ij} - \min(x_j)}{\max(x_j) - \min(x_j)}$，对于越小越好的指标（逆向指标），$x'_{ij} = \dfrac{\max(x_j) - x_{ij}}{\max(x_j) - \min(x_j)}$，得到表 7-2。

表 7-2 样本合作社治理机制的无量纲化数据

x₁	x₂	x₃	x₄	x₅	x₆	x₇	x₈	x₉	x₁₀	x₁₁	x₁₂	x₁₃	x₁₄	x₁₅
0.50	0.53	0.10	0.76	0.76	0.33	0.13	0.00	0.50	1.00	1.00	1.00	0.00	1.00	0.20
0.75	0.42	0.00	0.94	0.24	0.00	0.00	0.00	0.00	0.00	1.00	1.00	1.00	1.00	0.00
0.25	0.66	0.23	0.24	0.44	0.67	0.29	0.00	0.50	0.50	1.00	1.00	0.00	1.00	0.20
0.00	0.84	0.40	1.00	0.69	0.67	0.00	0.00	0.00	0.50	0.00	1.00	0.00	1.00	0.40
0.25	1.00	1.00	0.24	1.00	0.87	1.00	0.00	1.00	0.00	1.00	1.00	0.00	1.00	0.40
1.00	0.34	0.64	0.53	0.78	0.33	1.00	0.00	0.00	1.00	1.00	1.00	0.00	1.00	0.60
0.75	0.42	0.00	0.71	0.71	1.00	1.00	0.00	0.50	0.00	1.00	1.00	0.00	1.00	1.00
1.00	0.61	0.51	1.00	1.00	0.67	0.91	0.00	0.50	0.00	1.00	1.00	0.00	1.00	0.80
1.00	0.00	0.00	0.41	0.89	0.67	0.67	0.00	0.50	0.00	1.00	1.00	0.00	1.00	0.60

2. 将无量纲化数据进行坐标平移和归一化

为了消除标准化后的指标值对数计算的影响，对于 x'_{ij} 进行坐标平移，其公式为：$y_{ij} = x'_{ij} + A$，A 为平移幅度，$A > \min(x'_{ij})$，A 取值越接近 $\min(x'_{ij})$，其评价结果越显著（本研究取 A = 0.01）。

坐标平移以后对于数据按照计算公式 $p_{ij} = y_{ij} / \sum_{i=1}^{m} y_{ij}$ 进行归一化处理，得到标准化矩阵 $P = (p_{ij})_{m \times n}$，如表 7-3 所示。

表 7-3 样本合作社治理机制指标的标准化矩阵

p₁	p₂	p₃	p₄	p₅	p₆	p₇	p₈	p₉	p₁₀	p₁₁	p₁₂	p₁₃	p₁₄	p₁₅
0.09	0.11	0.04	0.16	0.14	0.06	0.03	0.00	0.20	0.18	0.12	0.14	0.00	0.33	0.05
0.14	0.09	0.00	0.19	0.04	0.00	0.00	0.00	0.00	0.00	0.12	0.14	0.20	0.00	0.00
0.05	0.14	0.08	0.05	0.08	0.13	0.07	0.00	0.20	0.09	0.00	0.00	0.00	0.33	0.05
0.00	0.17	0.14	0.21	0.13	0.13	0.00	0.33	0.00	0.00	0.12	0.14	0.20	0.00	0.10
0.05	0.21	0.34	0.05	0.14	0.19	0.20	0.33	0.00	0.18	0.20	0.14	0.00	0.00	0.10
0.18	0.07	0.22	0.11	0.14	0.06	0.11	0.33	0.39	0.00	0.12	0.00	0.20	0.00	0.14
0.14	0.09	0.00	0.15	0.13	0.19	0.23	0.00	0.00	0.00	0.00	0.14	0.00	0.33	0.23
0.18	0.13	0.18	0.00	0.18	0.13	0.21	0.00	0.20	0.18	0.12	0.14	0.20	0.00	0.19
0.18	0.00	0.00	0.09	0.16	0.13	0.15	0.00	0.00	0.00	0.12	0.14	0.20	0.00	0.14

3. 计算指标 x_j 的熵值 e_j 和冗余度 d_j

其中：$e_j = -K \sum_{i=1}^{m} p_{ij} \ln p_{ij}$，$K = 1/\ln m$；$d_j = 1 - e_j$。$d_j$ 衡量了各指标之间的差异，熵值 e_j 越小，指标间差异系数 d_j 越大，指标就越重要。如表 7-4 所示。

表 7-4 样本合作社各准则层及综合评价得分

样本	理事会	管理者报酬	股权结构	监督机制	社员退出权	外部治理	综合评价
1	0.02	0.01	0.01	0.04	0.02	0.02	0.12
2	0.01	0.00	0.00	0.01	0.00	0.01	0.04
3	0.02	0.01	0.01	0.04	0.02	0.02	0.11
4	0.02	0.01	0.01	0.03	0.01	0.02	0.10
5	0.02	0.01	0.01	0.05	0.02	0.03	0.15

续表

样本	理事会	管理者报酬	股权结构	监督机制	社员退出权	外部治理	综合评价
6	0.03	0.01	0.02	0.06	0.03	0.04	0.18
7	0.02	0.01	0.01	0.04	0.02	0.02	0.11
8	0.02	0.01	0.01	0.04	0.02	0.02	0.12
9	0.01	0.00	0.01	0.02	0.01	0.01	0.07

在此基础上，计算 x_j 权重 $w_j = d_j / \sum_{i=1}^{n} d_j$，进一步得到第 i 个样本合作社治理机制综合评价得分（见表7-4）。

二、分析结果

首先，合作社治理机制的总体水平与其完善的治理结构具有较大的关系。比如第六个样本合作社治理机制的总体水平得分为0.18，其在理事会、管理者报酬、股权结构、内部监督机制、社员退出和外部监督与竞争方面得分在样本中也最高，治理机制的总体水平得分最低的第二个样本合作社在治理结构各方面的得分也最低。

其次，内部监督机制对合作社治理具有主要的影响。从表7-4可以看出，不论样本合作社治理水平如何，其"内部监督机制"项得分均高于其他各项的得分。

最后，从表7-1的层次模型中可以看出，应用熵值法得到的准则层对于合作社治理机制的权重不同。内部监督机制（0.34039）>外部监督竞争（0.204）>理事会（0.153）>社员退出权（0.149）>股权结构（0.0895）>管理者报酬（0.0643）。

三、结论与启示

完善的合作社治理机制体现在内部治理和外部治理两个方面。但是，上面的实证分析表明，当前有效的合作社内部治理机制在合作社委托代理关系的治理中更具有重要作用。

从合作社内部治理机制来看，加强合作社成员的内部监督对合作社委托代理关系的治理将产生积极影响；从合作社外部治理机制来看，政府监督对合作社治理也产生显著的影响，而对管理者的报酬激励对合作社治理的影响较弱。这说明了当前我国农民专业合作社委托代理关系的治理侧重点应该体现在合作社成员大会、监事会以及加强政府监督。

第四节 合作社两类主要委托代理关系的治理

一、"成员—合作社"委托代理关系的治理

作为委托人的全体成员与作为代理人的合作社管理者之间产生的委托—代理问题，究其原因在于：在农村经济快速发展和社会分层的现实背景下，农户在人力资本、社会资本和资金技术等关键要素禀赋上呈现出较大的异质性，而这些关键要素又是推动合作社发展的重要力量。核心成员（代理人）理所当然地成为我国农民专业合作社的实际控制者，绝大多数的普通中小农户（委托人）则处于被管理和被控制的地位，从而导致合作社全体社员与管理者之间的委托代理关系。

在"社员—合作社"委托代理关系中，由于集体行动的困难和监督成本较高，多数普通成员对合作社管理者的监督都采用"搭便车"行为，"社员—合作社"委托代理关系演变为合作社的核心社员与管理者之间的委托代理关系。

设某农民专业合作社监事会独立程度为 p，$0 \leq p \leq 1$，监事会与理事会在某项农产品生产项目投资决策中进行两阶段动态博弈模型，如图 7-1 所示。

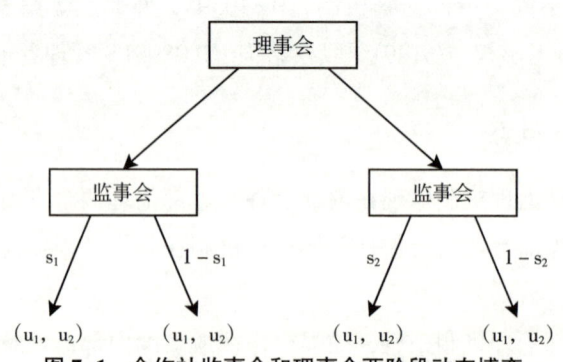

图 7-1 合作社监事会和理事会两阶段动态博弈

假设：t=0期，合作社将从许多可供选择的项目中选择一个恰当的项目进行投资，用 x 表示这些投资项目，投资项目是否盈利取决于外部环境因素（自然状态）θ，假定理事会拥有外部环境因素的全部信息，而监事会不全知道，理事会在投资决策阶段，其行动选择为是否向监事会提供信息 θ，监事会和理事会的共同知识为 θ，其中 $E(θ)=0$，$-∞ ≤ θ +∞$。t=1期，监事会根据理事会提供的信息选择监督。如果理事会向监事会提供了外部环境因素的信息 θ，监事会将会研究投资项目的可行性，并获得项目盈利信息 ε，并向理事会决策提供盈利信息 φ，如果监事会得不到外部环境信息 θ，则不能够确定 ε 值。t=1 阶段监事会和理事会的共同知识为 ε，ε 服从 [0，1] 区间上的均匀分布。如果监事会选择监督 s，则其参与该项目决策的概率为 s，理事会参与该项目决策的概率为 1-s，假设合作社成员的效用函数为 $u=-(x-ε)^2$，则监事会和理事会按照图7-1进行博弈。

其中，s_1 和 s_2 分别表示理事会向监事会传递信息和不传递信息时监事会选择的监督程度，u_1 和 u_2 分别表示监事会和理事会在上述两种情况下获得的效用水平。可以看出，合作社成员的偏好项目是随机变量 ε，但是随机变量 ε 的取值取决于理事会的私人信息 θ 和监事会拥有的监督水平。

假若监事会确实代表合作社社员的利益而对理事会进行监督，则必然会承担相应的监督成本，其效用函数为 $u_1=-(x-ε)^2-c(s,p)$，其中 $c(s,p)$ 为监督成本函数，因为监事会与理事会的独立性越强，监事会越愿意加强监督，所以监督成本函数 $c(s,p)$ 具有下述数学性质：$∂^2c/(∂s∂p)<0$，$∂c/∂s>0$，$∂^2c/∂s^2>0$，$∂c/∂p<0$，为简便起见，设 $c(s,p)=s^2/(2p)$。

另外，设理事会的效用函数 $u_2=-(x-ε+e)^2+δt$，e 表示理事会在农业生产项目中的投资偏好，$e>0$，t 为理事会私人收益且 $t>0$，δ 为控制变量。如果理事会能够决策农业生产项目投资，$δ=1$，选择项目 $x=ε-e$，如果监事会能够决策农业生产项目投资，$δ=0$。

现在分析该博弈的均衡：

首先，在 t=1 期，如果理事会向监事会提供私人信息 θ，监事会拥有决策权，监事会选择项目 $x_1=ε$；如果理事会拥有决策权，监事会将向其提供咨询和监督，咨询至少包含了 ε 的部分信息，理事会会由此判断 ε 是否属于 [a，b] 上的均匀分布，并选择项目 $x_2=(a+b)/2-e$，这时监事会会选择监督 s_1，其事前预期最大化效用：

$$\max s_1 E[-(x_1-\varepsilon)^2] + (1-s_1)E[-(x_2-\varepsilon)^2] - c(s_1, p)$$
$$= \max\{-(1-s_1)E[(b+a)/2-e-\varepsilon]^2 - s_1^2/(2p)\}$$

该式最优的一阶条件为 $s_1 = p\{[\varepsilon-(a+b)/2]^2 + e^2\}$，$[\varepsilon-(a+b)/2]^2$ 为事前对当理事会得到监事会有效咨询且拥有决策权时 ε 方差的预期。

其次，在理事会不向监事会提供信息的条件下，如果监事会拥有决策权，由于不知道理事会的私人信息，就无从知道 ε，监事会将选择项目 $x_1 = 0.5$；如果理事会拥有决策权，因为监事会不提供任何信息，理事会选择项目 $x_2 = 0.5 - e$，这时监事会选择监督 s_2，其预期效用函数为：

$$\max s_2 E[-(x_1-\varepsilon)^2] + (1-s_2)E[-(x_2-\varepsilon)^2] - c(s_2, p) = \max s_2 E[-(0.5-\varepsilon)^2] + (1-s_2)E[-(0.5-e-\varepsilon)^2] - s_2^2/(2p)$$

事前当监事会不知道 θ 和 ε、理事会得不到监事会有效监督和咨询时，ε 的方差为 $(\varepsilon-0.5)^2$，该式最优的一阶条件为 $s_2 = pe^2$，与最优条件 $s_1 = p\{[\varepsilon-(a+b)/2]^2 + e^2\}$ 比较得到 $s_1 - s_2 = p[\varepsilon-(a+b)/2]^2 > 0$，这说明当监事会得到内部信息时会选择一个更高的监督水平。因为，当监事会得到内部信息时，因为其决策更有效率，也就更有动机去争夺决策权。

$t = 0$ 期，理事会选择是否向监事会提供私人信息，理事会提供信息的事前的期望效用函数为：

$$Eu_2(s_1) = s_1 E[-(x_1+e-\varepsilon)^2] + (1-s_1)\{E[-(x_2-\varepsilon+e)^2] + t\}$$
$$= -[\varepsilon-(a+b)/2]^2 + t + s_1\{[\varepsilon-(a+b)/2]^2 - e^2 - t\}$$

理事会事前隐藏信息的期望效用函数为：

$$Eu_2(s_2) = s_2 E[-(x_1+e-\varepsilon)^2] + (1-s_2)\{E[-(x_2-\varepsilon+e)^2] + t\} = -(\varepsilon-0.5)^2 + t + s_2(-e^2-t)$$

于是，理事会提供信息可以得到的期望收益是 $\Delta Eu_2 = Eu_2(s_1) - Eu_2(s_2)$，如果 $\Delta Eu_2 > 0$，理事会和监事会信息共享，否则隐瞒信息。记 $\sigma_1^2 = (\varepsilon-0.5)^2$，$\sigma_2^2 = [\varepsilon-(a+b)/2]^2$，$\sigma_1^2 > \sigma_2^2$，设 $\beta = (\sigma_1^2-\sigma_2^2)/[\sigma_2^2(t-\sigma_1^2)]$，如果 $t-\sigma_1^2 > 0$，则 $\beta = 1$，当监事会独立程度 $p \leq \beta$，理事会将提供私人信息。

综合前面的分析，监事会与理事会项目决策博弈均衡是：如果监事会独立程度高于 β，理事会不会与监事会共享内部私人信息，监事会将会选择一个相对低的监督强度，且不提供咨询或者提供的咨询没有任何价值；如果监事会独立程度低于 β，理事会愿意与监事会共享内部私人信息，监事会将会选择一个相对高的监督强度。从合作社社员的效用来看，如果理事会和监事会信息共享，社员的效用为 $Eu(s_1) = s_1 E[-(x_1-\varepsilon)^2] + (1-s_1)E[-(x_2-\varepsilon)^2] = -(1-s_1)(\sigma_1^2+e^2)$，如果理事会和监事会不能够信息共享，社员的效用为 $Eu(s_2) = s_2 E[-(x_1-\varepsilon)^2] + (1-s_2)E[-(x_2-\varepsilon)^2] = -s_2^2\sigma_1^2 - (1-s_2)(\sigma_2^2+e^2)$，这说明，理事会与监事会精诚合作有利于降低委托代理成本，增加合作社成员的收益。

二、"中小成员—核心成员"委托代理关系的治理

假设核心成员控制农民专业合作社，核心成员对于专业合作社的控制程度为 α，中小社员对于专业合作社的控制程度为 $1-\alpha$，核心成员侵占中小社员收益前中小社员的收益为 R，如果核心成员通过"努力"侵占中小社员的部分收益 r，核心成员侵占的成本函数为 $c_1 = c(\omega, p)$，p 是监事会独立程度，ω 是核心成员侵占中小社员收益的"努力程度"，侵占努力程度越高，收益越大，但收益边际递减，亦即 $\partial r/\partial \omega > 0$，$\partial^2 r/\partial \omega^2 < 0$，另外，假设监事会独立程度越高，核心成员侵占中小社员收益努力程度的边际成本越高，核心成员越不愿意实施侵占中小社员的利益，亦即 $\partial^2 c_1/(\partial\omega\partial p) > 0$。核心成员实施侵占的效用函数为：$u_1(\omega) = r(\omega) + \alpha[R_0 - r(\omega)] - c_1(\omega,p)$，$R_0$ 为实施侵占前合作社全体社员的利益。核心成员实施侵占的效用函数的一阶最优条件为 $\partial u_1/\partial \omega = 0$，则核心成员侵占的最优努力程度 ω^* 满足 $\partial \omega^*/\partial p = [\partial^2 c_1/(\partial\omega\partial p)]/[(1-\alpha)\partial^2 r/\partial\omega^2 - \partial^2 c_1/\partial\omega^2]$，$\partial r/\partial p = \frac{\partial r}{\partial \omega^*} \cdot \frac{\partial \omega^*}{\partial p} < 0$。

上式表明：一定程度上，监事会越独立，核心成员侵占越少，"中小社员—核心成员"代理成本越小。当监事会独立于核心成员时，核心成员很难通过控制监事会实施对于"中小社员—核心成员"利益的侵占，其选择的侵占努力程度较低，侵占也较少。

第五节 两类委托代理关系治理与合作社绩效：
案例分析

一、引言

我国当前农民专业合作社表现出来的委托代理关系中，存在两类最主要的委托代理关系：成员与合作社、中小成员与核心成员之间的委托代理。在成员与合作社委托代理关系下，由于成员具有分散性，存在集体行动的困难，Hendriks（2002）指出，理事会在合作社中就充当成员和管理者之间的协调角色。根据我国《农民专业合作社法》，理事会理论上是全体成员利益的代表。但是，当合作社核心成员控制了理事会，则理事会很难作出有利于全体成员的积极行动，马彦丽和孟彩英（2008）认为，核心成员此时极容易产生机会主义行为损害中小成员的利益，赵泉民（2010）进一步指出，这种条件下，合作社异化为"伪合作社"。

我国绝大多数农民专业合作社发展初期都有没有专业化的职业管理者。黄祖辉和邵科（2009提出，少数核心成员对合作社的实际控制，会产生财权和事权的"隧道效应"。崔宝玉（2011）认为，随着成员异质性结构的日益突出，中小成员与核心成员之间的委托代理关系会产生更为严重的代理问题，如图 7-2 所示。

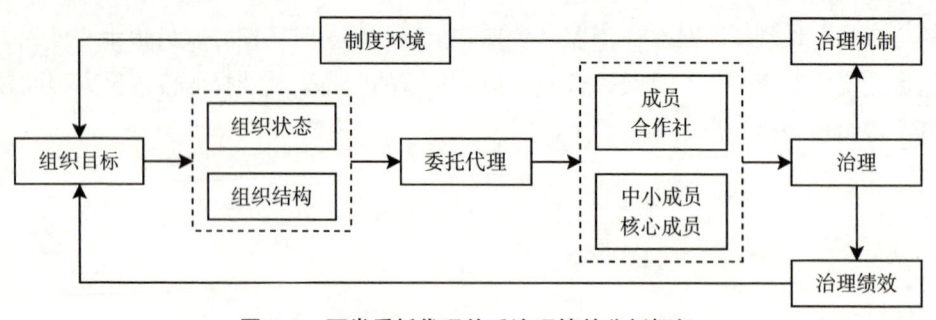

图 7-2 两类委托代理关系治理绩效分析框架

综上所述，我国成员异质性结构下的农民专业合作社委托代理关系治理的关键在于，在平衡中小成员与核心成员的利益冲突中切实保护中小成员的利益。本节对"成员—合作社"与"中小成员—核心成员"委托代理关系及治理采用对比分析方法，在分析合作社委托代理模型的基础上，提出农民专业合作社两类委托代理关系治理机制的分析框架（见图7-2），根据合作社发展的不同生命周期阶段，探讨案例合作社的组织结构变化及其学院的治理机制，内部治理机制考察所有权、控制权和利益分配机制，外部治理机制考察政府监督和市场竞争机制，然后结合案例探讨两类委托代理关系的治理绩效。

二、研究方法

本节对案例的研究采用小组座谈的方法，笔者对本地的 ESBY 茶叶专业合作社分3次进行了考察，由于笔者对 ESBY 茶叶专业合作社及其成员比较熟悉，每一次重点考察 5~6 名成员，与合作社的 18 名成员进行了座谈。在座谈会中，先向成员介绍座谈会的主要目的和内容，然后提出了 5 个问题供各小组成员讨论：①你认为本合作社的发展大体可以分为几个阶段？②每一个阶段，合作社的管理发生了哪些变化？③有哪些合作社的规章制度没有变化？④各个发展阶段影响合作社运行的主要问题是什么？⑤你觉得哪些措施能够切实有效地解决这些问题？

三、案例背景

ESBY 茶叶专业合作社所在地地理条件优越，有发展特色茶产品的自然条件，茶叶种植和加工历史悠久。从 2009 年开始，该地区政府就调整农业产业结构，开始大力发展特色茶叶产业。到 2011 年，该地区有 25000 亩茶叶种植基地，2012 年茶叶种植总面积发展到 50000 亩，目前该地区已成为当地著名的茶叶专业镇。

2008 年 9 月，ESBY 茶叶专业合作社由茶叶种植大户，依托茶叶生产龙头企业正式成立，首批入社成员为 172 户茶叶种植大户。合作社采用"公司+基地+农户"模式，经营业务包括为成员提供生产资料的采购，收购成员的茶叶，对茶叶进行加工和包装等服务，为茶农提供茶叶种植新技术和新品种，对茶农进行茶叶种植管理方面的技术培训和咨询等服务。

四、ESBY 合作社两类委托代理关系与治理

ESBY 茶叶专业合作社于 2008 年 9 月由 172 位茶叶种植大户发起、依托 2 家茶叶生产加工龙头企业注册成立。通过以上的小组座谈方法，ESBY 茶叶专业合作社发展经过了以下几个阶段：

从 2008 年开始到 2009 年底，是 ESBY 茶叶专业合作社创业引导阶段。这段时间合作社成员数量较少，2009 年底入社茶农 198 户，首批入社成员为 172 户茶叶种植大户，还处于磨合期。从合作社组建起就存在较为明显的委托代理关系：一是"成员—合作社"之间的委托代理。ESBY 茶叶专业合作社的最高权力机构是成员大会，合作社的理事会由 21 名成员组成，理事长兼合作社的经理，副理事长有 6 人。理事会负责合作社的日常经营管理。理事会会议的表决实行"一人一票"制，对合作社重大事项集体决策，合作社设执行监事 1 名，由成员大会选举产生，代表全体成员监督检查理事会。合作社的 198 户只有 22 户成为合作社管理者，与成员与合作社存在委托代理关系。二是"中小成员—核心成员"之间的委托代理。172 户种植大户中，极少数拥有合作社发展所需关键要素的核心成员成为合作社的管理者，其他成员成为普通成员，存在中小成员与核心成员之间的委托代理关系。

这段时期，合作社处于发展初期，核心成员会将更多的资源和精力用于合作社的公共事务，也很少考虑到自己的私人利益，"公心"较为突出，创业引导阶段的合作社委托代理关系主要表现为成员和合作社之间，实际上是成员和合作社管理者之间的委托代理。合作社治理机制主要来源于全体成员对合作社管理者的能力信任和关系，合作社管理者较为突出的经营管理能力和良好的人际关系有助于合作社集体行动的达成。

从 2010 年开始，ESBY 茶叶专业合作社的规模开始扩大，经济效益不断提高，政府对合作社的扶持力度增强，合作社管理部门也开始增加，面对合作社经营风险和利益，少数核心成员开始产生谋求个人利益最大化的机会主义行为，中小成员与核心成员之间的委托代理关系上升为矛盾的主要方面。

这个阶段合作社的治理机制主要体现在能力和关系基础上的科层治理，合作社管理者与成员之间是管理和被管理、约束和被约束的关系，由于核心成员在经营管理中树立的威望以及中小成员的分散性，普通成员对合作社管理者特别是核

心成员的监督成本很高,而监督带来的合作社绩效改善又容易导致其他普通成员的"搭便车"行为,普通成员监督的积极性降低,合作社的凝聚力降低,农户合作意愿不强,部分成员甚至提出退出合作社。

从 2012 年至今,合作社进入快速发展阶段。针对中小成员与核心成员之间的代理关系对合作社产生的负面影响,2011 年底召开了成员大会,修改了合作社章程,完善了合作社各项规章制度,合作社治理由科层治理走向由内外部相结合的网络化治理,开始注重成员之间的沟通和协调,以及非正式制度和外部力量的适度介入。具体表现在:

首先,合作社的产权结构。按照修改的合作社章程,种植规模达到 1 亩以上的可申请成为本社成员,茶农入社需要交纳被称为"身份股"(10 元人民币)和"投资股"的股金。身份股是取得成员资格的必要条件,投资股自愿交纳,身份股和投资股同股同利。身份股享有投票权,投资股不享有投票权,投资股可转让。

其次,合作社的控制权。ESBY 茶叶专业合作社的最高权力机构是成员大会,成员大会实行"一人一票"制,每个成员拥有 1 票基本表决权。成员的出资额达到合作社总出资额的 10%以上或与其交易量占合作社总交易量的 20%以上的,享有 3 票的附加表决权。

再次,合作社的利益分配。合作社每年的盈余中,公积金比例为 20%,公益金比例为 10%,公益金中的 70%用于合作社有关知识的普及、教育和技术培训。合作社在扣除各种支出后法人按可分配盈余不低于 70%的比例按交易额返还给成员,其余 30%的剩余按比例计入成员个人账户。

最后,外部治理机制。ESBY 茶叶专业合作社在当地政府人大、农业局和农村经济管理局聘有名誉理事长、技术顾问和财务顾问各 1 人,当地共有茶叶专业合作社 7 家。

五、两类委托代理关系的治理绩效

首先,合作社经营管理水平提高。合作社通过建立健全管理制度,实行入社股金、社员(代表)大会、民主监督、规范财务、利益分配这"五制",规范了合作社的管理,确保合作社在生产经营中农户的合法利益。监事会相对于合作社管理者,具有较高的独立性,监事会民主选举产生,代表全体中小成员对理事会的财务、技术、基地、销售等履行监督职责。

其次，经济实力增强。ESBY茶叶合作社现有茶园1.6万亩，其中无性系良种茶0.8万亩，可采摘面积0.7万亩。2011年底，发展25000余亩新茶基地，2012年发展新茶基地8000亩，茶叶总面积达5万亩，2012年合作社成员人均年收入超过6000元。

再次，农户对合作社的参与度和忠诚度提高。合作社实行民主管理，严格按合作社章程办事，真正地为成员服务，合作社重大事项如基地发展、群众入社、产品收购、利益分配等均通过成员大会讨论。农户对合作社的参与度和忠诚度得到普遍提高，合作社对农户的带动能力增强。

最后，政府的农村政策得到贯彻落实。合作社设有机构，专门聘请政府主管部门的农艺师、会计师进行技术指导培训和财务管理，政府相关部门也对合作社事务定期监督检查，通过合作社，农户对农村政策的了解程度提高，政府的农村政策也得到较好的贯彻落实。

六、结论与启示

在"社员—合作社"委托代理关系治理方面，由于合作社内部规范与成员的利益联结，通过公益金提取，大力发展合作文化教育、技术培训、基础设施等公益事业，提高成员的主人翁意识和合作精神，可以增强成员彼此的信任和忠诚。另外严格按照《章程》对成员进行二次返利，真正解决广大中小农户成员在农产品加工、销售、就业和土地综合利用等方面的困难，切实提高了普通成员对合作社的依赖感和归属感。

在"中小社员—核心成员"委托代理关系治理方面，主要是加强外部力量特别是政府对合作社运行的有效制约与监督。政府合作社的组织体制、责权划分、收益分配、资金监督、风险防范、绩效评估等方面都有明确规定。比如，如果村级组织入股则定性为公益性的股份，其收益属于村集体所有，用于兴办村公益事业，实行所有权与经营权分离。村级组织进入合作社监事会主要履行监督职责，不直接干预合作社的经营管理，同时引导成员提高对合作社的正确认识，增强成员发展集体经济和合作经济的意识，协调普通成员和合作社核心成员之间的关系和利益冲突，消除成员异质性对合作社发展的负面作用。

第六节 结论与讨论

首先，本章对我国农民专业合作社委托代理关系产生代理问题的原因、表现形式、影响进行了分析；其次，构建了合作社委托代理关系治理机制的层次模型并应用熵值法对9家样本合作社进行了评价；再次，分别对"社员—合作社"和"中小成员—核心成员"委托代理问题的治理进行了动态博弈分析和案例分析；最后，对两类委托代理关系治理与合作社绩效，结合案例进行比较分析。研究结论如下：

一、农民专业合作社代理问题产生的原因、表现形式以及影响

合作社成员要素禀赋差异、信息不对称和不完全、合作社管理者的目标函数和合作社成员的利益目标并不完全一致等诸多原因产生了代理问题。合作社代理问题产生的根本原因是：成员要素禀赋的差异导致管理者与普通社员的目标偏离，加上对合作社管理者激励不足和较高的监督成本等。合作社代理问题的表现形式为：核心成员过度开展非社员业务、核心成员出于自身利益退出合作社、农村基层组织参与合作社的行政化动机、非法动用合作社资金、按股份分配合作社盈余等。

农民专业合作社的代理问题对合作社产权结构、利益分配、决策机制和监督机制等产生重要影响。较为严重的代理问题容易造成核心成员对中小成员的利益侵害和"内部人控制"问题，导致合作社效率和价值的损失，降低了广大成员对合作社的价值认知，损害合作社的社员基础。

二、合作社有效的治理水平依赖于其完善的治理结构

应用熵值法对样本合作社治理机制的测度表明，内部监督机制（0.34039）＞外部监督竞争（0.204）＞理事会（0.153）＞社员退出权（0.149）＞股权结构（0.0895）＞管理者报酬（0.0643）。说明了当前我国农民专业合作社委托代理关系治理的侧重点应该体现在合作社内部对成员大会、监事会治理以及加强外部监督

和竞争方面。

三、结论

应用博弈论方法和案例对农民专业合作社委托代理关系治理分析表明：对"社员—合作社"委托代理关系：合作社成员的偏好随机变量取决于理事会的私人信息 θ 和监事会拥有的监督水平，如果监事会独立程度高于 β，理事会不会与监事会共享内部私人信息，监事会将会选择一个相对低的监督强度，且不提供咨询或者提供的咨询没有任何价值；如果监事会独立程度低于 β，理事会愿意与监事会共享内部私人信息，监事会将会选择一个相对高的监督强度，理事会与监事会精诚合作有利于降低委托代理成本，增加合作社成员的收益。

对"社员—合作社"委托代理关系：监事会独立程度越高，核心成员侵占中小社员利益努力程度的边际成本也越高，核心成员越不愿意侵占中小社员的利益，亦即 $\partial^2 c_1(\partial\omega\partial p) > 0$。当监事会独立于核心成员时，核心成员很难通过控制监事会实施对于"中小社员—核心成员"权益的侵占，其选择的侵占努力程度较低，侵占也较少。

两类委托代理关系治理与合作社运行绩效的案例分析也表明：对于合作社两类委托代理关系，合作社管理者和政府要从内部和外部两个方面加强治理。从"社员—合作社"委托代理关系治理看，合作社内部规范、成员的主人翁意识、相互信任和彼此忠诚等非正式制度治理比较有效；对"中小社员—核心成员"委托代理关系治理，主要是加强外部力量特别是政府对合作社运行有效的制约与监督，通过外部力量的适度介入，协调中小成员和核心成员的关系和利益冲突，消除成员异质性对合作社发展的负面影响。

第八章 国外不同类型的国家农业合作社委托代理关系及其治理经验

第一节 引 言

近几年来，随着我国《农民专业合作社法》的颁布实施，我国农民专业合作社快速发展。但是无论是从数量上还是质量上，与国外发达国家的合作社相比，仍然有很大的差距，学术界也广泛加强了对国外农业合作社的研究，寻求对我国农民专业合作社有着成功的经验。

国内学术界对于国外农业合作社的研究主要集中在发展模式、政府政策等方面，比如，逄玉静和任大鹏（2005）研究了欧美农业合作社的影响因素、发展经验。柳金平（2008）对韩国农协的教育培训特点和作用进行了分析。蒙柳、许承光和许颖慧（2010）考察发达国家政府对农业合作社的政策支持。王晓严（2011）对法国农业合作社的经营模式进行了考察。高志敏和彭梦春（2012）对国外农业社会化服务进行了研究。张洪杰（2012）对发达国家政府对合作社的扶持政策进行了考察。也有一部分学者探讨了国外农业合作社内部的组织机构与治理。比如，刘颖娴（2008）从合作社产权方面考察了美国、日本和法国的农业合作社。方凯和刘洁（2009）研究了国外农业合作社的治理模式。王芳（2012）从成员参与、经营模式和政府政策等方面比较了中美农业合作社。洪闫华（2012）对国外合作社治理进行了考察。

可以发现，从合作社内部的成员关系来研究国外合作社治理的文献较少，有鉴于此，本章通过借鉴已有的研究成果，对国外农业合作社成员关系类型及其治理进行梳理，寻求我国农民专业合作社委托代理关系治理可借鉴之处。

第二节　国外不同类型的国家农业合作社委托代理关系

一、"人少地多"型国家农业合作社委托代理关系

（一）美国农业合作社

美国农业的规模化和组织化程度位居世界前列，现有可耕地1.52亿公顷，牧场5.6亿公顷，却只有600余万农业人口，联合国FAO数据显示，2008年美国平均每个农业经济活动人口耕地面积为65.2公顷，属于典型的"人少地多"型。据统计，美国农业合作社加工的农产品占美国农产品总量的80%，占美国出口农产品总量的70%。美国农业部2012年公布的官方数据显示，2011年，美国共有220万个农场，农业合作社有2285个，农业合作社总收入2130亿美元，比2010年增加400多亿美元。从服务体系看，美国农业合作社有农场主合作社、农业信贷合作组织和农村电力合作社。农场主合作社是农场主为提高与公司的竞争力而组建的具有生产、加工、销售功能的服务性组织，具体包括生产合作社、销售合作社、购买合作社和服务合作社等形式；农业信贷合作组织主要是农场主为获得资金来源而形成的；农村电力合作社是由农村兴办的发展农村电力和电话事业的组织。从农业产业链看，美国农业合作社包括为产前、产中以及产后服务的合作社。从合作社层次看，有全国合作联盟、地区合作联盟和基层农业合作社等。

美国农业合作社由成员大会、董事会和职业经理共同管理。成员大会是全体成员的初始委托人，成员大会民主选举的董事会（初始代理人），董事会聘任经理（最终代理人）负责合作社的日常经营管理。合作社成员选举、监督和罢免合作社的董事和管理人员。董事会作为合作社的次级委托人，负责聘任、督促和指导经理维护合作社的组织特点；经理作为最终代理人，根据董事会的委托和授权，在董事会监督下，负责管理合作社的日常事务。合作社重大事务由成员大会

和董事会负责，具体事务由经理负责。美国农业合作社这种委托代理关系结构（见图8-1）决定了成员高度参与合作社，保证成员大会对合作社管理者的有效监督，合作社能够真正服务于民。

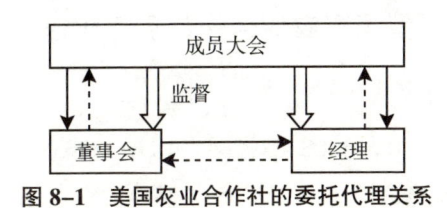

图8-1 美国农业合作社的委托代理关系

（二）加拿大农业合作社

加拿大是农业大国，目前有耕地面积6800万公顷，农业从业人员占全国就业人员的2.1%，合作社生产的农产品占加拿大全国农产品总量的50%以上。与美国类似，也属于"人少地多"型。加拿大农业合作社已有100多年的发展历史，发展比较成熟，农业合作社种类多、影响大，是国际农业合作社发展的典范。加拿大的农业合作社，从种类上看主要有：供销合作社，农业供销合作社是加拿大影响较强、比较成功的合作社。信用保险类合作社，信用保险类合作社具有规模大、成员人数多、实力强的特点。比如，信用合作社成员人数占全国总人口的1/3。信用保险类合作社对加拿大的金融市场具有重要影响。消费合作社，消费合作社主要为其成员提供消费品的批发和零售服务。服务合作社，服务合作社主要为成员提供住房、医疗保健、文化娱乐等方面的服务。生产合作社，主要包括各种从事农业生产的合作社。

从委托代理关系看，合作社的所有权与管理权分离，入社必须购买身份股，也可以购买投资股，但实行"一人一票"制。合作社归全体成员（初始委托人）所有，全体成员"一人一票"民主选举成员代表（代理人），成员代表组成代表大会，社员代表大会（次级委托人）民主选举董事会（代理人），成员代表大会授权董事会行使出资人权力，从社会上公开聘用职业经理人对合作社进行管理。董事会可以兼任经理，但经理不一定是董事。董事会对成员大会负责，经理人员对董事会负责，合作社职员由经理人员聘任。经理人员确保合作社的利润最大化，董事会确保合作社不仅要获得经济利润，更要保证合作社为成员服务（见图8-2）。

```
成员大会  ⇄  代表大会  ⇄  董事会  ⇄  职业经理
                        ⇒监督        ⇒监督
```

图 8-2　加拿大农业合作社的委托代理关系

二、"人地适中"型国家农业合作社委托代理关系

（一）德国农业合作社

联合国 FAO 数据显示，2008 年德国平均每个农业经济活动人口耕地面积 16.6 公顷，德国农业部的统计显示，2008 年耕地占农业用地的 70.5%，人均耕地面积 0.15 公顷，从事农业经济活动的人口占就业人口总数的 3.6%，属于"人地适中"型。但是德国农业现代化水平非常高，是在欧盟中仅次于法国和意大利的第三大农产品生产国，2011 年，德国农业产值为 523 亿欧元，占欧盟的 13.6%，仅次于法国，是世界上第四大农业出口国，畜产品的 1/3 来自于农业合作社，这与德国完善发达的农业组织化水平密不可分。

德国是世界农业合作运动的发源地之一，截至 2009 年底，德国的农业合作社达到 2675 个，93.6% 属于商品和服务合作社，6.2% 属于信用合作社，主要合作社 6 个。农业合作社入社比例占德国总人口的 1/5，几乎 100% 的农民加入了农业合作社。

德国农业合作社自上而下可以分为三个层次：合作社联盟，德国合作社联盟包括信贷合作社、贸易合作社、小企业联合会三个分支机构；区域合作社，区域性的合作社主要为其下属的基层合作社提供服务和监督；地方合作社，地方性合作社直接为农户成员服务，在德国合作社体系中处于基础性地位。从业务范围来看，德国农业合作社涉及金融、农业、商业、消费和住房等领域。

德国农业合作社是具有企业性质的劳动联合组织形式，农业合作社登记后成为具有法人资格的人合公司。合作社的组织结构（见图 8-3）类似于股份公司，实行成员大会、董事会和监事会的"三会"分权制。成员大会（委托人）通过"一人一票"制，民主选举董事会和监事会（代理人），董事会和监事会只能由成员担任。随着农业经济发展、农产品市场竞争及合作社规模的扩大，也有部分合作社聘任外部人员通过购买合作社股份成为合作社成员来进入董事会，职业经理（代理人）已经成为一些合作社的管理者。

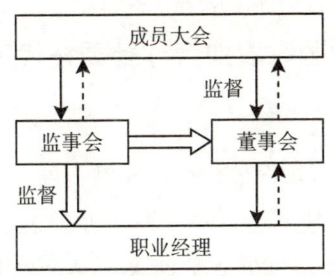

图 8-3　德国农业合作社的委托代理关系

(二) 法国农业合作社

联合国 FAO 数据库资料显示，2008 年法国平均每个农业经济活动人口耕地面积 29 公顷，也属于"人地适中"型。法国是欧洲最大的农业生产和农产品出口国。2010 年法国农业人口比重为 3%，农场有 49.3 万个，其中 90% 为家庭农场，平均每个农场土地面积为 55 公顷，到 2011 年，法国的农业总产值高达 694 亿欧元，农业产量占欧盟农业总产量的 22%。法国农业的组织化程度较高，农业合作社是法国农业现代化的主要推动力量，目前，法国有各种农业合作社 3750 余个，90% 的农民加入了农业合作社。

法国农业合作社按功能可分为运销合作社、农资服务合作社、生产合作社、金融合作社等，合作社业务涉及粮食蔬菜、水果、乳制品和畜产品等；按照组建方式可分为基层合作社和联合社。基层合作社由农业生产者直接组建，联合社是基层合作社的联合，联合社主要解决单个合作社没有能力或不能从事的业务。

从法国农业合作社内部委托代理关系来看（见图 8-4），全体成员参加的成员大会（初始委托人）是合作社的权力机构，成员较多的合作社也可以设成员代表大会，全体成员民主选举产生成员代表大会，由会员代表大会选举理事会（初始代理人），理事会聘任经理人员（最终代理人）和工作人员来负责合作社的日常经营管理，不设监事会。成员（代表）大会对理事会和管理委员会行使监督权，理事会对成员（代表）大会负责。

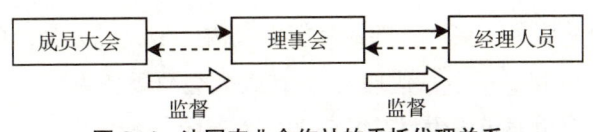

图 8-4　法国农业合作社的委托代理关系

三、"人多地少"型国家农业合作社委托代理关系

(一) 以色列农业合作社

以色列的国土面积 20777 平方千米，人口密度 300 人/平方千米。全国国土 50%以上是沙漠，可利用耕地不足 20%，人均耕地 0.05 公顷，农业经济属于"人多地少"型，人均水资源仅有 270 立方厘米，是世界上水资源十分匮乏的国家。面对恶劣的农业生产自然条件，以色列通过大力农业合作社，实现了以节水、高效的农业社会化产业组织体系为特征的现代化农业，每年农业出口额占出口总额的 6.3%。

以色列的农业合作社按照功能，可分为以基布兹、莫沙夫为代表的基层农业合作社，以及以消费合作社、生产合作社为代表的专业性合作社。农业合作社的业务主要是提供农业生产资料、生产运销以及金融等方面的服务。以基布兹和莫沙夫为代表的农业合作社在以色列农业经济发展中起着重要作用。基布兹的最高权力机构是成员大会（委托人），实行"一人一票"制。每年都定期选举产生执行委员会或者常务理事会（代理人）。常务理事会管理基布兹日常事务。基布兹实行集体生产经营，共同劳动，平均分配，民主管理，退社自由。基布兹合作社的生存是依靠社员共同劳动创造的财产，基布兹和莫沙夫的委托代理关系如图 8-5 所示。

图 8-5 以色列基布兹和莫沙夫合作社的委托代理关系

由基布兹发展而来的莫沙夫，以家庭为基本经营单位，基本生产资料归农户成员所有，莫沙夫合作社不仅为成员提供农业生产环节的统一服务，也为成员提供基本的农村公共服务。莫沙夫的最高权力机构也是成员大会，莫沙夫每年定期选举产生代表大会和委员会（代理人）。代表大会（委托人）负责莫沙夫的日常经营管理，委员会主要负责农村公共服务等方面的事务。另外，莫沙夫一般还设有专门负责与政府、银行等对接工作的外务秘书和负责处理日常事务的内务秘

书。莫沙夫的成员主动地参与合作社运营。莫沙夫合作社是具有经济性和公益性的组织，莫沙夫的发展壮大主要依靠莫沙夫外的经济组织获得的经济利润。

（二）荷兰农业合作社

荷兰国土面积4.15万平方千米，其中1/4的国土在海平面以下，人口1627万人，耕地面积200万公顷，人均耕地0.06公顷，属于"人多地少"型。荷兰是世界奶制品、肉类、鲜花的最主要出口国之一，其农产品60%用于出口，是世界上仅次于美国的第二大农产品出口国。农业合作社在荷兰的农业现代化进程中起到了非常重要的推动作用。荷兰各种类型的农业合作社涵盖了农业生产的各个环节。其主要类型有：一是生产资料合作社。二是拍卖合作社。拍卖合作社把易腐的生鲜农产品用拍卖方式在最短的时间进行销售，在拍卖成交额中收取服务费。三是信贷合作社。信贷合作社主要为成员提供金融服务。四是服务合作社。服务合作社主要为成员提供金融保险、机械租赁、生产管理和救济等方面的服务。荷兰农业合作社属于专业化的合作社，多样化的专业合作社增强了农户和市场的联系程度，形成了规模经济效益，提高了荷兰农产品在国际市场的竞争力。

荷兰的农业合作社不依托政府，没有严格遵循成员开放性的入社原则。从荷兰的农业合作社委托代理关系看，合作社的组织结构由成员代表大会、理事会、监事会和经理人员构成（见图8-6），合作社日常经营管理实行理事会领导下的总经理负责制，属于市场化运作和公司化管理模式。全体成员作为合作社的委托人选举产生社员委员会，社员委员会代表全体成员利益，是合作社的最高权力机构，理事会作为合作社的代理人由社员（代表）委员会选举产生，并接受社员委员会的监督。合作社同时设有监事会，监事会代表全体成员监督合作社管理者，监事会60%以上来源于理事会成员，40%来自专业人员。

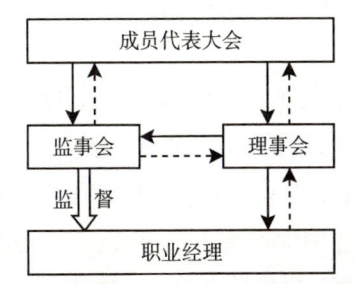

图8-6 荷兰农业合作社的委托代理关系

四、"东亚模式"型国家农业合作社委托代理关系

(一) 日本农协

日本是个岛国,自然资源贫乏,耕地面积仅占世界耕地面积总数的0.4%,人口占世界人口的2.2%左右,人均耕地面积不到0.046公顷。人多地少、土地分散、小规模家庭经营是日本农业的基本特点。日本能够突破家庭小规模经营的局限而实现"小农经济"下的农业现代化,农协起到了极为重要的作用。日本农林水产省数据显示:日本农户加入农协的比例接近100%,农协为农户提供了70%的农业生产和生活资料,农协主导了重要农产品的全部加工、储运和销售,农户的资金主要来源于农协部门,政府农业政策也是通过农协来实施。日本农协作为代表农户的组织,对农村经济社会的发展具有重要意义。

日本农协是自上而下、上联政府、下联农户,具有政治、经济和社会的综合性合作组织。按照出资方式、服务范围和组织制度,日本农协可分为出资农协、非出资农协、专业农协和综合农协,一般农协和基础农协。从层次上看,日本农协分为各类基础农协,以及以基础农协为成员的各级联合社。这些层级农协组织体系与国家行政组织体系相适应。日本基层农协按照服务对象分为综合农协和专业农协,县级农协包括县级农协中央会以及各种县级农协的联合会。日本的中央级农协由基层农协和县级联合会入股组成。

从日本农协内部组织来看,农协实行民主办社和协同管理。实行"一人一票"制、按交易额分红、入社退社自由等原则。各级农协的最高权力和决策机构是成员大会或者成员代表大会,成员大会民主选举农协的执行机构理事会,理事会是农协的法人代表,理事长聘任职业经理,社员大会或社员代表大会选举产生监事会。成员之间的委托代理关系如图8-7所示。

(二) 韩国农协

韩国人多地少,世界银行WDI数据库显示,2008年韩国人口密度为476.1人/平方千米,平均每个农业经济活动人口耕地面积1.1公顷,耕地面积占陆地面积的16.1%。但是,建立在小农经济基础上的韩国农业在日益激烈的世界农产品竞争中取得了巨大发展,韩国农产品出口增长迅速,2010年农产品出口达到59亿美元,农协组织在韩国农业现代化中起到了重要作用。

20世纪70年代以来,韩国政府通过法律和金融大力支持和发展各级各类农

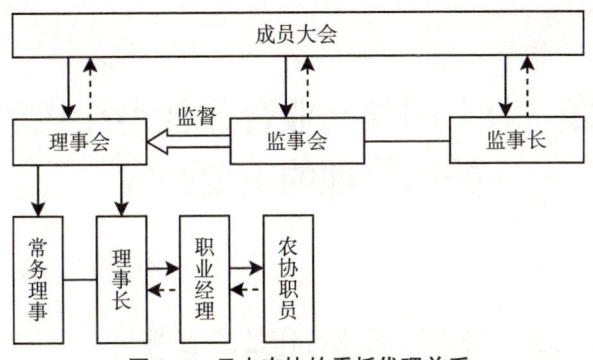

第八章 国外不同类型的国家农业合作社委托代理关系及其治理经验

图 8-7 日本农协的委托代理关系

协组织。2009 年，韩国的农民人口比重为 6.4%，农民人均收入是城市居民人均收入的 66%，到 2010 年底，韩国有 1171 个基层农协组织，基本上覆盖了全体农民，农协组织遍布全国。韩国农协主要类型包括：地区农业合作社、各类专业农业合作社以及联合会等。韩国农协实行入社退社自由，没有资本限制，实行"一人一票"制民主管理，合作社是人的联合。合作社盈利主要来源于外部，盈利按成员交易额公正分配，限制资本分红，注重合作社协作教育。

从农协内部组织和委托代理关系来看，成员大会是合作社的最高权力机构和决策机构，成员大会下设理事会，由社长和若干理事组成，社长由全体会员选举产生，理事会负责处理合作社日常经营管理，设监事会，代表全体成员负责监察合作社的财产和事务，韩国农协内部形成了规范的委托代理利益链，如图 8-8 所示。

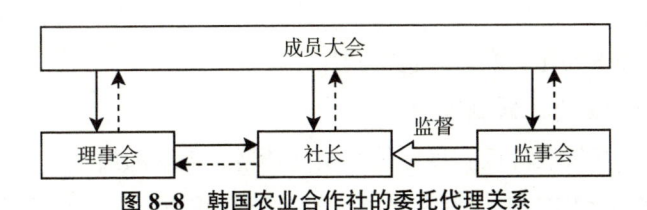

图 8-8 韩国农业合作社的委托代理关系

171

第三节　国外农业合作社委托代理关系治理的主要经验

一、"人少地多"型国家农业合作社的治理

(一) 政府和利益相关者参与合作社治理

农业合作社治理需要社会各界特别是政府和利益相关者的参与。农业合作社具有社会经济和政治文化等多方面的功能，由于农业合作社内部存在的治理机制缺陷导致投资者积极性不高、合作社竞争力弱等问题。以美国和加拿大为代表的"人少地多"类型的农业合作社的成长和治理得到了政府和利益相关者的高度参与。政府有健全的合作社制度支持和监督体系。比如，加拿大健全的合作社法律体系明确合作社的法人地位，界定成员之间的权利和义务，对合作社有比较灵活的融资机制，对合作社利润分配有明确的规定，政府通过会计系统对合作社加强审计监督，确保成员信息对称和利益相关者利益。

(二) 确保农户参与合作社治理的积极性

在美国和加拿大，合作社被视为农户和市场的联合体。农户参与合作社民主平等、互助协作，由于"人少地多"，面对市场风险，合作社通过劳动和资本产权相结合的治理机制，农户几乎参与各种类型的专业合作社，农业生产实现了组织化、规模化和市场化，农户利益得到保障。

(三) 合作社的非正式制度治理

合作社产生与发展应该有良好的非制度环境，美国和加拿大整个社会都有浓郁的合作精神和合作文化，政府对合作社的支持重点不是提供资金和税收优惠等，而是体现在帮助组建合作社、成员之间的协调和沟通、制定合作社业务、合作社制度构建等方面的间接支持。

(四) 合作社治理的公司化趋势

美国和加拿大合作社治理趋向逐步接近公司化治理模式。农业合作社的经济利益导向非常明显，部分合作社已经趋向股份制公司，农业合作社的功能愈来愈

完善和细化，农户或者农场与农业合作社利益联结越来越紧密，农业合作社生产经营的专业化、市场化和全球化程度不断提高，合作社治理的公司化趋势明显。

二、"人地适中"型国家农业合作社的治理

（一）合作社的产权治理

德国和法国的农业合作社内部都有与公司类似的内部治理结构。合作社有完善的组织机构，成员大会是合作社最高权力机构，理事会是合作社执行机构，监事会是合作社监督机构。在产权和收益分配方面，坚持对资本获利的限制，确保成员按交易额进行收益分配，成员直接民主平等参与合作社管理，确保成员大会中成员股东的实际利益得到尊重。

（二）合作社的文化治理

合作社坚持农户完全自愿，通过入股加入合作社。农户通过入股与合作社组成利益共同体。合作社对成员提供服务，对外盈利，合作社对农户入社有较为严格的条件，成员必须诚实守信，维护合作社的集体利益。另外，法国和德国都非常重视加强对农户的文化教育和技术培训，建有各级各类针对农民的教育培训机构，政府通过对农户的教育引导、支持监督来发展合作社。

（三）政府对合作社严格的监管

德国政府有严格的合作社审计制度。为避免合作社之间产生不正当竞争，政府严格控制合作社数量和地区分布，积极推进专业合作社的联合，法国、德国已形成多层次和网络化的合作社结构体系。德国和法国政府都通过各种法律对合作社的法人地位、责任和义务、社员出资、组织治理、盈余分配、审计等方面加以监督。

（四）成员退出和进入的治理

法国的农业合作社设有针对成员的退出和进入机制，农户社员进入合作社必须缴纳代表成员身份的股金，各级农业合作社都坚持"一人一票"民主决策原则，理事会代表合作社经营管理，没有工资报酬。法律对合作社的非成员交易进行明确性限制。

三、"人多地少"型国家农业合作社的治理

(一) 完善合作社内部的监督机制

荷兰的农业合作社,成员大会或者成员代表大会是最高权力机构,能够真正代表全体成员的利益,理事会由全体成员民主选举产生,成员能够代表社员和监事会对理事会进行强有力的监督。监事会的2/3来自成员,1/3来自大公司的专业人士,避免了少数人控制,确保合作社正确的经营目标。

(二) 市场竞争机制对合作社的治理

以色列合作社以市场为导向进行经营管理,许多合作社聘任了职业经理,职业经理相对于合作社内部成员更能准确地把握市场信息,并针对市场竞争组织合作社进行生产,拓展合作社的营销渠道,获得更高的价格。近几年来,我国农民专业合作社虽然数量增长较快,但合作社盈利能力弱的重要原因是现有的管理人员没有面对激烈市场竞争的应对能力,市场竞争机制对合作社治理绩效有限,农民没有通过合作社获得预期收入,挫伤了农民参与专业合作社的热情。

(三) 注重培育高素质的农民

以色列农业合作社类型大多数为市场型、管理型和信息型。以色列合作社的成果也是依靠懂技术、会管理的高素质农民和管理人员。我国现阶段的农民受教育程度普遍不高也是对合作社管理者监督有限、参与程度不高的重要原因。另外,合作社牵头人绝大多数也缺乏现代经济组织运营所需的专业知识和企业家才能,合作社治理局限于依赖关系和信任的"人治",治理水平有限。

四、"东亚模式"型国家农业合作社的治理

(一) 健全的民主监督机制

日本农协内部在管理上充分体现了合作制的民主管理,成员(代表)大会定期听审议、讨论农协重大事务,"一人一票"选举农协管理者,对农协管理者在人、事、财、物等方面进行民主监督。日本和韩国具有从董事会、经理到农协职员的公司化的监督制度,农协经理受成员大会和董事会委托,利用农协为社员提供服务。

(二) 较为合理的分配机制

日本农协在经营上,对外按照公司性质追求利润最大化,对内为成员提供技

术农资供应、农产品销售、信用保险以及信息等方面的服务等。在收益分配机制上，注重积累与分配的协调，农协净收益中的7%和45%作为股金分红，其余的48%用于弥补余缺调节，其中的35%是发展生产的积累金，13%作为来年分配。

（三）规范的政府监管体系

日本政府对农协的建立有比较完善健全和规范的制度体系。日本政府有《农业协同组织法》《农业协同组织财务处理基准令》《关于农业协同组织监查士选任资格》等12个专门的法律，对农协经营目的、业务性质、服务范围进行了法律规定，避免农协从事违背合作社方针和损害成员利益的盈利活动。同时，农协与政府不是简单的管理与被管理、监督与被监督的关系，农协是政府与农户的协调机构，日本政府通过农协贯彻落实有关农业政策。韩国有从中央会到基层农协的完善的利益协调组织体系。

（四）保持合作社的公益性

农民是日本的农业合作社的参与主体，农民通过农协获得政府政策扶持，日本农协是带有政府色彩的公共服务机构。日本农协的主要功能是为成员提供服务，农协组织农户共同建设农业基础设施，改善农业生产条件，农户缴纳的少量费用在年终按使用次数返还，保障服务的公益性。

第四节　结论与讨论

通过对国外农业合作社治理的考察，可以发现，虽然国外合作社的组织原则和形态不断变化发展，但是国外合作社治理的基本理念和核心制度等因素对我国仍有较强的借鉴意义。

一、合作社治理机制必须充分体现和尊重成员利益

确保合作社成员的平等地位，平等享有表决权、参与权、收益分配权，实行"按劳分配"和"按资分配"的结合收益分配，实行灵活的成员进入和退出机制，成员权利和义务对等，激励农户成员参与的积极性。合作社治理的主要目的是形成合作文化价值观，为成员谋求全面发展的利益，增强个人对集体的信任感和认

同感。合作社治理要尊重成员个人的权益和主体资格，切实维护成员利益。

二、合作社治理机制的设计必须紧随社会经济变化

随着社会经济的快速发展，合作社治理的外部环境也发生了深刻的变化，从而对合作社的治理提出了更大的挑战。合作社必须依靠现代农业技术和管理实现利润增长，争取较大的市场发展空间来维护合作社稳定成员关系的物质基础。合作社通过健全的制度设计引入现代生产、经营和管理要素是合作社治理和发展的重要选择。

三、产权制度、民主控制、利益联结是合作社内部治理的重要方面

比如，加拿大合作社经历了100多年的发展成为国际合作运动的典范，究其原因就在于其健全的内部治理机制。加拿大合作社共有特征是合作社真正属于成员所有，成员个人的财产权明晰，风险和责任对等。成员在合作社中能够表达意愿，行使民主权利，合作社的管理者能够广泛代表成员利益。加拿大合作社尽管类型多样，但都具有较规范的利益联结机制，合作社按惠顾额对成员返利，坚持成员收益与成员贡献对等原则。

四、非正式制度有助于合作社治理

成员的充分信任和良好合作的合作文化有利于合作社成员之间的沟通和协调，降低合作社运行的成本。比如以色列的基布兹倡导成员之间平等和互助，基布兹管理人员是人民的公仆，基布兹内部重大决策由成员大会作出。

西方国家都强调农业合作社的公益性，合作社通过为成员提供教育、卫生、住房、交通等农场基本公共服务，增强了农户对合作社的信任感和忠诚度。

五、合作社治理离不开政府强有力的支持和监督

比如，以色列政府一般在金融、保险、法律和技术等方面为合作社的发展提供间接支持，合作社发展的主体主要是合作社成员经营运营。而韩国和日本的农协，政府在其发展中具有重要地位，农协本身就带有浓厚的政治色彩。

第九章 研究结论与政策建议

本书第一章到第三章分析了我国农民专业合作社组织演变的内外部影响因素，结合我国农民专业合作社发展的现状，借鉴相关理论，从委托代理视角提出了我国农民专业合作社治理的一般分析框架，第四至和第五章从产生条件、组织结构、产权结构和决策机制等方面，结合案例，分别对同质性和异质性条件下农民专业合作社的委托代理关系进行实证分析。第六至第七章从理论和实证层面探讨了我国农民专业合作社的治理机制，第八章分析了国外农民专业合作社委托代理治理的重要经验，第九章在前面综合分析的基础上，提出促进我国农民专业合作社健康和规范发展的政策建议。

第一节 研究结论

一、我国农民专业合作社历史演变、影响因素和现状的分析结论

首先，成员之间的委托代理关系的形成是西方合作思想与我国"小农经济"体制结合的产物。成员之间的委托代理关系是"内因"和"外因"共同作用的结果。参与成员要素禀赋、行为目标和角色差异是影响农民专业合作社委托代理关系的内因，农户生产条件、农业基本矛盾、双层经营体制和农村市场化改革是影响农民专业合作社委托代理关系的外因。内因决定合作社委托代理关系的源泉和动力，外因是合作社委托代理关系演变的条件。

其次，我国农民专业合作社经历了由同质性到异质性演变，最终回到同质性的过程。互助组具有同质性特点，成员自己互为委托人和代理人，代理问题很

小；初级社成员也具有同质性，但委托代理链长，监督激励不强，代理问题显现；人民公社时期成员具有一定的异质性，在特定的"三级所有，队为基础"产权制度下，委托代理链进一步延长，代理问题显著；转型时期，合作社成员异质性增强，委托代理关系变得复杂，代理问题严重需要治理。

二、委托代理关系对农民专业合作社的影响结论

首先，成员委托代理关系对农民专业合作社的影响主要体现在所有权结构、控制权结构和收益分配结构三个方面。

其次，同质性农民专业合作社的委托代理关系和农户之间的双向委托代理，成员是使用者、惠顾者、所有者和控制者四种角色的统一，合作社的所有权结构主要表现为：合作社的资本形成仅限于成员，合作社财产属于全体成员共同所有，入社费有限等；合作社的控制权表现在：投票权仅限于成员，实行"一人一票"的民主决策，合作社事务由理事会负责；合作社的利益分配结构表现为：没有共同资产赎回，合作社盈余扣除公共积累以后主要以价格调整方式返还给成员，价格调整对每一个成员均等。成员与合作社管理者是平等互利关系，合作社成员与理事会以个人效用最大化为目的进行理性博弈。

最后，异质性农民专业合作社存在多重委托代理关系。在成员与合作社之间、中小成员与合作社管理者之间、中小成员与核心成员之间、外部投资者与合作社之间以及核心成员自身之间均存在委托代理关系。在这些委托代理关系中，成员与合作社之间、中小成员与核心成员之间的委托代理关系是当前我国农民专业合作社委托代理关系矛盾的主要方面。由于成员对关键要素的认可和对报酬的回报要求，异质性合作社会选择股份化的产权结构来获得合作社控制权和剩余索取权。

三、对合作社成员合作关系的可能性和稳定性研究结论

一是，农民专业合作社中小成员之间能够建立合作关系。中小成员之间的合作关系有替代型合作和互补型合作。借鉴 Stackelberg 模型对中小成员替代型合作研究表明，其合作存在动态博弈的子博弈精炼纳什均衡；借鉴 Bertrand 模型对中小成员互补型合作的分析表明，只要合作带来的边际成本节省系数 β 满足一定条件，也能够建立合作关系。促使中小成员合作的动机是个体理性而非集体理性，

合作社的合理收益分配是成员之间长期合作的关键。

二是，农民专业合作社中小成员和核心成员之间能够建立合作关系。借鉴古诺模型的分析表明，只要合作的收益率 $\theta > \frac{2}{3}$，合作的全部条件得以满足，同时说明了中小成员和核心成员之间能够进行合作。

三是，农民专业合作社成员合作关系具有长期稳定性。借鉴 KMRW 声誉模型的分析表明，合作社成员 n 阶段重复博弈存在均衡，在合作社成员信息不对称和不完全条件下，参与人都有 $p>0$ 的概率选择合作，只要重复博弈的次数大于3，合作均衡就会出现，参与人合作行为可以持续下去，直到博弈参与人预期博弈将会在下一阶段结束，合作关系才会终止。合作关系越平等，越能够保持合作的长期性。

四是，合作概率、预期收益以及合作方式对成员合作关系产生影响。研究发现，在博弈参与人不能够准确地预期博弈结束的时间的情况下，没有成员轻易采取不合作行为，从而促进合作社成员之间长期合作关系的维持。只要成员合作的概率 p、$q>0$，在博弈重复的次数足够多的情况下，能够实现合作均衡。p 和 q 的值越大，博弈参与人越能够获得对方的信任，有利于合作社成员之间的长期合作；成员预期的合作效应系数越大，对博弈参与人选择合作的概率要求就小，合作社成员之间合作关系的可能性就越大。

四、农民专业合作社治理机制研究结论

一是，合作社治理机制主要包括内部治理机制和外部治理机制。合作社的治理机制就是通过一系列完善的制度，解决委托代理关系中产生的各种问题，从而使合作社代理人和委托人的目标一致，实现委托人与代理人双方利益的最大化。合作社治理机制主要包括：合作社内部的决策机制、激励机制、监督机制以及外部治理机制，它们共同对合作社治理绩效产生影响。

二是，农民专业合作社的内部治理机制。内部治理机制包括：首先是决策机制。现有的合作社层级化管理模式中，理事会治理决定了合作社日常经营管理的绩效，但是极端的民主化决策也会挫伤理事会的积极性。其次是激励机制。有效的激励机制在于充分调动参与专业合作社主体各方面的积极性以及在参与主体之间选择最优的利益均衡点。再次是监督机制。委托人对代理人有效的监督设计在

于成员对监督的成本和监督的收益的权衡。最后是约束机制。合作社的约束机制就是如何对代理人的行为给予有效的约束和规范。

三是，农民专业合作社的外部治理机制。目前对于合作社的外部治理机制主要包括：主管部门的监管、非正式制度以及市场竞争。非正式制度则指伦理道德、传统文化、风俗习惯、意识形态等，非正式制度可以促使成员对合作社组织产生情感依赖和认同感，具有联结成员意识、动机和行为、增强相互信任、降低合作社交易成本等作用；政府的支持和监管能够促进合作社资源的整合和优化，切实保护广大成员的利益；农产品市场竞争对合作社治理的机制体现在：加强了成员与管理者之间的信息沟通，降低了成员之间的信息不对称，激励了管理者的行为，提高了管理者的风险承担水平，树立了管理者的威望，减少了成员的监督成本，增强了识别管理者的能力，提高了对管理者努力的激励。

四是，对合作社主要的两类委托代理关系治理的研究。得出结论："社员—合作社"委托代理关系中，成员个人的偏好对于理事会的私人信息 θ 和监事会拥有的监督水平，如果监事会独立程度高于 β，理事会不会与监事会共享内部私人信息，监事会将会选择一个相对低的监督强度，且不提供咨询或者提供的咨询没有任何价值；如果监事会独立程度低于 β，理事会愿意与监事会共享内部私人信息，监事会将会选择一个相对高的监督强度，理事会与监事会精诚合作有利于降低委托代理成本，增加合作社成员的收益。"社员—合作社"委托代理关系中，监事会独立程度越高，核心成员侵占中小社员利益努力程度的边际成本越高，核心成员越不愿意侵占中小社员的利益，亦即 $\partial^2 c_1/(\partial\omega\partial\rho) > 0$。当监事会独立于核心成员时，核心成员很难通过控制监事会实施对于"中小社员—核心成员"权益的侵占，其选择的侵占努力程度较低，侵占也较少。

五、合作社治理机制的实证分析结论

农民专业合作社治理绩效与其完善的治理结构具有密切关系，对样本合作社治理机制和绩效的分析得出，治理机制的总体水平得分高的合作社，在理事会、管理者报酬、股权结构、内部监督机制、社员退出和外部监督与竞争方面得分在样本中也最高；内部监督机制对合作社治理具有主要的影响，不论样本合作社治理水平如何，但是其在"内部监督机制"得分均高于在其他各项的得分；应用熵值法得到的准则层对于合作社治理机制的权重不同。

六、国外农民专业合作社治理的主要类型研究结论

一是，从"人少地多""人地适中""人多地少"到"东亚模式"，治理的公司化程度由强到弱，政府参与治理程度由弱到强。

二是，四种治理模式都高度重视农户成员的民主参与，农业合作社都有比较完善的组织结构、产权结构和收益分配机制。在产权和收益制度安排上，坚持对资本获利的限制，劳动和资本方面都有相关的利益协调机制，确保全体成员的利益。

三是，高素质的农民和良好的非正式制度环境也是影响合作社治理机制的重要因素。教育程度、诚实守信、合作精神等都有利于提高合作社的治理绩效。

四是，成员条件、进入和退出机制、民主监督机制和市场竞争能够强化对管理者的监督。成员入社条件的限制可以增强成员的同质性，退出限制可以一定程度上表明成员的机会主义行为，民主监督可以防止少数人控制合作社，市场竞争能够增强对管理者的监督和信任，提高管理者的权威。

五是，确保合作社的公益性。确保合作社的公益性可增强成员对合作社的忠诚度和凝聚力，确保农户成员合作社真正提高和改善市场地位。

第二节　政策建议

一、改进成员要素合作方式

农民加入合作社实现增收是通过在生产、加工、销售各环节中分享到利润实现的。农业生产的投入要素，比如土地、种子、农药和加工机械具有明显的在地理区位和物质资本要素方面的专用性，在农产品市场营销环节具有人力资本要素的专用性。合作社核心成员投入要素的流动性和转换能力强，"专用性"弱，而中小成员投入要素的流动性和转换能力弱，"专用性"强。由于合作社资产专用性的存在，在有限理性的假定下，委托代理双方容易产生机会主义行为，增加了代理成本。

(一) 加强农户的全要素合作

通过全要素合作改变合作社成员之间在要素禀赋上的民主性和对等性，增强成员的同质性。农业生产投入要素包括自然资源、资金技术、信息和管理等。通过提高农户要素合作的全面性，降低资产专业性，实现农业生产投入要素的优化，通过全要素合作，提升农户在合作社中的主体地位，增强农民专业合作社的凝聚力和竞争力。

(二) 提高农业产业链条各个环节的合作水平

由于农户要素禀赋不同，形成了不同的资产依赖性。通过加强农户在农业生产链条环节的前项合作、侧向合作和后向合作水平，比如农业投入、生产、加工、运销等方面的合作，可以有效地降低合作社成员之间的交易成本，减少代理问题。

二、提高合作社的经济效益

农民专业合作社管理者要不断提高合作社经营管理的水平，降低运行的成本，增加合作社的经济利润，合作社经济效益的不断提高可以增强成员预期的合作效应系数。正如前文所分析的：异质性成员如果预期的合作效应系数 β 越大，对参与人选择合作的概率要求就越小，合作社成员之间合作关系的可能性就越大。

政府要加大对合作社发展的扶持力度，特别是提高对合作社发展的政策、资金、技术、管理、信息等方面的服务水平，为合作社的进一步发展创造良好的外部环境，增强合作社的综合实力，吸纳更多的农户加入合作社。合作社也要强化销售，树立品牌意识，增强合作社的经济效益和对农户的带动能力。

三、完善合作社的制度体系

(一) 加强合作文化教育

要大力加强以地缘文化、乡土文化为纽带，以合作社相关法律和制度为主要普及内容的村级文化建设，培育农民具有全新的农业生产经营观念和合作意识，增强农民的参与意识、责任意识和集体意识，提高农户选择合作的概率。

(二) 完善《农民专业合作社法》

2007年颁布实施的《中华人民共和国农民专业合作社法》对促进我国合作社发展起到了重要的推动作用。但是，我国《农民专业合作社法》界定农民专业合作社成员是"同类型"的农业生产和经营者，法律对成员入社的基本假定还是同质性，前面的分析表明，成员异质性是我国农民专业合作社普遍面临的现实情况，很有必要在确保合作社公益性原则下，对《农民专业合作社法》中关于农户异质性条件下的成员资格、产权安排、组织结构和收益分配等方面加以完善，协调异质性成员之间的利益冲突，降低代理成本。要在法律中明确规定合作社的成员资格和身份认定条款。

（三）健全组织结构，完善监事会职能

当前，合作社成员监督成本高，成员大会监督有限。应该通过法律将合作社监督设为强制性规范，完善合作社成员的退出权、投票和异议，确保成员大会、理事会决策程序合法、合规。

（四）构建规范有效的产权制度

规范有效的产权制度是合作社委托代理关系治理的基础。要优化合作社的产权结构，政府应该选择恰当的产权控制方式，通过成员股权的优化来改善合作社的治理结构，适度增加劳动和其他要素比例，控制资本比重过大的产权结构。

（五）完善合作社剩余索取权制度

产权制度不仅决定了合作社剩余索取权是"按劳分配"还是"按股分配"，而且不同的产权制度还会影响合作社剩余索取权的激励效果。《农民专业合作社法》应该明确规定成员财产的使用权、收益权和转让权，确保全体成员对其财产的参与权、剩余控制权和剩余索取权。通过参与成员对合作社明晰的剩余索取权规定，激励成员努力工作和对合作社管理者进行有效的监督。

四、健全合作社的监督机制

（一）增强合作社监事会的独立性

有效的监管是集体经济成员提供充分努力的必要条件。合作社监事会虽然理论上由成员大会民主选举产生，但由于成员异质性，也存在部分核心成员控制监事会的情况，使得监事会不能代表全体成员对合作社管理者进行有效监督。本研究也表明，当前在中小成员监督能力有限、监督成本较高的条件下，对合作社监事会有效的治理是提高第三方特别是政府主管部门的介入，提高监事会的独立性，特别是对代理人行使的剩余控制权的合法、合规性监督。

（二）加强中小成员对监督的激励

建立健全的合作社治理结构的核心在于建立保证利益相关者都能充分地表达意愿的渠道，农民合作社内部治理结构应该妥善处理好核心成员与中小成员的关系，在理事会、监事会、社员代表大会三权制衡的治理结构当中必须确保中小成员可以通过有效的渠道监督核心社员的行为，维护中小成员的切身利益。

（三）确保外部力量对合作社的监督

合作社集体产权制度要求剩余控制权由集体行使，但现代社会分工却要求由个人行使。通过加强外部力量对合作社的监督，明确合作社剩余控制权配置的方向，防止代理人利用合作社进行合作社以外谋求个人利益的经营活动。

五、社会资本参与合作社治理

社会资本是营造优秀组织结构的重要元素，社会资本包括人际关系的彼此信任、合作关系以及社会网络。异质性农民专业合作社的治理机制重点体现出中小成员与核心成员的委托代理关系。科学的合作社治理机制保证了合作社集体利益的实现，避免了成员集体行动的困难，社会资本不断融入合作社的治理结构，推动了合作社治理机制的自我完善。

（一）构建科学的成员诚信考评体系

通过成员诚信考评系统，奠定合作社有效治理的人际基础。社会资本源于成员信任，合作社成员之间的人际信任是合作社稳定的基础，合作社成员信任如果不能够被其他成员观察或者被忽视，合作社的一切合作关系将不能持久。信任对异质性农民专业合作社的治理机制的各个环节均产生影响，合作社决策缺乏民主、成员激励机制效果不明显、成员缺乏监督以及外部机制的有效性，其根源都可以追溯到信任缺失。

（二）非正式制度融入合作社治理机制

要通过道德、价值观念、习俗、文化等非正式制度融入合作社治理，使合作社核心成员与中小成员树立诚信合作、互利互惠理念，增强合作社管理者为合作社全体成员的服务意识，管理者通过无私、公正和敬业赢得全体成员信任。要进一步完善农民专业合作社的治理机制，需要加大非正式制度对成员的约束力和影响力，推动农民专业合作社治理机制的完善，为实现成员共同价值目标创造良好的社会环境。

（三）通过信任重构优化合作社的产权结构

通过合作社成员之间信任重新构建，充分激发和调动各个参与主体的积极性，确保每一位成员的利益。特别是通过适当地对合作社管理人员的报酬激励，既体现和尊重管理者为合作社的付出，又能够获得绝大多数普通成员的理解和支持。通过合理设计和优化合作社的产权结构，妥善安排劳动报酬和资本报酬的比例关系，协调中小成员和核心成员的利益冲突，在长期安排方面确保劳动和资本的合理性和均衡对等，使合作社的产权结构达到一个相对稳定和均衡的状态，防止因成员持股数量过多而降低普通成员对合作社的认知感和归属感。

六、加强农民专业合作社的组织创新

合作社治理的目标就是协调合作社相关主体之间的利益关系，达到良性互动，提高竞争力。依据农民专业合作社产业链创新、科技创新、人力资源培养和制度创新等一系列内容，从治理结构层面来分析农民专业合作社发展中的治理困境，并提出促进其持续发展的理念和方法，即提升农民专业合作社在产业融合中的实力，提高科技创新能力，增加人力资本存量，规范合作社管理以及政府合理定位，更好地发挥农民专业合作社创新体系的效能。

（一）提升农民专业合作社在产业融合中的实力

在农业供给侧结构性改革背景下，面对我国农民专业合作社处于初级阶段、发展规模较小等问题，要想提高农民专业合作社效率，从产业发展的角度来看，应鼓励发展农民专业合作社在第一、第二、第三产业深度融合的"第六产业"过程中的作用。虽然农业的龙头企业技术相对先进，资金相对雄厚，在促进产业融合方面也起着重要作用，但是其以盈利为目的，与农户之间仅是利益关系，所以必须加强农民专业合作社在产业融合中的地位。

（二）提高农民专业合作社科技创新能力

习近平主席在2013年曾指出："着重解决好科研和生产'两张皮'问题，真正让农业插上科技的翅膀。"在全球化浪潮的席卷下，中国农业面临的竞争压力越来越大，对农业技术的渴求越来越迫切，所以在以后资金研发过程中必须创建能够提升合作社集成创新产品质量能力、适应市场能力和管理能力的项目，提高合作社效率和收益。同时要健全农业科技推广体系，农业科研和管理人员要树立敏锐的市场意识，才能对具有市场广阔前景的科技成果进行研究和推广，才能不断推进科技成果的转化、应用和普及。

(三) 增加农民专业合作社人力资本存量

农民专业合作社要想顺利应对市场经济要求，实现可持续发展，农民素质的提高对其有直接促进作用。农民素质越低，接受新事物的能力越弱，对农民专业合作社的需求愿望越低，所以必须通过组织农户进行具有针对性的农业科技学习，讲解合作社的相关章程规则，开阔眼界，进行实地参观考察，普及市场经营知识和法律相关知识的手段，建立"现场指导＋课堂面授＋远程教育"的培训模式，培养具有现代农业意识的新型职业农民，为其组织发展储存人力资本。

(四) 规范农民专业合作社管理

在遵守市场规律和体现社会主义原则的前提下，规范农民专业合作社各个环节的管理。在农民专业合作社章程及其"三会"制度方面，应该体现出民主管理原则，鼓励普通社员对理事会、监事会的积极参与，发挥好监事会的监督作用。在财务管理方面，应建立合作社成员账户与外部财务制度审核制度相结合制度；在利益分配规范方面，应该进一步完善利益链接和分配机制，必须实现把绝大多数的盈余返还给社员的目标。

(五) 恰当定位政府在农民专业合作社中的作用

现阶段在农民专业合作社发展过程中，由于合作社企业家供给短缺，农民的整体素质不高及其弱势地位，再加上合作社立法不够健全，凸显出政府在合作社发展中的主导地位，表现为"强介入"，未能形成政府与合作社的"良性互动关系"，因此在未来农民合作社发展中，政府应该恰当定位，做好服务、引导和集成工作。一是提供政策扶持。通过制定合理的财政补贴政策、经济优惠政策，特别是减免税制度和有效的融资政策，为其发展提供宽松的环境。二是引导发展。助力宣传和普及合作思想、合作原则，增强农民的合作意识。结合学校、合作机构机关培养农民自己的具有合作精神的企业家，为农民专业合作社的进一步发展储备人才。三是集成各方资源，为其发展提供优化的制度环境。特别是借助"互联网＋"的数据平台，为合作社内外部信息采集、有效协调提供制度保障。

附录1 农民专业合作社社员调查问卷

一、被调查社员的基本情况

1. 年龄：_____岁 性别：_____。

（1）男 （2）女

2. 文化程度

（1）小学以下 （2）小学

（3）初中 （4）高中

（5）高中以上

3. 您家的收入水平在当地属于以下哪种情况？

（1）很低 （2）比较低

（3）中等水平 （4）比较高

（5）很高

4. 您家通过种植（或养殖）合作社经营的产品收入占您家年收入的比例大约为_____%。

5. 您家种植（或养殖）规模在当地属于以下哪种情况？

（1）很小 （2）比较小

（3）中等水平 （4）比较大

（5）很大

6. 您是否知道合作社运作方面的知识？

（1）不了解 （2）有点了解

（3）基本了解 （4）了解

（5）很了解

7. 您是否了解我国在2007年7月正式实施的《中华人民共和国农民专业合作社法》？

（1）不了解　　　　　　　　　（2）有点了解

（3）基本了解　　　　　　　　（4）了解

（5）很了解

二、社员对农民专业合作社的看法

1. 您家参加合作社的名称：_____。

2. 您家加入合作社有几年了？_____年。

3. 加入合作社时，您家缴了股金吗？

（1）没有　　　　　　　　　　（2）有

→如果缴了股金的话，股金为：_____元，约占总金额的_____。

4. 您家是通过什么途径参加的？（单选）

（1）合作社动员　　　　　　　（2）政府动员

（3）看到了好处，自己参加　　（4）其他途径

5. 您家目前在合作社的身份是：

（1）普通社员　　　　　　　　（2）骨干社员

6. 您家参加的合作社主要是谁发起建立的？（单选）

（1）生产大户　　　　　　　　（2）贩销大户

（3）龙头企业　　　　　　　　（4）供销社

（5）农技部门　　　　　　　　（6）其他组织

7. 是否任何人想参加就可以参加您家所在的合作社？

（1）是　　　　　　　　　　　（2）否

8. 您家所在合作社社员主要来自：

（1）本村　　　　　　　　　　（2）邻近村

（3）其他村

9. 您熟悉本社社员的程度如何？

（1）熟悉全部社员　　　　　　（2）熟悉部分社员

（3）熟悉很少社员

10. 您与本社社长的熟悉程度如何？

（1）不熟悉　　　　　　　　　（2）比较熟悉

（3）很熟悉

11. 社员退役或入社决定是由谁说了算？（单选）

（1）社员代表大会　　　　　　（2）理事会决定

（3）理事长或社长决定

12. 您家所在合作社里的事情由谁说了算？（单选）

（1）社员大会　　　　　　　　（2）社长或理事长

（3）理事会

13. 如果您家对所在合作社发展不满意，您家会通过何种方式表达自己的意见？（单选）

（1）通过社员代表大会　　　　（2）通过监事会

（3）直接向理事会或理事长提　（4）威胁退出合作社

（5）不提意见，随它去

14. 您对所在合作社未来发展情况前景的看法如何？（单选）

（1）很不看好　　　　　　　　（2）不太看好

（3）很难预料　　　　　　　　（4）看好

（5）很看好

15. 您认为本地合作社将来有必要联合起来吗？

（1）有必要　　　　　　　　　（2）没有必要

16. 您家是出于下列哪些方面的考虑参加合作社的？（请在选中处打"√"）

影响您家参加合作社的因素	同意程度				
	不同意	有点同意	比较同意	同意	很同意
能得到种子和种苗服务					
能得到技术和培训服务					
能得到农资供应服务					
能方便产品销售					
能让产品卖个好价格					
能得到产品保鲜、储存与加工					
能得到融资服务					

续表

影响您家参加合作社的因素	同意程度				
	不同意	有点同意	比较同意	同意	很同意
能按交易量（额）返利					
能得到按股分红					

17. 加入合作社后，您家从合作社得到了哪些好处？满意程度如何？（请在选中处打"√"）

您家从合作社得到了下列哪些好处	有否得到	满意度评价				
		很不满意	不满意	基本满意	满意	很满意
种子和种苗服务	有/否					
技术和培训服务	有/否					
农资供应服务	有/否					
方便产品销售	有/否					
产品卖个好价格	有/否					
产品保鲜、存储与加工	有/否					
融资服务	有/否					
按交易量（额）返利	有/否					
按股分红	有/否					

18. 参加合作社后，您家在产品生产与销售方面与没有参加合作社前相比有了哪些变化？

（1）平均产量有没有提高？

①没有提高　　　　　　　　②有提高→提高了约_____%

（2）生产产量是否稳定了？

①没有稳定　　　　　　　　②有所稳定

③明显稳定了

（3）产品质量是否提高了？

①没有提高　　　　　　　　②有所提高

③有明显提高

（4）平均生产成本有否降低？
①没有降低　　　　　　　　　　②有降低→降低了约_____%
（5）平均销售价格有否提高？
①没有提高　　　　　　　　　　②有提高→提高了约_____%
（6）平均销售价格有否稳定？
①没有稳定　　　　　　　　　　②有所稳定
③明显稳定了
（7）收入有否提高？
①没有提高　　　　　　　　　　②有提高→提高了约_____%

19. 您家对目前所在合作社发展情况的满意程度如何？（请在选中处打"√"）

合作社发展情况	满意度评价				
	很不满意	不满意	基本满意	满意	很满意
社员服务					
合作社凝聚力					
产品市场知名度					
提高社员收入					
合作社自身盈利能力方面					
带动当地产业发展方面					
在当地社会影响力方面					
对合作社发展总体评价					

附录2　农民专业合作社调查问卷

调查日期：_____　　　　问卷编号：_____

各位农民专业合作社的负责人：

我们正在进行一项农民专业合作社的学术调查，希望得到您的支持和合作。这是一份有关农民专业合作社组织行为的调查问卷，调查目的在于了解农民专业合作社的基本情况及发展现状。您宝贵的回答将对本研究分析有重要贡献。感谢您在百忙之中为我们填答这份问卷。方便的时候，我们会通过打电话的方式向您询问。再次感谢您的合作！

一、合作社基本情况

1. 合作社名称：_____

2. 合作社创立的年份：_____

3. 是否在工商部门注册：_____

　（1）是　　　　　　　　　　（2）否

4. 合作社所出售的产品是否属于易腐烂、易变质的产品：_____

　（1）是　　　　　　　　　　（2）否

5. 合作社是否为社员统一采购农业投入品：_____

　（1）是　　　　　　　　　　（2）否

6. 合作社是否从事农产品的加工业务：_____

　（1）是　　　　　　　　　　（2）否

7. 合作社组建的时候，是否有龙头企业（公司）参与：_____

　（1）是　　　　　　　　　　（2）否

8. 合作社组建的时候，是否有供销社和其他组织参与：_____

　（1）是　　　　　　　　　　（2）否

9. 合作社的业务是否依托当地的主要农产品：_____
（1）是　　　　　　　　　　　（2）否

10. 在同一乡内是否有经营同类农产品的同行：_____
（1）是　　　　　　　　　　　（2）否

二、合作社的经营状况

1. 年末所有的在册社员数（人）：_____
2. 企业事业或者社会团体社员的人数（人）：_____
3. 联系的当地非社员农户总数（户）：_____
4. 年末固定资产总值（万元）：_____
5. 年度经营，服务性收入总额（万元）：_____
6. 年度盈余总额（总收入减去总支出）（万元）：_____
7. 从盈余中提取的公积金，公益金和风险金的比例（%）：_____
8. 盈余中按股金比例返还给社员的比例（%）：_____
9. 盈余中按与社员的交易量（额）返还给社员的比例（%）：_____
10. 对社员进行技术、经营、合作知识等培训的次数（次）：_____
11. 社员按照合作社生产技术操作规程开展生产的面积、数量的比例：_____

（1）0%~10%　　　　　　　　（2）11%~20%
（3）21%~30%　　　　　　　 （4）31%~40%
（5）41%~50%　　　　　　　 （6）51%~60%
（7）61%~70%　　　　　　　 （8）71%~80%
（9）81%~90%　　　　　　　 （10）91%~100%

三、合作社的战略

合作社使用下列经营策略的程度：_____
（1）完全使用　　　　　　　 （2）基本使用
（3）部分使用　　　　　　　 （4）较少使用
（5）基本不使用　　　　　　 （6）完全不使用

编号	合作社的经营策略	使用程度
1	面向不同的客户提供差别化的产品	
2	在制定产品价格时根据客户的意见进行调整	
3	根据市场需求灵活地确定向市场投入产品的数量	
4	需要社员掌握统一的生产技术和质量标准	
5	向市场统一提供品牌化的产品	
6	根据接到的订单安排社员的生产	

四、合作社的组织结构和治理机制

1. 合作社是否采取股份制：

（1）是　　　　　　　　　　　（2）否

如果合作社采用股份制，请回答问题 2.1~2.5（没有的话，不回答）

2.1 不同社员之间所持有的合作社股份的差异程度：_____

（1）非常低　　　　　　　　　（2）比较低

（3）一般　　　　　　　　　　（4）比较高

（5）非常高

2.2 企业、事业单位或者社会团体社员的股金占总股金的比重（%）：_____

2.3 第一大出资者的股金占总股金的比重（%）：_____其在合作社的职位：_____

2.4 合作社的前五大出资者的股金占总股金的比重：_____

（1）0%~10%　　　　　　　　（2）11%~20%

（3）21%~30%　　　　　　　　（4）31%~40%

（5）41%~50%　　　　　　　　（6）51%~60%

（7）61%~70%　　　　　　　　（8）71%~80%

（9）81%~90%　　　　　　　　（10）91%~100%

2.5 合作社的前十大出资者的股金占总股金的比重：_____

（1）0%~10%　　　　　　　　（2）11%~20%

（3）21%~30%　　　　　　　　（4）31%~40%

（5）41%~50%　　　　　　　　（6）51%~60%

（7）61%~70%　　　　　　　　（8）71%~80%

（9）81%~90%　　　　　　　　（10）91%~100%

3. 合作社理事会的成员人数（人）：_____

4. 在理事会中，生产和运销大户、供销合作社、龙头企业或者农村基层组织的成员人数（人）：_____

5. 在理事会中，外面的非合作社成员的人数：_____

6. 合作社的理事长是否也是合作社的经理：_____

　　（1）是　　　　　　　　　　（2）否

7. 所有理事会成员加在一起持有的股份数量，或者占有的产品交易量：_____

　　（1）0%~10%　　　　　　　　（2）11%~20%
　　（3）21%~30%　　　　　　　（4）31%~40%
　　（5）41%~50%　　　　　　　（6）51%~60%
　　（7）61%~70%　　　　　　　（8）71%~80%
　　（9）81%~90%　　　　　　　（10）91%~100%

8. 理事会成员是否领取一定的报酬（工资或者津贴等）：_____

　　（1）是　　　　　　　　　　（2）否

如果理事会成员领取一定的报酬，该部分占合作社当年盈余的比重：

　　（1）5%以内　　　　　　　　（2）6%~10%
　　（3）11%~15%　　　　　　　（4）16%~20%
　　（5）21%~25%　　　　　　　（6）26%~30%
　　（7）31%~35%　　　　　　　（8）36%~40%
　　（9）41%~45%　　　　　　　（10）50%以内

9. 2011年理事会会议召开的次数（次）：_____

10. 理事会会议的决策是否实行一人一票：_____

　　（1）是　　　　　　　　　　（2）否

11. 2011年社员（代表）大会召开的次数（次）：_____

12. 社员（代表）大会的表决方式是否坚持一人一票：_____

　　（1）是　　　　　　　　　　（2）否

13. 出资额或者交易量（额）较大的成员，在社员（代表）大会上是否享有附加表决权：_____

　　（1）是　　　　　　　　　　（2）否

14. 监事会会议召开的次数：_____
15. 是否有详细的社员（代表）大会、理事会会议、监事会会议的记录：_____
（1）是　　　　　　　　　　　　（2）否
16. 合作社是否有完整的社员产品交易记录：_____
（1）是　　　　　　　　　　　　（2）否
17. 合作社财务信息公开的次数（次）：_____
18. 社员是否有权按章程查阅合作社会议记录、财务状况：_____
（1）是　　　　　　　　　　　　（2）否
19. 是否有记录产品交易量、公积金份额和盈余返还的社员账户：_____
（1）是　　　　　　　　　　　　（2）否
20. 合作社是否与社员签订稳定的销售合同：_____
（1）是　　　　　　　　　　　　（2）否
21. 合作社收购社员产品，是否支付高于市场行情的价格：_____
（1）是　　　　　　　　　　　　（2）否
22. 向社员收购产品是否根据质量等级，支付不同价格：_____
（1）是　　　　　　　　　　　　（2）否
23. 合作社在向社员提供产品时，价格是否优惠：_____
（1）是　　　　　　　　　　　　（2）否
24. 合作社当年提取的公积金是否量化为每个成员的份额：_____
（1）是　　　　　　　　　　　　（2）否
25. 合作社的盈余是否按照社员与本社的交易量（额）比例返还给社员：_____
（1）是　　　　　　　　　　　　（2）否
26. 社员退社时，是否退还其出资额：_____
（1）是　　　　　　　　　　　　（2）否
27. 社员退社，是否可按出资额和惠顾额比例分享公共积累：_____
（1）是　　　　　　　　　　　　（2）否
28. 社员退社时，是否可以按出资额和惠顾额比例分享合作社未分配财产_____
（1）是　　　　　　　　　　　　（2）否
29. 当地（省/地区/县）行政主管部门是否有明确的促进合作社发展的条例和政策：_____

(1) 是　　　　　　　　　　　　(2) 否

30. 有关行政主管部门，是否要求合作社备案，报送年度财产报告和工作总结并进行审计：_____

(1) 是　　　　　　　　　　　　(2) 否

31. 是否获得过有关行政主管部门的优惠政策扶持：_____

(1) 是　　　　　　　　　　　　(2) 否

32. 是否获得过有关行政主管部门级组织的资金扶持：_____

(1) 是　　　　　　　　　　　　(2) 否

五、合作社的绩效评价

1. 从成立到 2011 年底，合作社经营的时间是否超过 3 年：_____

(1) 是　　　　　　　　　　　　(2) 否

2. 合作社的业务增长速度与理事会年初的预期相比：_____

(1) 差很多　　　　　　　　　　(2) 差一点

(3) 没有差别　　　　　　　　　(4) 好一些

(5) 好很多

3. 合作社的业务增长速度与前两年的情况相比：_____

(1) 差很多　　　　　　　　　　(2) 差一点

(3) 没有差别　　　　　　　　　(4) 好一些

(5) 好很多

4. 合作社的业务增长速度与从事同类农产品经营的竞争者相比：_____

(1) 差很多　　　　　　　　　　(2) 差一点

(3) 没有差别　　　　　　　　　(4) 好一些

(5) 好很多

5. 合作社的盈利能力与管理层（理事会）年初的预期相比：_____

(1) 差很多　　　　　　　　　　(2) 差一点

(3) 没有差别　　　　　　　　　(4) 好一些

(5) 好很多

6. 合作社的盈利能力与前两年的情况相比：_____

(1) 差很多　　　　　　　　　　(2) 差一点

(3) 没有差别　　　　　　　　　(4) 好一些

(5) 好很多

7. 合作社的盈利能力与从事同类农产品经营的竞争者相比：＿＿＿＿

(1) 差很多　　　　　　　　　　(2) 差一点

(3) 没有差别　　　　　　　　　(4) 好一些

(5) 好很多

8. 总体而言，合作社在满足社员需求和提高社员收入方面的效果为：＿＿＿＿

(1) 非常差　　　　　　　　　　(2) 比较差

(3) 一般　　　　　　　　　　　(4) 比较好

(5) 非常好

9. 总体而言，社员对合作社各类事务的参与程度为：＿＿＿＿

(1) 非常低　　　　　　　　　　(2) 比较低

(3) 一般　　　　　　　　　　　(4) 比较高

(5) 非常高

10. 总体而言，社员对合作社的认可程度和满意程度为：＿＿＿＿

(1) 非常低　　　　　　　　　　(2) 比较低

(3) 一般　　　　　　　　　　　(4) 比较高

(5) 非常高

11. 在当地从事同类产品生产人员中，社员的年均纯收入与非社员相比：＿＿＿＿

(1) 差很多　　　　　　　　　　(2) 差一点

(3) 没有差别　　　　　　　　　(4) 好一些

(5) 好很多

12. 合作社对当地经济社会发展带来的积极影响：＿＿＿＿

(1) 非常不显著　　　　　　　　(2) 不显著

(3) 一般　　　　　　　　　　　(4) 显著

(5) 非常显著

六、合作社联系方式

理事长姓名：_____

电话：_____　　　　　手机：_____

通信地址（邮政编码）：_____

参考文献

[1] Alback, S. C. Schultz. One Cow? One Vote? [J]. Scandinavian Journal of Economics, 1997, 99 (4): 597-615.

[2] Banerjee, A. D. D., Mookherjce, K. Mumhi, D. Ray: Inequality, Control Rights, and Rent Seeking: Sugar Cooperatives in Maharashtra [J]. Journal of Political Economy, 2001, 109 (1): 138-189.

[3] Barzel Y. Economic Analysis of Property Rights [J]. Cambridge: University Press, 1997: 3.

[4] Bijman J. Cooperatives and Heterogeneous Membership: Eight Propositions for Improving Organizational Efficiency [J]. Paper presented at the Emend-Conference, Budapest, Hungary, September, 2005: 15-17.

[5] Bonus. 作为一个企业的合作联合会：一份交易经济学的研究 [A]. 菲吕博顿, 瑞切. 新制度经济学 [C]. 上海: 上海财经大学出版社, 1998.

[6] Bourgeon, J. M., R. G. Chambers. Producer Organizations, Bargaining, and Asymmetric Information [J]. American Journal of Agricultural Economics, 1999, 81 (3): 601-605.

[7] Caves, R. E. & Petersen, B. C. Cooperatives' shares in farm Industries: Organizational and Policy Factors [J]. Agribusiness, 1986, 2 (1): 1-19.

[8] Cheney G. The Rhetoric of Identification and the Study of Organizational Communication [J]. Quarterly Journal of Speech, 1983, 69 (2): 139-158.

[9] Choi, E. K., E. Feinerman. Producer Cooperatives.Input Pricing and Land Allocation [J]. Journal of Agricultural Economics, 1993, 44 (2): 230-38.

[10] Condon, A. M. The Methodology and Requirements of a Theory of Modem Cooperative Enterprise. Royer, J. Cooperative Theory [J]. New Approaches. Washington

D. C., 1987, 1-31.

［11］ Condon, Andrew M. The Methodology and Requirements of a Theory of Cooperative Enterprise ［J］. In Cooperative Theory: New Approaches (Agricultural Cooperative Service ［ACS］ Report#18), ed. Jeffrey S. Royer, 1-2 Washington, DC: USDA, 1987.

［12］ Cook, M. L. The Future of U. S. A cultural Cooperatives Neo-Institutional Approach. American Journal of Agricultural Economics ［J］. 1995, 77 (10): 1153-1160.

［13］ Cook, Michael. L. The future of U. S. Agriculture cooperatives: A Neo-Institutional approach ［J］. American Journal of Agricultural Economics, 1995 (77): 1152-1160.

［14］ Corley, K. G., and Gioia, D. A. Identity Ambiguity and Change in the Wake of a Corporate Spin-off ［J］. Administrative Science Quarterly, 2004, 49 (3): 175-206.

［15］ E. S. Bogardus. 社会思想史（上册）［M］. 徐卓英，顾润卿译. 北京：商务印书馆，1937.

［16］ Eliers, C. & Hanf, C. H. Contracts between Farmers and Farmers Processing Cooperatives: A Principal Agent Approach for the Potato Starch Industry ［A］// Galizzi, G. & Venturini L. in Vertical Relationship and Coordination in the Food System ［J］. Heidelberg, Physica, 1999 (1): 266-285.

［17］ Emelianoff, I. V. Economic Theory of Cooperation ［J］. Ann Arbor, Edward Brothers, 1942.

［18］ Enke, S. Consumers Cooperatives and Economic Efficiency ［J］. American Economic Review, 1945, 35 (1): 145-156.

［19］ Fama, E. F. &. Jensen, M. C. Separation of Ownership and Control ［J］. Journal of Law and Economics, 1983, 26 (2): 301-325.

［20］ Fulton, M. Cooperatives and Member Commitment ［J］. The Finnish Journal of Business Economics, 1999 (14): 418-437.

［21］ Fulton. M., J. Vereammen. The Distributional Impact of Non-uniform Pricing Schemes for Cooperatives ［J］. Journal of Cooperatives, 1995 (10): 18-32.

[22] Grossman S. J., Hart O. D. Takeover Bids, the Free Rider Problem and the Theory of the Corporation [J]. Bell Journal of Economics, 1980 (11): 38-62.

[23] Hakdius, K. Cooperative Values. Farmers' Cooperatives in the Minds of the Farmers [J]. Swedish University of Agricultural Sciences, 1996.

[24] Hansmann, H. Ownership of Enterprise [M]. Cambridge, MA: The Belknap Press, 1996.

[25] Harris, Andrea, Brenda Stefanson, and Murray Fulton. New Generation Cooperatives and Cooperative Theory [J]. Journal of Cooperatives, 1996 (11): 16-28.

[26] Hart, O. Corporate Governance. Some Theory and Implications [J]. The Economic Journal, 1995 (105): 677-685.

[27] Helmberger, P. G., S. Hoos. Cooperative Bargaining in Agriculture [J]. University of California, Division of Agricultural Services, 1965.

[28] Hendriks. G. W. J. Bijman, J. Ownership Structure in Agrifood Chains: The Marketing Cooperative [J]. American Journal of Economics, 2002, 84 (1): 104-109.

[29] Hendrikse, G. W. J., and C. P. Veerman. Marketing Cooperatives: An Incomplete Contracting Perspective [J]. Journal of Agricultural Economics, 2001, 52 (1): 52-66.

[30] Hendrikse, G. W. J., C. P. Veerman. Marketing Cooperatives and Financial Structure: A Transaction Costs Economic Analysis [J]. Agricultural Economies, 2001b, 26 (3): 206-218.

[31] Hendrikse, G. W. J. Screening, Competition and the Choice of the Cooperative as an Organizational Form [J]. Journal of Agricultural Economics, 1998, 49 (2): 203-216.

[32] Hermalin B., Weisbach E. M. S. Board of Directors as an Endogenously Determined Institution: A Survey of the Economic Literature [J]. Working Paper, University of California at Berkeley, 2000: 1-79.

[33] J. S. Coleman. Foundation of Social Theory Cambridge [J]. Belknap Press of Harvard University Press, 1990: 20.

[34] Karantinin K. Zago A. Cooperatives and Membership Commitment: Endoge-

nous Membership in Mixed Duopsonies [J]. American Journal of Agricultural Economics, 2001, 83 (5): 1266-1268.

[35] Le Vay C. Agricultural Cooperative Theory: A Review [J]. Journal of Agriculture Economics, 1983, 34 (1): 1-38.

[36] Le Vay, C. Agricultural Cooperative Theory: A Review [J]. Journal of Agricultural Economics, 1983 (34): 1-46.

[37] Macleod, C. The Role of Exit Costs in the Theory of Cooperatives Teams: A Theory Respective [J]. Journal of Comparative Economics, 1993 (17): 519-528.

[38] Mancur Olson. The Logic of Collective Action [J]. Cambridge: Harvard University Press, 1971.

[39] Michael G. Pratt, Peter O. Foreman.Classifying Managerial Responses to Multiple Organizational Identities [J]. The Academy of Management Review, 2000, 25 (1): 20-38.

[40] Ouchi. A Conceptual Framework for the Design of Organizational Control Mechanisms [J]. Management Science, 1979 (25): 22.

[41] Phillips, R. Economic Nature of the Cooperative Association [J]. Journal of Farm Economics, 1953 (35): 75-88.

[42] Riketta M. Organizational Identification: A Meta-analysis [J]. Journal of Vocational Behavior, 2005 (66): 356-380.

[43] Robotka F. A Theory of Cooperation [A]//M. A. Abrahamsen and C. L. Scroggs edited, Agricultural Cooperation: Selected Readings [M]. Minneapolis: University of Minnesota Press, 1957 (6): 121-137.

[44] Ross S. The Economic Theory of Agency: The principal's Problem [J]. American Economic Review, 1973 (63): 134-139.

[45] Royer, J. S. Co-operative Organizational Strategies [J]. A Neo-institutional Digest, Journal of Cooperatives, 1999 (14): 44-67.

[46] Sexton J. The Formation of Cooperatives: A Game-Theoretic Approach with Implications for Cooperative Finance, Decision Making and Stability [J]. American Journal of Agricultural Economicd, 1986, 68 (2): 215-216.

[47] Sexton, R. J. Perspectives on the Development of the Economic Theory

of Cooperatives [J]. Canadian Journal of Agricultural Economics, 1984 (32): 423-436.

[48] Sexton, R. J. Imperfect Competition in Agricultural Markets and the Role of Cooperatives: A Spatial Analysis [J]. American Journal of Agricultural Economics, 1990, 72 (3): 710-718.

[49] Shaffer, J. D. Thinking about Farmer's Cooperatives, Contracts, and Economic Coordination [J]. Cooperative Theory: New Approaches, Jeffrey S. Royer (ed.), ACS Service Report 18, Washington, DC: USDA, agricultural Cooperative Service, 1987.

[50] Shaffer. J. D. Thinking about Farmers' Cooperatives, Contracts, and Economic Coordination [A]//Toyer, J. S. (ed.), Cooperative Theory: New Approaches [M]. Washington D. C.: Agricultural Co-operative Service. S. Department of Agricultural, 1987: 35-66.

[51] Staatz, J. M. Farmer Cooperative Theory: Recent Developments [J]. USDA Agricultural Cooperative Service, ACS Research Report Number84, Washington, D. C., 1989.

[52] Staatz, John M. The Cooperative as a Coalition: A Game-theoretic approaches [J]. American Journal of Agricultural Economics, 1983 (65): 1085-1087.

[53] Taylor, R. A. The Taxation of Cooperatives: Some Economic Implications [J]. Canadian Journal of Agricultural Economies, 1971 (19): 2.

[54] Termbakk B. Marketing Cooperatives in Mixed Duopolies [J]. Journal of Agricultural Economics, 1995, 46 (1): 33-38.

[55] Vitaliano, P. Cooperative Enterprise: An Alternative Conceptual Basis for Analyzing a Complex Institution [J]. American Journal of Agricultural Economics, 1983 (65): 1078-1083.

[56] Watkins, W. P., Cooperative Principles: Today and Tomorrow [J]. Holyoake Books, Manchester, 1986 (1): 65.

[57] Webster. Publishers International Press [M]. New York, 1970.

[58] Whetten, D. A. Albert and Whetten Revisited: Strengthening the Concept of Organizational Identity [J]. Journal of Management Inquiry, 2006, 15 (3): 218-235.

[59] Williamson E. Transaction Cost Economics: The Govermance of Contractual Relations [J]. Journal of Law and Economics, 1979, 22 (2): 232-262.

[60] Williamson O. E. The Economic Institution of Capitalism: Firms, Markets, Relational Contracting [J]. New York: Free Press, 1985: 12.

[61] Young, A. Increasing Return and Economic Progress [J]. Economic Journal, 1928, 1 (38): 530.

[62] Zumam, P. Constitutional Selection of Collective Choice Rules in a Cooperative Enterprise [J]. Journal of Economies Behaviorand Organization, 1992 (17): 353-363.

[63] 阿弗里德.经济学原理（上卷）[M].马歇尔，朱志泰译.北京：商务印书馆，1964.

[64] 奥利弗·哈特.公司治理：理论与启示 [J].经济学动态，1996 (6)：60.

[65] 巴泽尔.产权的经济分析（中文版）[M].上海：上海三联书店，1996.

[66] 白晓明.论我国农民专业合作社法人治理结构的发展与完善——基于外部力量主导合作社的视角 [J].宁夏社会科学，2010 (2)：12-13.

[67] 蔡荣，韩洪云.合作社内部"影响成本"决定因素的实证分析——基于山东省苹果专业合作社的调查数据 [J].经济评论，2011 (5)：106.

[68] 蔡荣."合作社+农户"模式：交易费用节约与农户增收效应——基于山东省苹果种植农户问卷调查的实证分析 [J].中国农村经济，2011 (1)：58.

[69] 陈前恒，安玉发，牛霞.产权不清——农村信用合作社支农不足的深层原因 [J].中国农业大学学报（社会科学版），2002 (3)：21.

[70] 陈晓军.合作社若干法律问题探析 [J].学术论坛，2007 (6)：130.

[71] 陈义媛.大户主导型合作社是合作社发展的初级形态吗？[J].南京农业大学学报（社会科学版），2017，17 (2)：39.

[72] 崔宝玉，程春燕.农民专业合作社的关系治理与契约治理 [J].西北农林科技大学学报（社会科学版），2017，17 (6)：44.

[73] 崔宝玉，李晓明.异质性合作社内源型资本供给约束的实证分析——基于浙江临海丰翼合作社的典型案例 [J].财贸研究，2008 (4)：40-41.

[74] 崔宝玉，李晓明.资本控制下的合作社功能与运行的实证分析 [J].农业经济问题，2008 (1)：46-47.

[75] 崔宝玉，刘丽珍.交易类型与农民专业合作社治理机制[J].中国农村观察，2017（4）：17-30.

[76] 崔宝玉.农民专业合作社中的委托代理关系及其治理[J].财经问题研究，2011（2）：103.

[77] 德姆塞次.关于产权的理论（中文版）[M].上海：上海三联书店，1994.

[78] 邓军蓉，祁春节.公司领办型合作社与社员的订单安排及履约分析——以湖北省宜昌市柑橘合作社为例[J].农村经济，2011（1）：126.

[79] 邓启明，黄祖辉，胡剑锋.以色列农业现代化的历程、成效及启示[J].社会科学战线，2009（7）：76-77.

[80] 丁宏术.基于后SCP范式的农民专业合作社可持续发展研究[J].农业经济，2017（2）：88-89.

[81] 丁建军.对农民专业合作社内部治理几个问题的思考——基于湖北省荆门市农民专业合作社的调查[J].农村经济，2010（3）：116-118.

[82] 董红，王有强.农民专业合作社发展的现状、困难及对策探析[J].云南民族大学学报（哲学社会科学版），2018，35（2）：105-108.

[83] 董欢.中国农业经营主体分化历史与未来[J].中州学刊，2017（3）：42.

[84] 杜奋根.农民专业合作社的发展及其政府角色担当[J].改革，2012（9）：82-83.

[85] 杜宴林，马亮亮.当代法学法治模式中"合作社"的文化动员[J].当代法学，2007（7）：78-79.

[86] 樊丽明，石绍宾.农民专业合作社供给"俱乐部产品"及其经济效应[J].财政研究，2011（1）：60.

[87] 方凯，刘洁.农业合作社发展的国际经验及对我国的启示[J].广东农业科学，2009（8）：310-312.

[88] 菲吕博顿，配杰威齐.财产权利与制度变迁（中文版）[M].上海：上海三联书店，1994.

[89] 冯根福.双重委托代理理论：上市公司治理的另一种分析框架[J].经济研究，2004（12）：16-25.

[90] 冯娟娟，霍学喜.何种合作社治理模式更加有效？——以苹果种植户合

作社为例[J].华中农业大学学报（社会科学版），2016（6）：9-19.

[91] 冯开文，段振文，张雪莲.农村合作社的激励机制探析——基于北京市10区县77个合作社的调查[J].经济纵横，2011（2）：60.

[92] 冯开文.合作社的分配制度分析[J].学海，2006（5）：25.

[93] 傅立叶.傅立叶选集（第3卷）[M].汪耀三译.北京：商务印书馆，2011（7）：88-92.

[94] 高春芽.规范网络与集体行动的社会逻辑——方法论视野中的集体行动理论发展探析[J].武汉大学学报（哲学社会科学版），2012（5）：27.

[95] 高帆.如何推进我国农业经营的组织化进程[J].学习与探索，2010（5）：187-188.

[96] 高海.合作社核心成员兼任管理者的"责"与"利"[J].华中科技大学学报（社会科学版），2009（4）：86-87.

[97] 高明华，王延明.产品市场竞争、经理人薪酬与代理成本[J].公司治理评论，2009（1）：11.

[98] 高志敏，彭梦春.发达国家农业社会化服务模式及中国新型农业社会化服务体系的发展思路[J].世界农业，2012（12）：50-52.

[99] 郭红东，钱崔红.关于合作社理论的文献综述[J].中国农村观察，2006.

[100] 郭金山，芮明杰.当代组织同一性理论研究述评[J].外国经济与管理，2004（6）：2-3.

[101] 郭庆旺.公共经济学大词典[M].北京：经济科学出版社，1999.

[102] 郭晓鸣，廖祖君，付娆.龙头企业带动型、中介组织联动型和合作社一体化三种农业产业化模式的比较——基于制度经济学视角的分析[J].中国农村经济，2007（4）：43-46.

[103] 国鲁来.合作社制度及专业协会实践的制度经济学分析[J].中国农村观察，2001（4）：40.

[104] 哈特.企业、合同与财务结构[M].上海：上海三联书店，1998.

[105] 韩国明，禹倩倩.基于集市理论的农民合作组织的生成研究——来自西北地区的个案分析[J].华南农业大学学报（社会科学版），2011（1）：42-44.

[106] 韩国明，周建鹏.交易费用视角下农民专业合作社的作用分析[J].农村经济，2008（12）：115.

[107] 韩疆. 以色列合作社考察报告 [J]. 中国合作经济, 2010 (2): 53-56.

[108] 韩喜平, 李恩. 异质性视角下农民专业合作社管理协同研究 [J]. 学习与探索, 2011 (6): 166-167.

[109] 汉斯·H.缪恩克勒. 合作社法律原理十讲 [M]. 成都: 西南财经大学出版社, 1991.

[110] 何志龙, 李丹. 以色列农业现代化成功经验及其对陕西农业发展的启示 [J]. 陕西教育学院学报, 2012 (3): 63.

[111] 洪闫华. 国外农业合作社治理的经验及启示 [J]. 经济纵横, 2012 (6): 97.

[112] 黄琯, 朱国玮. 异质性成员关系下的合作均衡——基于我国农民合作经济组织成员关系的研究 [J]. 农业技术经济, 2007 (5): 42-43.

[113] 黄丽萍. 基于公平和效率的合作社股权安排——对农民林业专业合作社股权安排的实证分析 [J]. 东南学术, 2012 (1): 150-156.

[114] 黄胜忠, 徐旭初. 成员异质性与农民专业合作社的组织结构分析 [J]. 南京农业大学学报 (社会科学版), 2008 (3): 1-7.

[115] 黄胜忠. 转型时期农民专业合作社的成长机制研究 [J]. 经济问题, 2008 (1): 90.

[116] 黄胜忠. 转型时期农民专业合作社的组织行为研究: 基于成员异质性的视角 [M]. 杭州: 浙江大学出版社, 2008.

[117] 黄祖辉, 邵科. 合作社的本质规定性及其漂移 [J]. 浙江大学学报 (人文社会科学版), 2009 (4): 14-15.

[118] 黄祖辉, 徐旭初. 基于能力和关系的合作治理: 对浙江省农民专业合作社治理结构的解释 [J]. 浙江社会科学, 2006 (1): 62-65.

[119] 黄祖辉. 合作社的本质规定性及其漂移 [J]. 浙江大学学报 (人文社会科学版), 2009 (4): 11.

[120] 蒋辉. 农民专业合作社内部治理机制与运营风险防范 [J]. 江西社会科学, 2016 (6): 227.

[121] 蒋玉珉. 合作经济思想史论 [M]. 太原: 山西经济出版社, 1999.

[122] 康芒斯. 制度经济学 (上册) [M]. 北京: 商务印书馆, 1962.

[123] 柯武刚, 史漫飞. 制度经济学 [M]. 北京: 商务印书馆, 2000.

[124] 科斯. 论生产的制度结构 [M]. 上海：上海三联书店, 1994.

[125] 孔祥智, 郭艳芹. 现阶段农民合作经济组织的基本状况、组织管理及政府作用——23省农民合作经济组织调查报告 [J]. 农业经济问题, 2006 (1)：58.

[126] 孔祥智, 蒋忱忱. 成员异质性对合作社治理机制的影响分析——以四川省井研县联合水果合作社为例 [J]. 农村经济, 2010 (9)：8-9.

[127] 孔祥智, 史冰清. 当前农民专业合作组织的运行机制、基本作用及影响因素分析 [J]. 农村经济, 2009 (1)：3-5.

[128] 孔祥智. 农民合作社的2017 [J]. 中国农民合作社, 2018 (1)：47.

[129] 李长健, 冯果. 兼述评合作经济组织立法的理论渊源 [J]. 法学评论, 2005 (4)：16-18.

[130] 李会明. 产权效率论（中文版）[M]. 上海：立信会计出版社, 1995.

[131] 李金珊, 袁波, 沈楠. 农民专业合作社本质属性及实地考量——基于浙江省15家农民专业合作社的调研 [J]. 浙江大学学报（人文社会科学版）, 2016, 46 (5)：129-141.

[132] 李悦, 李平. 产业经济学 [M]. 大连：东北财经大学出版社, 2002.

[133] 李宗植, 张润军. 中华人民共和国经济史1949~1999 [M]. 兰州：兰州大学出版社, 1999.

[134] 梁巧, 黄祖辉. 关于合作社研究的理论和分析框架：一个综述 [J]. 经济学家, 2011 (12)：77-80.

[135] 林坚, 黄胜忠. 成员异质性与农民专业合作社的所有权分析 [J]. 农业经济问题, 2007 (10)：13-14, 16-17.

[136] 林坚, 王宁. 公平与效率：合作社组织的思想宗旨及其制度安排 [J]. 农业经济问题, 2002 (9)：47-48.

[137] 林毅夫. 技术制度与中国农业发展 [M]. 上海：上海三联书店, 1992.

[138] 刘滨, 陈池波, 杜辉. 农民专业合作社绩效度量的实证分析——来自江西省22个样本合作社的数据 [J]. 农业经济问题, 2009 (2)：6.

[139] 刘滨, 黎汝, 康小兰. 农民专业合作社联社行为实证分析——以江西省为例 [J]. 农业技术经济, 2016 (3)：113-111.

[140] 刘洁, 祁春节, 陈新华. 农民专业合作社契约模式选择的影响因素分析——基于江西赣州98家合作社企业的实证研究 [J]. 经济经纬, 2012 (5)：27.

[141] 刘洁, 祁春节, 陈新华. 制度结构对农民专业合作社绩效的影响——基于江西省 72 家农民专业合作社的实证分析 [J]. 经济经纬, 2016, 33（2）: 36-40.

[142] 刘庆乐. 双重委托代理关系中的利益博弈——人民公社体制下生产队产权矛盾分析 [J]. 中国农村观察, 2006（5）: 26-33.

[143] 刘少奇. 刘少奇论合作社经济 [M]. 北京: 中国财政经济出版社, 1987.

[144] 刘颖娴. 法、美、日的农业合作社概况及其产权安排 [J]. 重庆工商大学学报（社会科学版）, 2008（4）: 55-57.

[145] 柳金平. 从韩国经验看发展中国农民专业合作社的教育培训事业 [J]. 世界农业, 2008（3）: 72.

[146] 楼栋, 仝志辉. 中国农民专业合作社多元发展格局的理论解释——基于间接定价理论模型和相关案例的分析 [J]. 开放时代, 2010（12）: 51.

[147] 陆文强, 李建军. 农村合作制的演变 [M]. 北京: 农村读物出版社, 1988.

[148] 马超峰, 张兆安. 退出与呼吁: 合作社的功能转变与治理变革——基于 SH 镇农心合作社的个案观察 [J]. 农村经济, 2018（2）: 118-121.

[149] 马克思, 恩格斯. 马克思恩格斯选集（第 4 卷）[M]. 北京: 人民出版社, 1995.

[150] 马克思. 资本论（第 1 卷）. 北京: 人民出版社, 1975.

[151] 马歇尔. 经济学原理（中文版）[M]. 北京: 商务印书馆, 1965.

[152] 马彦丽, 林坚. 集体行动的逻辑与农民专业合作社的发展 [J]. 经济学家, 2008（2）: 41-42.

[153] 马彦丽, 孟彩英. 我国农民专业合作社的双重委托—代理关系: 兼论存在的问题及改进思路 [J]. 农业经济问题, 2008（5）: 56-60.

[154] 马跃进. 台湾地区《合作社法》借鉴 [J]. 法治论丛（上海政法学院学报）, 2007（2）: 24-29.

[155] 迈克尔. 交易成本经济学 [M]. 迪屈奇, 王铁生, 葛立成译. 北京: 经济科学出版社, 2000.

[156] 蒙柳, 许承光, 许颖慧. 发达国家农业合作社的实践及经验 [J]. 武汉

工程大学学报，2010（10）：20.

［157］莫少颖. 农民合作经济组织运作机制研究［J］. 改革与战略，2009（10）：84.

［158］穆勒. 公共选择理论［M］. 杨春学译. 北京：社会科学出版社，1999.

［159］穆勒. 政治经济学原理［M］. 赵荣潜译. 北京：商务印书馆，1996.

［160］农行湖北分行三农信贷管理部课题组. 关于农民专业合作社担保农行贷款的调研报告［J］. 湖北农村金融研究，2011（10）：47.

［161］欧文. 欧文选集（第1卷）［M］. 柯象峰译. 北京：商务印书馆，2011：352-355.

［162］潘天群. 博弈生存——社会现象的博弈论解读［M］. 北京：中央翻译出版社，2000.

［163］逄玉静，任大鹏. 欧美农业合作社的演进及其对我国农业合作社发展的启示［J］. 经济问题，2005（12）：46-48.

［164］浦徐进，刘焕明，蒋力. 关联博弈视角下的农户合作经济组织治理研究［J］. 社会科学辑刊，2011（6）：38.

［165］秦愚，苗彤彤. 合作社的本质规定性［J］. 农业经济问题，2017（4）：4-12.

［166］饶旭鹏. 国外农户经济理论研究述评［J］. 江汉论坛，2011（4）：44.

［167］任大鹏，郭海霞. 合作社制度的理想主义与现实主义——基于集体行动理论视角的思考［J］. 农业经济问题，2008（3）：90-94.

［168］任大鹏，李琳琳，张颖. 有关农民专业合作社的凝聚力和离散力分析［J］. 中国农村观察，2012（5）：20.

［169］任大鹏，潘晓红，龚诚，郭海霞. 有关农民合作经济组织立法的几个问题［J］. 中国农村经济，2004（7）：42.

［170］任大鹏. 《农民专业合作社法》的基本理论问题反思——兼议《农民专业合作社法》的修改［J］. 东岳论丛，2017，38（1）：69-70.

［171］任强. 论合作社的组织基础［J］. 浙江学刊，2012（5）：197.

［172］邵科，徐旭初. 成员异质性对农民专业合作社治理结构的影响——基于浙江省88家合作社的分析［J］. 西北农林科技大学学报，2008（2）：6-9.

［173］施春风. 农民专业合作社的定义及其基本原则［J］. 中国农民合作社，

2018（3）：49-51.

［174］施蒂格勒. 产业组织和政府管制［M］. 潘振民译. 上海：上海三联书店，1989.

［175］施瓦茨. 契约经济学［M］. 北京：经济科学出版社，1999.

［176］石旭斋. 合作社社员权益保障的价值取向［J］. 财贸研究，2006（4）：135.

［177］史青. 对农民合作经济组织相关概念的研究［J］. 财政研究，2009（2）：9.

［178］孙亚范，余海鹏. 农民专业合作社制度安排对成员行为及组织绩效影响研究［J］. 南京农业大学学报（社会科学版），2012（4）：61.

［179］孙亚范. 新型农民专业合作经济组织发展研究［M］. 北京：社会科学文献出版社，2006.

［180］谭云清，朱荣林. 产品市场竞争、监督与公司治理的有效性［J］. 上海交通大学学报，2007（7）：1168.

［181］谭智心，孔祥智. 不完全契约、非对称信息与合作社经营者激励——农民专业合作社"委托—代理"理论模型的构建及其应用［J］. 中国人民大学学报，2011（5）：35-36.

［182］藤荣刚，周若云，张瑜. 日本农业协同组织的发展新动向与面临的挑战——日本案例和对98家中国农民专业合作社的启示［J］. 农业经济问题，2009（2）：103-104.

［183］仝志辉. 中国农民专业合作社多元发展格局的理论解释——基于间接定价理论模型和相关案例的分析［J］. 开放时代，2010（12）：51.

［184］汪艳涛，金炜博. 农民专业合作社产生历程、动因与发展趋势［J］. 农业经济，2017（3）：19.

［185］王芳. 当前中美农业合作社比较及启示［J］. 宏观经济管理，2012（9）：87-89.

［186］王国顺. 交易、治理与经济效率［A］//威廉姆森交易成本经济学［M］. 北京：中国经济出版社，2005.

［187］王军. 合作社治理：文献综述［J］. 中国农村观察，2010（2）：71-75.

［188］王军. 农民专业合作社治理模式研究［J］. 经济论坛，2010（12）：

44-45.

[189] 王可侠.公平与效率：西方合作制演化途径分析[J].经济社会体制比较，2001（2）：94.

[190] 王鹏，陈明红.关于农民专业合作社会计问题的思考[J].农村经济，2010（10）：123.

[191] 王鹏，霍学喜.合作社中农民退社的方式及诱因分析——基于渤海湾优势区苹果合作社354位退社果农的追踪调查[J].中国农村观察，2012（5）：54.

[192] 王树桐.世界合作社运动史[M].济南：山东大学出版社，1996.

[193] 王晓.关于完善农民专业合作社成员账户及其会计科目的思考[J].农村经济，2010（9）：128.

[194] 王晓严.对法国合作社经营模式的思考[J].新疆农垦科技，2011（3）：69-70.

[195] 王征兵.国外发展农民专业合作社的经验及其借鉴[J].湖南农业大学学报（社会科学版），2010（2）：62-63.

[196] 危朝安.依法引导和促进农民专业合作社规范健康发展[J].农村经营管理，2007（2）：1.

[197] 文雷.农民专业合作社治理机制会影响其绩效吗？——基于山东、河南、陕西三省153份问卷的实证研究[J].经济社会体制比较，2016（6）：134-144.

[198] 吴声怡，陈训明，刘文生.基于文化视角的农民专业合作社品牌培育[J].福建论坛（人文社会科学版），2010（2）：79.

[199] 仵希亮，王征兵.农民组织的发展机理研究——基于对山西省永济市蒲州农民协会的微观观察[J].大连理工大学学报（社会科学版），2009（2）：77.

[200] 西奥多·舒尔茨.改造传统农业[M].北京：商务印书馆，2006.

[201] 夏英.2017年我国农民合作社发展现状、导向及态势[J].中国农民合作社，2018（1）：10-11.

[202] 肖端.土地流转中的双重委托—代理模式研究——基于成都市土地股份合作社的调查[J].农业技术经济，2015（2）：35-36.

[203] 谢根成，王恩亮.关于农民合作经济组织几个问题的探讨[J].河南师范大学学报（哲学社会科学版），2006（6）：76.

[204] 徐桂华. 中国所有制结构与产权制度研究 [M]. 呼和浩特：内蒙古大学出版社，1996.

[205] 徐会奇，王克稳. 成员异质性下的合作社问题探究——来自委托代理的视角 [J]. 山东经济，2010（3）：111-115.

[206] 徐健，汪旭晖. 订单农业及其组织模式对农户收入影响的实证分析 [J]. 中国农村经济，2009（4）：39.

[207] 徐旭初，吴彬. 异化抑或创新？——对中国农民合作社特殊性的理论思考 [J]. 中国农村经济，2017（12）：3-15.

[208] 徐旭初，吴彬. 治理机制对农民专业合作社绩效的影响——基于浙江省 526 家农民专业合作社的实证分析 [J]. 中国农村经济，2010（5）：43.

[209] 徐旭初. 合作社的本质规定性及其它 [J]. 农村经济，2003（8）：40.

[210] 徐旭初. 在成员异质性中进行合作 [J]. 中国农民合作社，2014（6）：41.

[211] 许彦斌. 借鉴国际经验推进我国农民合作经济组织发展初探 [J]. 现代财经，2010（4）：21.

[212] 亚当·斯密. 国民财富的性质和原因的研究 [M]. 北京：商务印书馆，1972.

[213] 闫冰. 代理理论与公司治理综述 [J]. 当代经济科学，2006（6）：81.

[214] 严若森. 公司隧道效应研究述评 [J]. 经济理论与经济管理，2008（10）：37.

[215] 杨灿君. 合作社中的信任建构及其对合作社发展的影响——基于浙江省 Y 市农民专业合作社的实证研究 [J]. 南京农业大学学报（社会科学版），2010（4）：121.

[216] 杨正位. 台湾农会的成功经验与启示 [J]. 中国延安干部学院学报，2012（5）：92-99.

[217] 应瑞瑶，朱哲毅，徐志刚. 中国农民专业合作社为什么选择"不规范" [J]. 农业经济问题，2017（11）：4-12.

[218] 应瑞瑶. 合作社的异化与异化的合作社——兼论中国农业合作社的定位 [J]. 江海学刊，2002（6）：72-75.

[219] 由卫红，邓小丽，傅新红. 农民专业合作社的社会网络关系价值评价体系与盈利绩效研究——基于四川省的实证分析 [J]. 农业技术经济，2011（8）：96.

[220] 于战平.中国农民专业合作社发展10年：困境与解析——基于与欧美国家比较的反思[J].世界农业，2017（11）：218-222.

[221] 余丽燕，郑少锋.探析农民专业合作社发展面临的主要问题及对策——基于福建省农民专业合作社的调查分析[J].经济问题探索，2010（9）：60-61.

[222] 曾路遥.我国农民合作经济组织发展的类型、问题与对策——以四川省内江市为例[J].经济体制改革，2012（4）：84-85.

[223] 曾明星，李桂平.城镇化背景下农民专业合作社成员异质性及其传导路径[J].江苏农业科学，2017，45（11）：253-254.

[224] 詹姆斯·C.斯科特.农民的道义经济学：东南亚的反叛与生存[M].南京：译林出版社，2001.

[225] 张翠娥.传统与现代之间：农民专业合作社的发展困境[J].农村经济，2011（9）：123-124.

[226] 张翠凤.国外农民合作经济组织的发展经验及启示[J].理论探讨，2010（1）：96.

[227] 张凤，万红先.以色列合作经济组织——莫沙夫的发展及启示[J].红河学院学报，2011（4）：59-60.

[228] 张国平.合作社的法人类型和经济属性[J].江海学刊，2007（5）：131.

[229] 张红宇.农民合作社发展迈向新征程[J].中国农民合作社，2018（1）：8-9.

[230] 张洪杰.发达国家对农民专业合作社的扶持政策及启示[J].合作经济与科技，2012（3）：4.

[231] 张洁.台湾农业合作社的发展现状及其运作机制[J].亚太经济，2002（5）：38-39.

[232] 张靖会.同质性与异质性对农民专业合作社的影响——基于俱乐部理论的研究[J].齐鲁学刊，2012（1）：86-87.

[233] 张康之.基于契约的社会治理及其超越[J].江苏社会科学，2006（3）：101-107.

[234] 张晓山.中国乡村社区组织的发展[J].国家行政学院学报，2000（1）：31-32.

[235] 张雪莲, 冯开文, 段振文. 农村合作社的激励机制探析——基于北京市 10 区县 77 个合作社的调查 [J]. 经济纵横, 2011 (2): 61.

[236] 张照新. 新时代农业背景下的农民合作社转型与发展——2017 年回顾与 2018 年展望 [J]. 中国农民合作社, 2018 (1): 14-15.

[237] 章胜勇, 李崇光. 部分国家发展农民合作经济组织对中国的启示 [J]. 世界农业, 2007 (12): 11.

[238] 赵鲲, 门炜. 关于合作社基本特征的分析和思考——从合作社与有限责任公司对比的角度 [J]. 中国农村观察, 2006 (3): 31.

[239] 赵凌云. 农民专业合作社不规范运作问题探析 [J]. 新视野, 2010 (5): 26.

[240] 赵泉民. 个人主义: 乡村社会组织化思想资源和价值支撑——基于西方路径与经验反思的视角 [J]. 财贸研究, 2008 (2): 40-45.

[241] 赵泉民. 农民合作经济组织发展困境分析——以机制问题为中心 [J]. 贵州社会科学, 2010 (10): 45.

[242] 郑丹, 王伟. 我国农民专业合作社发展现状、问题及政策建议 [J]. 中国科技论坛, 2011 (2): 138-141.

[243] 郑丹. 关于构建我国农民专业合作社教育体系的思考 [J]. 中国科技论坛, 2009 (3): 123.

[244] 郑杭生, 汪雁. 农户经济理论再议 [J]. 学海, 2005 (3): 66.

[245] 郑曙光. 合作社立法: 合作原则的价值信守与制度构建 [J]. 河南社会科学, 2006 (6): 19-20.

[246] 周洁红, 刘清宇. 基于合作社主体的农业标准化推广模式研究——来自浙江省的实证分析 [J]. 农业技术经济, 2010 (6): 88.

[247] 周文根. 基于企业框架的专业合作社激励机制 [J]. 中央财经大学学报, 2007 (7): 41-51.